学习心理学与教学设计名著译丛

学习、教学和评估的分类学

布卢姆教育目标
分类学修订版（简缩本）

A Taxonomy for Learning, Teaching, and Assessing

A Revision of Bloom's Taxonomy of
Educational Objectives

丛书主编
皮连生

L·W·安德森
D·R·克拉斯沃尔
P·W·艾雷辛
K·A·克里克辛克　编著
R·E·梅耶
P·R·宾特里奇
J·拉斯
M·维特罗克

皮连生　主译

华东师范大学出版社
·上海·

目 录

第一部分　分类学:教育目标和学生学习

第二部分　修订的分类学结构

第三部分　分类学的运用

附　　录

总　序

　　R·M·加涅的两本代表作——《学习的条件和教学论》(1985 年第四版)、《教学设计原理》(1992 年第四版)，被华东师范大学出版社收入"当代心理科学名著译丛"于 1999 年出版以后，引起了中国许多读者，包括教育与心理学研究人员和中小学教师的关注。他们希望用这两本书阐述的学习论和基于学习论的教学论以及教学设计原理来指导当前的课程与教学改革。

　　这两本书之所以受到关注，原因正如我在它们的"中译本序"中所指出的，它们代表当代心理学与学校教育结合的典范。一百年前，美国著名哲学家与心理学家威廉·詹姆斯说："教育是艺术，心理学是科学。"这似乎表明，教育与心理科学之间存在难以逾越的鸿沟。一百年后，加涅在前人以及与他同时代心理学家所做的大量学习心理学研究的基础上，建立起一个兼容多种观点的系统学习理论——学习分类理论。这一理论主张，学生的学习有多种不同类型，不同类型的学习有不同的学习过程和条件，并产生不同的学习结果。在学习分类理论基础上，加涅又提出了任务分析教学论，主张在实施教学之前，分析学习的不同类型，针对不同类型的教学目标（即预期的学生学习的结果）进行不同的教学过程、方法和评估的教学设计。在这些学习论和教学论的基础上，加涅与他的合作者逐渐开发出一门比较成熟地运用科学心理学和科学取向的教学论原理解决教育教学实践问题的技术——教学设计。经过以加涅等为代表的学习心理学家和教学心理学家的努力，教育与科学心理学之间的鸿沟似乎已逐渐被填平。

　　我国目前正在实施新一轮课程与教学改革。要想使课程与教学改革顺利进行,取得预期成效,必须有先进的理论指导。在新课程改革中,引进了不少西方发达国家新出现的课程与教学理论,如建构主义与后现代主义的课程理论,以学生为中心的教学理念和研究性学习、合作学习、自主学习等学习方式、方法。从贯彻党和国家领导人所强调的"科学发展观"来看,课程与教学改革中还应重视现代学习理论、建立在现代学习理论基础上的教学论以及相应的教学设计原理的指导作用。这是把我国教育与教学工作建立在"科学发展观"基础上的必由之路。

为了更好地在我国教育与教学工作中(包括新课程改革)落实科学发展观,华东师范大学出版社委托我们推介、翻译一批将科学心理学与教育和教学实践相结合,促进教学教育工作科学化,并取得一定突破的英文版学习与教学心理学著作。为此,我们分头寻找并最后商定翻译出版如下 6 本最新版本的相关著作。我们将丛书命名为"学习心理学与教学设计名著译丛",今后如果有合适的著作,还将进行补充与丰富。

1.《**学习心理学:面向教学的取向**》(2005 年第三版)。作者 M·P·德里斯科尔(Marcy P. Driscoll)是美国佛罗里达州立大学教授,曾任该校教育心理学和学习系统系主任(1996—2003)、美国教育传播和技术学会(AECT)主席,现任该校教育学院院长。她曾作为第二作者与 R·M·加涅合著《教学的学习基础》(Essential of Learning for Instruction)。《学习心理学:面向教学的取向》一书的突出特点是在教学情境中来讨论学习,因而其内容体系就与专门探讨学习心理的著作有所区别,书中探讨的主题均与教学关系密切。该书按学习与行为、学习与认知、学习与发展、学习与生物学、学习与动机、学习与教学几大板块,既介绍了历史上有重要影响的行为主义、认知信息加工理论、有意义言语学习理论、图式理论,也介绍了新兴的学习论思潮,如情境认知、建构主义;既从发展的角度论述了学习,也介绍了学习的生物学机制;既讨论了学习中的动机问题,也系统阐述了加涅提出的基于学习论的教学论思想。而且,在对有关学习各方面的介绍之后,该书还论述了相应的教学含义,鲜明地体现了学习心理学作为教学的基础这一重要思想,与加涅等人的《教学设计原理》中的思想一脉相承,相映成趣。本书自始至终贯穿一个"克米特与键盘式电子乐器"的故事,各章开头还叙述了几个相关案例,并用各章不同的理论取向对这些案例做了分析。可以说,本书在理论的全面性、前沿性、可读性及与教学的相关性方面,都是不可多得的一部佳作。

2.《**学习与教学**》(2007 年第二版)。作者 R·E·梅耶(Richard E. Mayer)是美国当代最有影响的教育心理学家之一,曾任美国心理学会教育心理学分会主席,现任加利福尼亚大学心理学系教授。《学习与教学》探讨的是学习和教学两方面的问题,这两方面的问题也是教育心理学理论体系的重要组成部分,可以说,本书也可叫做"教育心理学"。不过,梅耶对这两个问题的探讨,不同于传统的教育心理学对这两个问题的介绍。在学习部分,他介绍的主要是学科学习心理,即学习阅读

(分阅读流畅和阅读理解)、写作、数学和科学的心理学规律。这在一定程度上反映了当代教育心理学的研究日益贴近中小学学科教学实际的趋势。在教学部分,主要介绍了一些具体的教学方法及其实验研究,如提供反馈、运用具体、熟悉的例子或活动来教学、提供样例、指导学习中的认知过程、促进学习策略、促进问题解决策略、创设认知学徒式教学、激发学生学习动机等。从我国当前推进课程改革的实际需要来看,这部分内容中的许多研究和观点对于深化、落实新课程的一些理念(如自主、合作、探究的思想,学习方式多样化的思想)颇有启发和指导价值。在介绍上述两方面的内容时,梅耶坚持实证的立场,用通俗的语言介绍了许多新的实验研究证据,从而使该书既有较高的可读性,又有很强的说服力。

3.《教学设计原理》(2005 年第五版)。原作者 R·M·加涅(Robert M. Gagné)于 2002 年去世,但他的学生和同事将他 1992 年版的《教学设计原理》修订出版,新版的第一作者仍以他的名字署名。该书是教学设计领域的经典名著。本版在秉承前四版的核心思想(即学习分类和教以学为基础)的同时,又体现了鲜明的时代特色。本版修订中的一个突出之处是反映了数字时代的信息技术(主要是计算机和互联网)对教学设计的影响。数字时代出现的许多新技术为学习和教学设计提供了机遇,教学设计者要善于把握住这些机遇,适当地将其用于教学的设计中。随着互联网对教育的影响逐渐加大,如何利用互联网进行在线学习和进行教学设计,也成了本版探讨的重要问题之一。本版修订的另一个特色是从系统的角度提出了教学系统设计的若干模型,并重点介绍了 ADDIE(分析、设计、开发、实施、评价)模型,从更全面的角度刻画了教学设计的整个过程。此外,由于近年兴起的建构主义思潮对教育教学尤其是教学设计有重要影响,因而本版还就与建构主义者的哲学与实践相联系的问题做了分析。最后,在学生行为表现的测量和教学系统的评价部分,本版也适当反映了这些领域的新发展,如真实性测量以及教学系统评价的若干具体类型和方法。由于本次修订有两位新作者戈勒斯和凯勒加入其中,因而本版增加了来自军事与培训领域的教学设计的新例子,使得教学设计的理论与技术超出了传统的课堂教学情境而有更广的适用性。

4.《学习、教学与评估的分类学:布卢姆教育目标分类学修订版》(2001 年版)。因布卢姆已经去世,修订版是由三位著名教育心理学家(Mayer, R. E. , Wittrock, M. C. & Pintrich, P. R.)、三位课程与教学专家(Anderson, L. W. , Cruikshank, K. A. & Raths, J.)、二位测量评价专家(Krathwohl, D. R. & Airasian, P. W.)组成的专家组与有经验的中小学教师合作经多年集体工作完成的。《布卢姆认知领域目标分类手册》于 1956 年出版,后译成 20 多种文字,流行于全世界许多国家,被认为是 20 世纪影响最大的四本著作之一。在 45 年之后,经一批著名课程与心理学专家修订,重新出版,这在教育史上是十分罕见的。修订版将认知领域的教育目标按知识与认知过程两个维度分类。在知识维度,知识被分为事实性知识、概念性知识、程序性知识和反省认知知识 4 种类型。在认知过程维度,认知过程由低级到高级被分为记忆、理解、运用、分析、评价和创造 6 种水平。由于每一种知识的掌握都可分为上述 6 种水平,所以 4 种知识类型×6 种水平,总共构成 24 个目标单元。每一个目标单元所指的就是某一类知识的某种掌握水平。如果说 1956 年版布卢姆认知目标分类学只对作为教学评估的目标进行了六种掌握水平的分类,那么修订版则要求对教学目标、教学过程中的教学活动和教学评估按上述 24 个目标单元进行分类。这样,24×3 就构成 72 种分类的结果。值得注意的是,布卢姆认知目标分类的修订工作主要是由教育心理学家完成的,其在课程领域的应用工作是由课程与教学论专家与有经验的教师合作完成的。认知目标相当于我国的智育目标。当我国流行的某些智育理论否定知识的重要性,强调所谓智力与能力的重要性时,认知目标分类的修订版只提知识的类型与掌握的水平,不提能力发展,这是发人深省的。布卢姆的认知目标分类修订工作的完成表明知识分类学习论思想已被课程、教学和评估专家接受,是科学心理学与教学相结合进入新阶段的标志性成果之一,值得我们认真研究。

　　5.《系统化教学设计》(2005 年第六版)。该书的第一作者 W·迪克(Walter Dick)现为美国佛罗里达州立大学教育学院荣誉教授;该书的第二作者 L·凯瑞(Lou Carey,女)和第三作者 J·O·凯瑞(James O. Carey)夫妇都来自于美国南佛罗里达大学。L·凯瑞是该校教育学院教授,主要从事测量与评估研究;J·O·凯瑞是该校图书和情报科学学院的助理教授,主要从事教育技术研究。《系统化教学设计》是教学设计领域的经典名著之一。该书阐述的核心思想是:教学本身是一个由学习者、教师、教学材料以及学习环境等成分构成的系统,教学过程本身也可视为一个旨在引发和促进学生学习的系统;因此在教学设计中,应坚持系统观,充分重视教学系统中所有成分所起的重要作用,充分重视这些成分之间的有效互动。与前面几版一样,本修订版首先介绍教学设计的系统方法模型,然后围绕模型中的确定教学目标、进行教学分析、分析学习者及情境、书写行为表现目标、开发评估工具、开发教学策略、开发和选择教学材料、设计和实施教学的形成性评价、修改教学、设计和实施总结性评价等 11 个板块,对教学设计的具体方法和技术给出具体的描述。本修订版的特色在于:突出了起点—终点分析和绩效咨询在教学设计过程中的作用,深入阐述了学习迁移与新技能应用情境之间的关系,在描述教学设计步骤时加强了案例研究实例的运用;同时,推出了网络版的"课程管理系统",其间补充了大量的学习资料,便于学习者借助互联网学习教学设计技能。本修订版中引用的案例来自组织培训和学校教育等多个领域,因此本书可供多个领域的教学设计者使用;其中的"团体领导力培训"、"段落写作中的句式变化的运用"(在网站中),把教学设计模型中的每个步骤贯串在一起,非常具体、直观地告诉学习者如何运用相关的教学设计技能。这也是其特色之一。

6.《教学设计》(2005年第三版)。作者 P·L·史密斯(Patricia L. Smith,女)和 T·J·拉庚(Tillman J. Ragan)都是美国俄克拉荷马大学教学心理学和教学技术学荣誉教授(已退休)。他们都曾担任美国教育传播与技术学协会研究与理论分会、设计与开发分会主席。其合著的《教学设计》一书的特点是充分体现了加涅的学习论和教学论思想。该书将学习分为陈述性知识学习、概念学习、程序性知识学习、原理学习、问题解决、认知策略学习、态度学习和动作技能学习等8种类型。作者在该书的主体部分(即教学策略部分)设八章,分别先阐明每一类学习的性质、学习的过程和有效学习的条件;然后根据他们提出的一般教学过程模型(即将教学分为导入、新授、总结和评估四个阶段),分别阐明针对每类学习在每一阶段的教学策略。相对于迪克等的《系统化教学设计》仅设"开发教学策略"一章而言,《教学设计》一书关于教学策略的论述更全面、更具体、更便于教师应用。相对于加涅的《教学设计原理》而言,《教学设计》一书的基本学习论和教学论思想来源于前者,但后者在学习分类和教学策略的论述方面也有所发展。如在知识的分类方面似乎容纳了其他认知心理学家研究与获得的新成果,更接近于布卢姆认知目标修订版中的分类。在教学策略的分类方面他们接受了雷格鲁斯(Reigluth, C. M.)的思想,把教学策略分为内容组织策略和传递与管理策略。该书的第三部分第七至十六章论述内容组织策略,第四部分即第十七至十九章论述传递与管理策略(包括教学评估)。

20多年来,我们一直坚持将现代学习论和科学取向的教学论原理应用于我国教育实践的研究。把这批书翻译出来不是我们的最终目的。我们的最终目的是在借鉴国外学习科学、科学取向的教学论和相应的教学设计技术的基础上,建立具有中国特色的科学取向的教学论和教学设计技术。在"十五"规划课题研究期间,我们与辽宁师大、宁波大学、安徽师大、苏州科技学院、湖南怀化师院、上海市宝山区教育学院的同行通过多年研究,完成了"学科教学论新体系"的初步建构工作,出版了包括语文、数学、英语、自然科学和社会科学的"学科学习与教学设计"专著9本(上海教育出版社出版发行)。但研究还有待深入。我虽然年近古稀,而且退休多年,但考虑到下一步深入研究的需要,仍欣然受命,承担起这批书的翻译组织工作。翻译任务主要是由王小明和庞维国两位副教授完成的。他们的硕士研究生也承担了部分任务。在此,我要感谢华东师范大学出版社的彭呈军同志,他对这项工作自始至终地给予积极支持和关心,提供了大量的帮助。译校工作难免有差错,敬请读者批评指正。

皮连生

2007年4月23日

译者说明

　　《学习、教学和评估的分类学——布卢姆教育目标分类学修订版》(简缩本)的中译本即将与读者见面。简缩本与完整版相比,省略了三章,即第十五章,"相关的其他框架中的分类学";第十六章,"分类学结构的经验研究";第十七章,"未解决的问题"。该版本的翻译是由我和庞维国副教授的部分硕士生完成的。

　　我为什么决定将这一修订版译成中文?原因之一是,20多年来我一直从事"知识分类与目标导向"的学习与教学论研究。这个修订版从书名上看,就与我的研究方向非常一致。也就是说,布卢姆原认知目标分类学主要关注教学结果的测评,修订版除了关注测评之外,还关注学生的学习(即教学目标)和教师的教学(teaching)的分类,以及目标、教学活动和测评三者之间的一致性。这些思想正是我20多年来在"知识分类与目标导向"教学研究中始终贯彻的思想。正因为如此,将修订版译成中文,将有助于进一步推动"知识分类与目标导向"教学的研究。

　　原因之二是,如何通过广义上的知识和技能的教学来发展学生的能力是长期困扰我国中小学教育理论与实践的一个核心问题。在新近实施的基础教育课程改革中,能力受到极大关注,但知识问题却被忽略了,语文学科中甚至提出了"不宜刻意追求语文知识的体系和完整","不必进行系统、集中的语法修辞知识教学","语法知识不作为考试内容"等主张。有人称这是一种"反知识"的倾向。我国教育理论与实践工作者在面对上述困扰时,不妨读一读这个修订版,看一看当今最著名的教育心理学家、课程与教学专家和测量与评价专家是怎样从可操作的层面上处理掌握知识与发展学生能力关系问题的,相信大家一定会从中受到很大启发。

原因之三是,当前我国各行各业都在贯彻科学发展观的思想,教育工作健康和持续发展也离不开科学思想的指导。布卢姆认知教育目标分类学的初版和修订版,是运用科学心理学研究成果改进教学实践的典范。其初版在出版40年中广受欢迎,已证明了它的价值。修订版以40多年来的认知科学研究为基础,是一流的学者和教育实际工作者长期合作研究的成果,其未来的影响难以估量。我希望修订版中译本的出版,将有助于推动我国教育工作者学习科学心理学特别是学习心理学,把教学工作建立在学习科学的基础上,提高教育与教学工作的科学水平。

本书由皮连生、程芳(第一章和附录A)、屈程(第六章和序部分)、蒋凡凡(第七章和附录B)、苗士伟(第十四章)共同翻译。皮连生校阅了全稿。屈程负责书稿阶段的排版、图表复制等方面的工作。附录B基本上采用了1956年版的原中译本中的译文,在此致谢。庞维国副教授由于有其他翻译任务,未直接参与本书的翻译工作,但对本书的翻译组织工作给予了很大的支持。

本书的翻译得到了华东师范大学出版社彭呈军先生的大力支持,在此一并致谢!

皮连生

2007 年 6 月 28 日

序

　　1956 年,布卢姆(编者)等出版了《教育目标分类学,教育目标分类手册 I:认知领域》[①],作为教育目标分类框架。该书在出版以后的 40 年间,已被译成 20 多种文字出版(Krathwohl, 1994),不仅在美国,而且在全世界,为测验设计和课程开发提供了依据(Chang, 1994; Lewy & Bathory, 1994; Postlewaite, 1994)。夏恩(Shane, H. G. , 1981)就影响 20 世纪头 75 年学校课程的重要著作进行了一项调查,结果发现,《手册》是得分在第 8—11 位的 4 本著作之一。最近,南卡罗来那大学教育博物馆进行了一项全国调查,以"鉴别对 20 世纪美国教育产生'显著影响、具有重大意义或反响'的教育著作"(Kridel, 2000, p. 5)。他们列出的书中有布卢姆等主编的《手册》和克拉斯沃尔等主编的情感领域分类学(Kridel, 2000, pp. 72—73)。许多有关测量、课程和教师教育的教科书都参考《手册》,并引用其中的例子。其国内和国际影响,乃是国家教育研究协会年鉴的主题(Anderson & Sosnal, 1994)。本书是《手册》的修订版。

为什么要进行修订

　　既然《手册》如此富有生命力、如此重要,那么人们可以合理地提出疑问:为什么要修订一本具有如此良好纪录的著作呢? 为什么进行修订是必要的呢? 对此我们提出两点理由。

---

　　① 在本书中,分类学(taxonomy)指分类系统,而《手册》指论述分类系统的出版物。

第一，需要将教育工作者的注意力聚焦于原《手册》的价值。《手册》不仅是历史文献，而且在许多方面也是其时代的先锋（Rohwer & Sloane，1994）。我们相信，《手册》中的许多观点对于今天的教育工作者解决那些基于标准的课程、真实的评估和责任计划的设计与实施等有关的问题也是有价值的。

第二，需要将新知识和新思想补充到原分类框架中。在 1956 年之后，美国社会的许多变化已经影响了我们关于教育思想和实践的方式。现在我们已具有更多儿童如何发展和教师如何计划、教学和评估的知识。这些知识的增长，支持了进行修订工作的需求。

当你有机会考虑我们的修订之后，你可能认为，我们应该维持现状。然而我们希望你在阅读完本书并努力应用我们的框架指导你的实践之前，先不要做最终判断。

预期的读者

我们要满足几类读者的需要，其中最重要的是教师。有充分的证据表明，教师实际上是通过向自己的学生传递的课程及其传递方式，决定其课堂上发生什么。其推论是，如果我们的目标分类学的修订要影响教育质量，它必须显著地影响教师的思想和行为方式。本着这一目标，我们力图使这一修订工作让教师感到更为贴近现实和实用。

当前，人们期望课程以标准为基础（Glatthorn，1998），而且大多数州都已通过立法确定（Frymier，1996；Gandal，1996；Rebarer，1991）。这些取向的提倡者寻求从实质上改善教师的教学和学生的学习质量，然而，只有当这些取向被课堂上的教师所拥护、理解和执行时，它们才能变成课堂现实。

什么东西能带来这种变化呢？我们认为，教师需要一个框架以帮助他们了解和组织目标，并使之被清晰地理解和方便地实施。这一框架可以帮助教师计划和传递适合的教学，设计有效的评估课题和策略，并确保教学和评估与目标相一致。原《手册》作者相信他们的分类学可能是这样的框架。在我们的修订版中，我们力图（1）修订和扩充他们的思想，（2）使用通俗的话语，（3）与当前的心理学和教育学的思想相一致，（4）提供应用该框架的实际教学例子。

例如在第一、二章，我们探讨了标准和目标的关系。整个第三部分举例说明了我们的框架在课堂情境中的应用，第八至十三章由教师撰写的案例构成，描述了他们开发和实施的教学单元，同时伴有我们的分析，指出我们的框架怎样帮助教师理解和最终改进教学单元。在第十四章，我们对课堂教学实践案例分析所揭示的某些原理作了总结。我们的希望是：许多教师将阅读这一修订本，并发现它的价值。

教师们忙于教学，以至于他们往往只能得到"第二手"信息。在这一点上，布卢姆曾说,原《手册》是"在美国教育界最广泛引用但却是最少阅读的书之一"(Anderson & Sosnal, 1994, p. 9)。我们希望在我们的读者中,包括与在职和未来的教师互动并努力影响他们的几组人群。要更有效地满足这些人群的需要,本书以两种版本出版,一为简缩本,一为完整本。简缩本包括十四章,其内容被认为是对教师最有趣、最有价值而且可以立即实践的。完整本另加三章和一个附录。其中一章描述其他的目标分类框架;一章概括了原分类学结构的实证研究;最后一章讨论了尚未解决的问题(一个简缩的形式是作为简缩本的第十四章的最后一节出现的)。我们相信,对于最熟悉原《手册》的人,比如说大学教授、教育研究人员以及希望学习这一个框架和其他框架的学者,完整版将是更有趣的。

我们预期的读者包括直接和间接影响教师的人群,其中有些人与教师互动并直接影响课堂教师,他们是教师教育人员,他们计划和传输教师的职前教育课程。对于他们,简缩版将为他们的基本教科书提供重要的附加或补充读物。其结果是,教师教育课程的教科书的作者,在引用和利用分类学时,为引起教师对该框架的注意提供了另一条途径。我们预期,这些教育工作者将使他们当前的分类学范围适合于修订版。

课程协调人员和教育咨询人员参与教师的职业发展活动并帮助课堂教师,他们也有直接影响教师的潜力。在设计他们的程序时,他们可能发现,把我们的教学案例研究分类框架与实践相联系是有益的。

间接影响教师的几组读者,也可能发现这个修订版的价值。测验设计者和测验出版人已充分运用《手册》,并将之作为组织他们的成就测验要测量的目标的依据。我们的修订框架至少同样有用,也许甚至更为有用。

虽然《手册》未提及政策制定者(如学校董事和州立法人员)和中间人,但这些读者的重要性在增加。在可能的目标全域中,学校和毕业生要满足的标准处于什么位置,他们的要求是否得到满足,我们的框架也能为政策制定者提供参照。同样,分类框架可以使新闻工作者就成就测验表明什么提出问题。

我们的最后一群读者是教科书的编著者和出版人。中小学教师要用这些书籍去教他们的学生。同样数量的编著者和出版人,他们如果把我们的框架编入他们的课本中,并指出它能怎样用于帮助教师分析目标、教学和评估,以及如何确定这三者的一致性,那么他们将具有影响教师和学生的更大潜力。

本书的组织

在这一序言之后是前言。前言描述了原《手册》和我们的修订本的发展过程。本书余下的内容共分四部分。第一部分由两章构成。第一章描述对分类学的需求和教育工作者运用我们的分类学的方式。第二章讨论目标的性质,目标与标准的关系及其在教育中的作用。

第二部分的三章描述我们修订的分类学的结构。第三章讨论了作为分类学表格的二维表。接下来的两章描述了我们修订的框架结构,并且更为详细地描述了表的两个维度:知识维度(第四章)和认知过程维度(第五章)。每一个维度又由若干类目构成。对于每一个类目,都有定义和举例说明。

第三部分的九章举例说明分类学表如何运用及其效果。第六章描述如何运用分类学表格去开发学习目标、制定计划教学、设计评估项目并使这三者相一致。第七章对教学案例作了一次总的前瞻,包括如何分析案例以及案例对教师可能有什么益处。第八章至第十三章是教学案例及其分析,案例是教师撰写的实际教学单元的描述,教师开发并教授这些单元。对于每一个案例,本书作者都运用分类学表格,根据其目标、教学活动和评估以及三者的一致性作了分析。第十四章讨论来自案例分析的一系列结论。

第四部分(仅出现在完整版中)客观地考察了分类学。在第十五章,比较和对照了十九个可以替代的框架。它们是原《手册》出现以后提出来的。我们根据该框架的背景及其修订对它们进行考察。在第十六章,我们对支持原分类学的、具有累积的、层级性的实验证据作了总结和回顾,并讨论了这些证据对于我们的修订工作的含义。最后在第十七章,我们前瞻性地探讨了未来的修订作者将要解答的某些遗留问题。完整版和简缩版都有两个附录:一个附录概括了修订版在原框架基础上的变化,另一附录提供了原版的框架。第三个附录(仅在完整版中出现)提供了第十六章的目的—手段分析所依据的数据。

作者介绍

这项持久而巨大的工作需要对每一章作许多修订,大多数章节是由主要作者从头到尾执笔,若干章节则有多位"参与"作者。各章作者如下:

- 艾雷辛(Airasian, P. W.),波士顿学院,第二章的主要作者;第一章的参与作者;第十和第十一章的案例评估。
- 安德森(Anderson, L. W.),南加州大学,第一、六和十四章的主要作者;第三和第七章的参与作者;第八、九、十、十一、十二章的案例评论。
- 克里克辛克(Cruikshank, K. A.),印第安纳大学,第一章的参与作者,第九、十二章的案例评论。
- 克拉斯沃尔(Krathwohl, D. R.),锡拉丘兹大学,第三、十五、十六、十七章的主要作者;第六章的参与作者。

- 梅耶（Mayer，R. E.），加州大学，第五章的主要作者；第三、四章的参与作者。
- 宾特里奇（Pintrich，P. R.），密西根大学，第四章的主要作者；第三、五章的参与作者。
- 拉斯（Raths，J.），特拉华大学，第一、七章的参与作者，第十三章的案例评论。
- 维特罗克（Wittrock，M. C.），加州大学，第三、四、五章的参与作者。

致谢

我们这里要特别感谢以下教师，他们撰写的自身教学案例的描述成为第八章至第十三章的"核心"部分：

第八章：Nancy C. Nagengast，Maple Lane Elementary School，Wilmington，Delaware.

第九章：Margaret Jackson，A.C. Flora High School，Columbia，South Carolina.

第十章：Jeanna Hoffman，Satchel Ford Elementary School，Columbia，South Carolina.

第十一章：Gwendolyn K. Airasian，Wilson Middle School，Natick，Massachusetts.

第十二章：Michael J. Smith，American Geographical Institute，Alexandria，Virginia[①].

第十三章：Christine Evans，Brandwine(Delaware)School Distrit，and Deanne McCredie，Cape Henlopen (Delaware) School District.

我们请案例作者审阅手稿的后期草稿，并要求他们向草稿的发行者发送评论，特别是对他们自己的案例呈现和分析的评论。后来增加的第十三章的作者们同样有机会审阅已呈现和分析过的他们自身的案例。作者的评论和建议被用来准备最终的稿子。

这份手稿的副本在准备期的若干阶段分发给不同的学者、教师和教育工作者。这些人中许多人回复的评论对作者准备最终的稿子极具价值。我们感谢所有审阅初稿的人，这些人包括：Gwen Airasian，麻州纳提克威尔逊中学；Patricia

---

① Smith博士对作为国家科学基金项目一部分的单元教学进行了观察。由一名经验丰富的教师教授此单元。

Alexander，马里兰大学；James Appefield，威名顿北卡罗来那大学；Richard Arends，中央康涅狄格州；Hilda Borko，科罗拉多大学；Jere Brophy，密歇根大学；Robert Calfee，斯坦福大学；Nanthaniel Gage，斯坦福大学；Robert Glaser，匹兹堡大学；Thomas L. Good，亚利桑那大学；Jeanna Hoffman，南卡罗来那、哥伦比亚、赛塞尔福特小学；Margaret Jackson，A.C.，南卡罗来那、哥伦比亚、弗落拉中学；James Johnson，华盛顿市教育和劳动部；Greta Morine-Dershimer，弗吉尼亚大学；NancyC. Nagengast，特拉华州、威尔明顿、麦博雷恩小学；Melody Shank，印第安纳易森索学校广播网；Wayne H. Slater，马里兰大学；Michael Smith，弗吉尼亚州、亚历山大、美国地理协会；Susan Stodolsky，芝加哥大学；Anitia Woolfolk，俄亥俄州大学。

我们最为感谢前 Addison Wesley Longman 教育图书的编辑，布兰福特（Blanford，V.）博士自始至终对这项工作的支持。她是编者与作者在第一次会议上获得 Longman 资金支持的中介人。随后多年来的例会和中间的花费，都受到第一版版税的资助。

任何一种修订版都不可避免地以原版为基础，这本书也不例外。我们不仅运用了第一版中表达的思想，而且在某些情形下我们也沿用了原来的短语，并没有一直对它们追根溯源，这令我们很遗憾。作为一个团队，我们不曾忘记作为新成果基础的原版工作者的贡献，我们极其感谢他们的奠基性工作。

最后，作为编者，我特别要感谢那些和我们一起努力工作的人们。与他们一起工作已成为极具乐趣的事情。我们做了如此多热烈的讨论，并且对手稿做了多次的修改，以至于我们很难追溯所发生的一切。但经历了这一切，我们已经非常渴望每半年一次的会议，已经完全欣赏彼此做出的贡献，以及乐于彼此的陪伴。其中的一名编者（克拉斯沃尔）特别感谢每个人，当家庭条件使他难以外出时，所有的会议都在其居住地锡拉丘兹举办。

对于分类学理念的发起者、原版《手册》的编者以及我们其中某些人的导师，本杰明·布卢姆，因患上阿兹海默氏病而不能参与我们的修订，我们感到非常遗憾。在这本书出版前不久，他去世了。在这个修订版出版之前，大部分致力于原版《手册》的学者都过世了，而尚存的人也都退休了。作为原作者之一的 Edward Furst 博士向我们提供了一些有用的材料和建议。Christine McGuire 博士作为原小组的成员，同样给我们提供了建议。你也会注意到另一个成员 Nanthaniel Gage 是对我们有益的评阅者。我们希望他们中所有的人，都对我们修订版中试图作出的改善，给予审慎地思考和审阅。

安德森（Anderson，L. W.）
克拉斯沃尔（Krathwohl，D. R.）

前　言

　　虽然这一分类学,实际上是分类学的观点,对许多读者来说都是新颖的,但它几乎是对一个经历的半个世纪的框架的修订。对不熟悉《手册》的人来说,这个前言为原版本和本次修订提供了某些背景。

　　1948 年在波士顿举行的一个非正式的会议上,出席会议的有一些学院和大学的考试人员。他们认为,用一个共同的框架对期望的学生学习结果进行分类,可以促进测验题、测验方法和测验思想的交流。作为测验人员,他们负责各自学校所教大学生课程综合考试的准备、管理、评分和报告结果。

　　因为开发良好的多重选择题是费时的,测验人员希望通过简化考试题来显著地减轻劳动。他们提出创建一套标准词汇,以表示一个测验题意欲测量的东西。这样规范化的意义来自于一套仔细定义的类目和亚类目。任何教育目标都可以归纳到这些类目和亚类目中,因此任何测验题都可以分类。原先的框架只限于一切教学的主干,即认知目标。

　　原《手册》编撰集体始终把这一框架看成是不断进步的,既未完成,也无终点。事实上,只有认知领域是原集体开发的,情感领域是后来开发的(Krathwohl, Bloom & Masia, 1964)。虽然辛普森(Simpson, 1966)和哈洛(Harrow, 1972)提供了动作领域的分类框架,但原集体从未从事这项工作。

　　而且原集体成员更为关切的是分类学将会使思想僵化,抑制新分类框架的发展。自从《手册》出版以后,大量可替代的框架的出现表明,所担心的事情并未出现。本书完整版的第十五章对这些框架中的十九个作了比较和分析。

　　大约在 1971 年,布卢姆在一个备忘录中说:"理想地说,每一个主要领域应该有使用自己的语言的目标分类学——更详细、更接近于某专家的专门语言和思维,反映其自身的适当亚领域和教育水平,附带有可能的新类目及其联合,删去不必要的类目。"（[在其手稿中,一个记录提示读者要注意布卢姆等(Bloom, Hastings & Madaus, 1971)编著的《关于学生学习的形成性和终结评价手册》,该手册表明,可以怎样改编分类学]）当教育工作者在不同领域运用分类学时,当教育发生变化以及新知识为这一变化提供依据时,分类学就需要被改编。这一直是,而且今天仍然是人们所期望的。我们的修订是期待已久的。

《手册》的修订

修订分类学和整个《手册》的想法始于克拉斯沃尔(Krathwohl, D., 原《手册》的作者之一)和布兰福特(Blanford, V.)博士(本书出版社高级教育编辑)之间的一系列讨论。自从该出版社赢得了原《手册》的版权之后,布兰福特博士就意识到,需要对《手册》作一次修订,而且他对它的销售感兴趣。期间,一个小组集会讨论了修订工作并制定了某些计划。但直到《布卢姆分类学:40周年回顾》(Anderson & Sosniak, 1994)出版之前,这一工作很少有进展。在该书出版之后,克拉斯沃尔和安德森开始筹划召开最初的会议,邀请对修改分类学和《手册》感兴趣的人出席,讨论修订工作的必要性和可行性。

当会议的计划取得进展后,他们的注意力转向了谁应该参与会议。于是作出选择三组代表性人物的决定。他们是认知心理学家,课程理论家和教学研究人员以及测量与评估专家。最初的会议在1995年11月于纽约州的锡拉丘兹举行,下列8位人士出席(分组排列):

- **认知心理学家**:梅耶(Mayer, R. E.)、宾特里奇(Pintrich, P. R.)和罗维尔(Rohwer, W.)。维特罗克(Wittrock, M. C.)受邀,但未能出席。
- **课程理论家和教学研究人员**:安德森(Anderson, L. W.)、克里克辛克(Cruikshank, K. A.)。克兰丁宁(Clandinin, J.)、康里(Connelly, M.)和拉斯(Raths, J.)受邀,但未能出席。克兰丁宁和康里后来退出了该项课题。
- **测验与评估专家**:艾雷辛(Airasian, P. W.)、克罗克(Crocker, L.)和克拉斯沃尔(Krathwohl, D. R.)。

会议制定了修订和撰写任务的内容草表。同原《手册》一样,修订工作是集体的劳动。各种文件的初稿是在1996年余下的时间内准备的,并于1996年后期和1997年初分配给所有集体成员。该集体每年春、秋两季开会评阅初稿,讨论缺点、遗漏和多余的东西,并决定今后适当的步骤。框架的初稿被印发给美国教育研究协会,在该协会 1998 年召开的一个专门会议上,接受了公开评论并受到普遍认可。人们的反映表明,修订工作可以进入更精细的评阅阶段。

　　1998 年 6 月于锡拉丘兹召开的会议计划为外部评阅准备初稿。本书出版社慷慨地邀请了大量人员进行盲评。初稿于 1998 年 11 月分发出去。基于这些评阅,于 1999 年夏季进行了修订工作,修订的初稿成了 1999 年 10 月在锡拉丘兹举行的最后一次会议上讨论的重点。

　　1999 年夏季进行的修订工作,把许多参考原《手册》的内容删去。我们原先之所以引证原《手册》,不仅因为我们感谢原书作者,而且我们希望在适当的地方,表明我们的修订是依据原框架的。然而,评阅者提醒我们,我们的许多读者并不完全熟悉原《手册》。其结果是,这样一些引证不可能传递清晰的意义,反而会妨碍理解和使文本过分复杂化。因此,这一修订版的大部分文本,如同让读者接触到一个新的专题。

　　然而,有些读者很想知道修订版与原《手册》的区别是什么,对于那些熟悉原《手册》并运用过它的人来说,尤其是如此。对于这些读者,在附录 A,我们已经总结了我们所作的十二点重要改变。此外,在附录 B,我们提供了原分类学的压缩版。我们希望能够以此来表达对原分类学作者的深深敬意。

第一部分

分类学：教育目标和学生学习

第 一 章

绪　　论

　　在生活中,目标帮助我们集中注意和精力,并表明我们想要完成的任务。在教育中,目标表明了我们想要学生学习的结果。它们是"期望学生通过教育过程后获得改变的方式的明确表达(《手册》,1956, p. 26)。在教学中目标尤其重要,这是因为教学是一种**有目的**的和**合理**的行为。教学是有目的的,因为我们总是为了某种目的,主要是为促进学生的学习而教。教学是合理的,因为教师可以通过评估来证明他们所教授给学生的东西是学生值得学的。

　　教学的合理性方面与教师为学生选择**什么**目标有关。教学的目的性方面与教学**怎样**帮助学生达成目标,也就是教师创造的学习环境和他们提供的活动、经验有关。学习环境、活动、经验应该与选择的目标相一致。

　　教师的目标可以是外显的或内隐的,清晰的或模糊的,可测量的或不可测量的。人们可以把它称呼为除目标以外的其他名称。以往它们被称为方向、宗旨、目的和指导结果(Bobbitt,1918;Rugg,1926a 和 b)。现在,人们更倾向于称之为内容标准或课程标准(Kendall & Marzano,1996;Glatthorn,1998)。不管人们怎样陈述或称谓它们,在实际的所有教学中都有目标。简单地说,当我们教学时,我们想要学生学有所得。我们想要学生习得的东西作为我们的教学结果,就是我们的目标[1]。

---

　　[1]　本书中我们使用目标表示想要学生学习的结果,目标、课程标准和学习目的都表示想要的学生的学习。

一、需 要 分 类 学

请考虑最近一个中学教师苦恼的感叹："当我第一次听到有可能采用全州范围的标准时，感到很好奇。我原以为清楚地知道在每一学科的每一年级水平中期望学生学什么和他们能做什么是一件好事。但是当我看到这些标准的草稿时，我惊呆了。目标是如此之多。在六年级的英语语言艺术课上（我的专业领域）有 85 个标准。六年级的数学课有 100 多个标准，并且它们是如此模糊。我特别记得其中一个标准是：'描述历史和文化影响与文化选择之间的联系。'什么联系？什么影响？什么选择？描述是什么意思？我自问道：'这些东西怎样帮助我教得更好，怎样帮助学生学得更好？'"

当教师遇到大量他们认为非常模糊的目标时，他们可能怎么办？为了处理这些大量的目标，教师需要用某种方式来组织它们。为了解决模糊的问题，教师需要使目标更加准确。简而言之，这些教师需要一个有组织的框架来提高准确性，更重要的是促进理解。

框架怎样帮助教师理解目标的这种陈述呢？框架是由与某一现象（比如矿物、小说）有关的一组类目所组成。这些类目是容纳客体、经验、观点的一套"容器"。具有共同特点的客体、经验、观点被置于同一容器内。与分类过程有关的标准是由一组能区别不同类目的组织原理所决定的。一旦进行了分类，框架中每一类目的特征和其他类目的特征可以帮助教师更好地理解类目中的内容。

请考虑种系框架（其中有哺乳动物类、鸟类、节肢动物类等等），其组织原理（或分类准绳）包括身体特征（比如骨骼的存在和（或）位置，温血与冷血）和新生命的诞生和抚养（比如卵生与胎生，抚养缺失与抚养）。为了使用框架促进我们的理解，我们应该学习每一类目的定义性特征。比如，怎样才能算是哺乳动物呢？我们知道哺乳动物是呼吸空气、温血、哺乳后代，比起其他动物，它们对后代提供更多的保护和训练，并且有更大、更发达的大脑。如果我们听说蹄兔是哺乳动物，你就能根据蹄兔在框架中的位置来了解有关蹄兔的一些特征。如果我们得知长颈鹿也是哺乳动物，那么我们可以根据两者均置于框架的同一种类而知道蹄兔和长颈鹿具有共同的特征。

分类学是一种特殊的框架。分类学中的类目分布于一个连续统一体中。这个连续体（如颜色之后潜在的波频，元素周期表之后潜在的原子结构）成为框架主要的组织原理之一。在分类学中我们要把目标进行分类。目标的陈述包括一个动词和一个名词。动词一般描述预期的认知过程。名词一般描述期望学生掌握或建构的知识。请考虑如下的例子："学生将学会区分（认知过程）政府的邦联制、联盟制和单一制（知识）。"

与原分类学单一维度不同，修订后的框架是两维的。正如前一段提到的，这两维就是认知过程和知识。我们把这两者的相互关系称作分类表（见表 3.1）。其认知过程维度包括六个类目：**记忆、理解、运用、分析、评价和创造**。决定认知过程维度的连续统一体被认为是认知的复杂性。也就是说，假定**理解**比**记忆**的认知程度更复杂，**运用**比**理解**的认知过程更复杂，以此类推。

知识的维度（表的横行）包含了四个类目：**事实性知识、概念性知识、程序性知识和反省认知知识**。这些类目从具体（**事实性知识**）到抽象（**反省认知知识**）也是一个连续统一体。概念性和程序性知识在其抽象性上存在交迭，一些程序性知识可能比最抽象的概念性知识更具体。

我们开始看看分类学怎样帮助我们理解目标，请考虑先前提到的关于政府制度的目标。动词"区别"提供了期望的认知过程线索。在第五章会看到，"区别"与认知过程的**分析**这个类目相联系。名词短语"政府的邦联制、联盟制和单一制"提供了知识类型的线索。在第四章会看到，"制度"代表**概念性知识**。因此，根据分类学，这里的目标涉及了**分析**和**概念性知识**。

请考虑第二个例子，即数学例子："学生将学会区分有理数和无理数"。区分和区别一样，都属于**分析**这一认知过程的亚类。有理数、无理数这些名词是数字类目，类目是一些概念，概念又是**概念性知识**的核心。因此，根据分类表，第二个目标也涉及了**分析**和**概念性知识**。

在分类表中，这两个目标均处于标明**概念性知识**的行和标明**分析**的列这两者交叉的单元格中。尽管学科不同，但这两个关于社会学科和数学的目标都被分在分类学表中的同一单元格。它们都是**概念性知识**，都要求学生从事**分析**过程。一旦我们理解了**概念性知识**和**分析**的含义，我们就能更清楚地了解这些目标。就像将动物置于种系框架中就能帮助我们更好地了解该动物一样，将目标置于我们的框架中就能增加对目标的理解。

二、运用我们逐步增加的理解

尽管我们运用分类表可能会更好地理解一个目标，但是这种逐步增加的理解怎样才能帮助我们呢？教师传统上经常被教育、教学、学习问题所困扰。这里有四个最重要的组织问题：

1. 在时间有限的学校和课堂里，学什么对学生是重要的？（学习问题）

2. 怎样计划和传递教学内容才能让大多数学生产生高水平的学习？（教学问题）

3. 怎样选择或设计评估工具和程序才能提供学生学习效果的准确信息？（评估问题）

4. 怎样确保目标、教学和评估三者之间保持一致？（一致性问题）

这四个组织问题贯穿全书并为怎样使用分类学框架提供了基础。在本章的下面四节，我们会更详细地描述这四个问题。

（一）分类表、目标和教学时间

最普遍和长久的课程问题之一是：什么是值得我们去学习的？这是第一个组织问题。抽象地说，问题的答案界定了什么是受过教育的人。更具体地说，答案界定了所教学科的意义。比如，数学是一些要去识记的、孤立的知识？还是一种要被理解的、有组织的和连贯的概念系统？阅读是由记忆一组声音符号的关系所组成的？还是由书面字词的意义所组成的？在科学、历史、艺术、音乐和其他领域也可以提出类似的问题。

现在强调州水平的标准旨在对学习问题至少提供部分答案。但是正如我们的中学教师的评论表明，单有标准并不必然提供一个充分的和可靠的答案。"杂货清单"式的标准可能比令人有启发和有用的标准更让人模糊、沮丧。教师仍必须要回答什么是值得学习的这一问题。他们主要是通过课堂时间的分配和告诉学生**实际**的重点是什么来回答这个问题。

在过去的几个世纪里，随着我们可以收集和利用的知识和信息的增多，对这个基本课程问题的可能答案也越来越多。然而我们仍旧在与一百多年前相同的学校教育年限内实施教育。如果对什么值得学习这个问题难于作出解答，那么教师很有可能只是单纯地用完时间。比如当教师按以课本为基础的课程施教时，他们会在时间允许的范围内尽可能完成更多的章节。

透过分类表去看，教师能更清楚地看到可能的目标的排列和它们之间的关系。这样，当我们根据分类表分析所有或部分的课程时，我们就能对课程获得更加完整的理解。具有许多条目的横行、竖列、单元格便一目了然，那些完全没有条目的横行、竖列和单元格也同样明显。没有条目的整行或整列能警惕我们，在这里可能包括迄今为止没有考虑过的目标。

总之，分类框架虽然不能直接告诉教师什么是值得教的，但是可以帮助教师把标准转化为共同的语言，以便与他们个人希望达成的目标相比较，通过呈现多种可能性的考虑，分类学可以为指导课程建议提供某种观点。

（二）分类表和教学

一旦将目标置于分类表中的特定单元格内，我们就能系统地开始解决帮助学生达成目标这一问题。因此，第二个组织问题涉及教学。我们用两个目标作为例子来说明这一问题。

- 学生将学会区分政府的邦联制、联邦制和单一制。
- 学生将学会区分有理数和无理数。

我们将这两个目标置于认知过程的**分析**和**概念性知识**交叉的相应单元格中。也就是说，他们都是**分析概念性知识**的形式。这种处置怎样帮助我们计划教学呢？

类目和分类形成了**概念性知识**的基础。因此，与这些目标有关的教学必须帮助学生形成隐藏于目标中的类目和分类：在第一个目标中的是政府的邦联制、联邦制、单一制制度；在第二个目标中的是有理数和无理数。从多种研究中我们得知，例子能帮助学生形成类目和分类（Tennyson，1995）。因此，我们应该把例子结合到涉及**概念性知识**目标的教学计划中。

回头再看这两个目标，我们知道区分和区别都是与**分析**相联系的认知过程。实际上，区别涉及根据其关联性或重要性区分整体结构的部分。在第一个目标中整体结构是"政府制度"，部分是邦联制、联邦制和单一制。并且它们在许多方面存在差异。问题是它们最相关和最重要的差异是什么。与之类似，在第二个目标中整体结构是"实数系统"。部分是有理数和无理数。问题也是在"整体"的背景下"部分"之间最相关或最重要的差异是什么？

当教学受到**分析概念性知识**这一目标指导时，不管其具体的目标是什么，我们可以期望教学活动是：

- 将学生的注意力集中在类目和分类上；
- 运用正例和反例帮助学生形成正确的类目；
- 帮助学生看到大的分类系统下的具体类目；
- 强调在大的系统背景下不同类目的相关的和重要的差异（Tennyson，1995）。

现在我们考虑第三个目标："学生将学会美国和英国小说家主要著作的名称。"在我们的框架中，"学习名称"代表着**记忆**。"美国和英国小说家主要著作的名称"代表**事实性知识**。因此，这个目标就是**记忆事实性知识**。这个目标的教学设计与先前两个目标的教学设计有所不同。以**记忆事实性知识**为目标的教学计划可能引导我们期望教师：

- 定期地提醒学生记住的具体细节（如名字，而不是情节或人物）；
- 为学生提供帮助他们记住相关知识的策略（如复述）和技术（如记忆术）；

● 为学生提供机会来练习这些策略和技术（Pressley & Van Meter，1995）。

在这里应该注意两点：首先，不同类型的目标要求不同的教学方法，即不同的学习活动、不同的课程材料和不同的教师与学生角色。其次，不管学科或课题有何不同，相似的目标类型可能要求相似的教学方法（Joyce & Weil，1996）。例如罗米桑斯基（Romizowski，1981）的教学目标，列举一系列能促进学生成绩的教学特征。在我们的框架中，将特定的目标进行分类，能帮助教师系统地设计促进学生学习这一目标的有效方法。

（三）分类表与评估

在前一段落提到的两点也可以运用于评估中，这也就给我们带来了第三个组织问题。目标的不同类型（即分类表中不同单元格内的目标）要求不同的评估方法。目标的相似类型（即分类表中的同一单元格内的目标）有可能涉及相似的评估方法。为了说明这些观点，我们继续分析这三个目标样例。

要评估学生关于政府制度目标的学习，我们可以给每个学生描述一个假想的国家的政府制度，并要求他们回答有关政府方面的问题。假想的国家是用来确保学生过去没有遇到过，因此他们不能单凭记忆来回答问题。三个样例的问题如下：

● 这是什么政府制度？（联邦制、邦联制、单一制）
● 你怎么知道它是你所说的这种类型的政府制度？
● 如果将一种国家的制度转变为其他两类制度，需要作出什么样的改变？即如果联邦制转变为邦联制或单一制需要作出什么样的改变？

要评估学生关于数字系统目标的学习，我们可以给每个学生列举六个数，这六个数要么是有理数要么是无理数，并要求学生回答有关这些数字的问题。这些选择的数字应该尽量与课本上或课堂上讨论的数字不同，三个样例问题如下：

● 所有这些数字属于什么数字系统，是有理数还是无理数？
● 你怎么知道它属于你所说的这类数字系统？
● 你怎样改变每一个数字使之成为另一类数字系统的例子？即如果是一个无理数，你要使之变为有理数；如果是一个有理数，你要使之变为无理数。

请注意这两组相似的问题。每一组问题都是以一个类目的一个例子或一些例子开始。这个例子或这些例子都与课本上或课堂上讨论的例子不同。这个条件是必需的，这样能确保评估的是学生的理解而不是记忆。每一组的三个问题实质上相同：例子属于什么类目？你怎么知道的？你怎样改变这个或这些例子使之属于另一个或另一些类目？因此，分析**概念性知识**这类形式的许多目标都可以使用这个蓝图来设计评估。

第三个样例目标就是学习美国和英国小说家主要著作的名称。在这里，我们希望评估工具中所包含的所有著作和小说家是那些课本或课堂讨论中所包含的。因为这里强调的是记忆,而不是理解。常用于评估这类目标的形式是匹配。比如说,小说的名称放在 A 列,美国和英国小说家放在 B 列。要求学生在 B 列中找出对应 A 列每一小说的小说家。请注意这种评估形式适合于许多**记忆事实性知识**的这类目标。

(四)一致性概念

一致性指的是目标、教学和评估之间的对应程度。这是第四个也是最后一个组织问题。在政府制度的例子中,目标是**分析概念性知识**。教学就是让学生注意三个具体类目,运用例子帮助他们形成正确的类目,帮助学生看到大分类系统下的三个具体类目,并强调大系统下各类目之间的相关和重要的差异。这样的教学与目标是非常一致的。同样,在评估时,就是给学生提供不熟悉政府的信息,并要求他们将政府分入三个类目中的一类,陈述分类理由,描述当该类政府变为其他两类政府时需要做出哪些必要的改变。这样的评估也是与目标非常一致的。

严重的不一致会造成问题。如果教学与评估不一致,那么即使高质量的教学也不可能在这些评估中影响学生的考试成绩。同样,如果评估与目标不一致,那么评估的结果将不会反映那些目标是否达成。

一般而言,一致性的程度是通过比较目标与评估、目标与教学、教学与评估来决定的。然而这种比较通常会导致表层的分析。分类表就提供了一个能促进比较的重要方法。分类学是一种试金石,它所谨慎定义的术语和组织使这三类比较更为准确。因此,我们可以准备一个特殊的分类表,使用不同标记标明置于表单元格中的每一个目标、教学活动、评估。通过确定标明目标、教学活动、评估的三种标记是否全部出现在某个单元格内(高度一致),或一些单元格只包含着三种标记中的两种(中度一致),或许多的单元格只包含三种标记中的一种(低度一致),这样我们就能获得有关一致性的深层分析。这种分析是根据期望学生学习来强调一致性的。我们会在这本书的第八章到第十三章中的案例中阐述这种方法。

三、教师作为课程制定者与教师作为课程实施者:结束语

一百多年来,对所教内容的许多控制权已经由学校移到了议会——这种经常混乱的转变是勉强而为的。比以前掌权更多的州长仍旧试图实现一个世纪前的州长所努力实现的公共教育的希望和承诺(Manzo,1999,p.21)。

从这章的绪论可以清楚地知道，我们希望在"教师作为课程实施者"的背景下我们的工作被采用。也就是说，给予教师一些目标(如教科书里要的或逐渐增加的州或管区规定的标准)并希望他们传递教学，使得大部分学生达成那些目标。分类表应该帮助教师从事这一任务，并合理地完成任务。

然而，同时我们认为，一些课程理论家、教师培训人员和教师自己认为，教师应该是"课程的制定者"(比如见 Clandinin & Connelly，1992)。我们的框架在这种情况下也有用吗？我们相信它有用。然而对这些教师来说，我们的框架更有可能发挥启发作用而不是指导作用。例如，分类学可能暗示所考虑认知目标的范围和类型。随着越来越多的证据表明分类学的有用性，我们建议观察案例分析来看看分类学是怎样促进课程发展的。这些案例是行使课程制定者这一职责的教师所开发的。有的教师自行设计课程单元，有的教师则或多或少的在立法制度、国家标准、地区方针、课本采用的局限内设计单元。不管教师接受的自由程度如何，我们的框架能使我们对他们的教学实践有了迄今尚不明显的理解。很显然，框架的优势和范围还有待提高。

我们希望不管教师是课程的实施者还是制定者，分类学的修订版将会帮助教师在与课程潜在的目标相一致的前提下去理解课程、计划教学、设计评估，并最终改善教学质量。此外，我们的框架应该提供一种普遍的思考方式和方便讨论教学的普遍词汇，这样就能促进教师之间和教师、教师培训人员、课程协调者、评估专家、学校行政人员之间的交流。

第 二 章

目标的结构、具体性和争论问题

在承认目标的重要性之后，我们将在本章讨论目标的结构、具体性和对它的批评。我们认为，目标以多种形式出现，从高度具体的目标到一般性的目标，从明确陈述的目标到内隐的目标。我们也承认，围绕各种目标形式的优缺点存在许多争论。我们这里侧重探讨的目标是我们认为对于鉴别学校教学的认知结果，对于指导教学活动的选择和评估方式最有用的目标。我们知道，目标的其他类型和形式也可能是以不同形式起作用的。

一、目标的结构

教育目标的最通用的模型是以泰勒(Tyler, R. , 1949)的工作为基础的。泰勒提出："陈述目标的最有用形式是**按行为**类别和**内容**两个维度陈述，行为类别指意欲通过教学发展的学生的行为类型；内容指被学生的行为加以运作的教材内容。"(p. 30)。我们在第一章指出：一个目标的陈述包含一个动词和一个名词。我们进一步说：动词一般描述我们意欲实现的认知过程，名词一般描述预期学生要学习或建构的知识。在我们的阐述中，我们用"认知过程"替代泰勒的"行为"，用"知识"替代泰勒的"内容"。因为这些替代是有目的的，让我们进一步详细考察它们。

(一) 内容与知识

在教育学文献中经常提及内容(content)，但很少有人给它下定义。我们熟悉内容领域与学科内容（Doyle，1992）、内容知识和教学内容知识（Shulman，1987）等说法。《韦伯斯特词典》在线，www. m-w. com/home 给内容下了几个定义。与此处讨论最有关的定义是"在一个研究领域所涉及的问题、或事情、或实质（matter）"。这一定义表明：内容与传统上所说的"教材"（subject matter）（即内容领域）是等值的。该词典还列举了内容的一个同义词"实质"（substance）。当将内容运用于特殊教材时，内容就是其实质。

谁决定指定教材的实质呢？在传统上，这一任务就落到终生研究某个领域的学者身上。他们是数学家、自然科学家、历史学家等。随着时间的推移，他们对于自己学科领域的什么可能是所谓"历史上共享的知识"达成了一致，从而界定学科中的教材。这种"历史上共享的知识"不是静止不变的；随着新的观念和证据被学术团体接受，它们会发生变化。在这样情境下，内容就是"历史上共享的知识"。与此相应，我们运用**知识**这一术语反映了我们的如下信念：就知识接受学科内的共识来说，学科知识总是变化的和演进的。

然而，在另一方面，"知识"与"教材内容"（subject matter content）又以另一种方式相联系。在一个学科领域作为知识的教材，和作为用于传递给学生知识的材料的教材，两者之间经常出现混淆。为了教育目的，教材内容必须以某种方式"打包"。打包的例子包括教科书、年级水平、学程安排以及逐渐增加的多媒体课件"包"，打包涉及选择和组织内容，使之以教育上的有效方式呈现，而且要适合"学生的潜在能力和背景方面存在的差异"（Shulman，1987，p. 15）。我们把作为学科内容的教材称为知识，把为促进学习而设计的打包的教材称为课程材料、教学材料或简称材料，这样的区分能大大地降低作为学科内容的教材与作为教学材料的教材之间的混淆。

总之，有两点理由用"知识"替代"内容"。第一，强调这样的事实：题材内容是"历史上共享的知识"，它们是通过学科内当前共享的意见而达成一致的，而且会随着时间的推移而变化。第二点理由是要区分学术性学科的教材内容和包含该内容的材料。

（二）行为与认知过程

回顾泰勒对**行为**这个词的选择，至少有两点理由认为这一选择是不幸的。第一，因为行为主义是当时处于支配地位的心理学理论，许多人错误地将泰勒使用的**行为**与行为主义等同。从泰勒的观点看，行为变化乃是预期教学结果。具体规定学生的行为，其目的是要将一般的和抽象的学习目的转化为较具体和特殊的目标，从而使教师能指导教学和为学习提供证据。如果教师能够描述想要达到的行为，当学习出现时，行为就易于被确认。

相反的是,行为主义是预期的结果可以实现的手段。在行为主义思想体系中,教学原理包括工具性条件反应和刺激—反应联结的形成。将行为与行为主义混为一谈的批评者认为,泰勒的目标主要倾向于通过操作与控制进行教学,这是不足为怪的。

第二,在 1950—1960 年代受到流行的目标管理,任务分析和项目教学的帮助,**行为**成了一个修饰目标的形容词。这些新的"行为目标"的具体和详细水平超越了泰勒原先关于目标的概念,包括了标明成功的学习已经出现的条件和作业的标准。请考虑 1950—1960 年代的如下典型的行为目标:

"给予地图或线条图,学生将能正确定义图上*8个表征的图标和符号中的6个*"。此处黑体字表示条件;斜体字表示行为标准。把泰勒的较为一般的目标陈述等同于行为目标的批评者认为泰勒的目标是狭窄的和不适当的,这一点也是可以理解的。

为了部分排除混淆,我们用"认知过程"这一术语替代行为。这一变化反映认知心理和认知科学已经成了心理学和教育学中的优势观点。运用认知研究中获得的知识,我们能更好地理解目标中的动词。为了说明这一点,请考虑下列动词:**列举、写出、陈述、分类、说明和归属**。

头三个动词——**列举、写出和陈述**是传统行为目标最常用的动词(例如"学生将能列举东欧共产主义兴起的三个理由")。然而就这些动词的潜在认知过程来看,它们是含糊的。例如,学生怎样达到他们列举的理由?学生是记住了教师所提供的或教科书上所见到的一系列理由吗?或者学生通过分析包含在几本书中的材料从而发现他们列举的理由?在此情形下,**列举**这个动词可能与两个很不同的分类学的类目——**记忆**和**分析**相联系。

相反,第二组动词——**分类、说明和归属**——在我们的框架中有特殊意义。**分类**意指某事物是属于某一特殊类目。**说明**意指构建一个系统的因果模型。**归属**意指确定潜在于呈现材料中的观点、偏好、价值观和意图。这种逐渐增加的具体性有助于我们侧重我们期望学生所要学习的东西(如"分类"),而不是期望他们显示他们的学习(如"列举")。我们用"认知过程"替代"行为"不仅排除了与行为主义混淆的可能性,而且反映了我们努力将认知心理学中的研究引入我们的研究框架。

与此相应地,分类表的两个主要维度是四类知识和六个主要认知过程类目。

二、目标的具体性

目标的一般领域可以最好地表示为从相当一般到十分具体的连续体。克拉斯沃尔和佩尼(Payne,1971)按这一连续体鉴别了三种具体性水平:总体目标、教育目标和教学指导目标。后者通常被称为教学目标。当我们讨论这三种目标时，你应记住，它们代表连续体上的三个位置，所以对任何目标进行分类都涉及它最适合何种水平的判断。

（一）总体目标

总体目标是需要大量时间与教学才能实现的复杂和多方面的目标。它是被概括地陈述的，并包括大量较具体的目标。这里有三个总体目标的例子。

- 所有学生都将开始学校学习的准备。
- 所有学生在显示胜任挑战性教材的能力后将离开四、八和十二年级。
- 所有学生将学会使用他们的心智，以便他们将为成为有责任心的公民、进一步学习和为在我们国民经济中的生产性工作中作好准备。

这些总体性目标摘自美国教育部制订的 2000 年要达到的目标（美国教育部，1994）。

总体目标或目的（goals）的功能在于为政策制定者、课程开发人员、教师和人民大众提供长远观点和奋斗口号，目的以粗线条的方式表明，什么东西是与好的教育有关的。因此总体目标乃是"当前达不到的某种东西；是为之而努力的某种东西，或要成为的某种东西。它是一种宗旨或意图，被陈述的目的在于激发想象和给人民提供他们要努力追求的某种东西"（Kappel，1960，p. 38）。

（二）教育目标

教师在其计划和教学中要使用总体目标，目标必须被分解为较为集中的和有限制的形式。总体目标的概括性对于"激发想象"是必要的，但是教师在计划课堂活动时难以运用，难以界定适当的评估程序和难以用有意义的方式评价学生的作业。对于这些任务来说，必须有更为具体的目标。

原《手册》的主要目的之一是将注意集中在较为具体的目标，而不是总体目的。这些就是所谓教育目标（educational objective）。下列目标摘自原《手册》。它们例示了教育目标的性质和逐渐增加的具体性。

- "阅读乐谱的能力"（p. 92）
- "解释各种社会数据的能力"（p. 94）
- "区分事实与假设的技能"（p. 146）

与泰勒的教育目标描述相一致，这里的三个目标都描述学生的行为（如阅读、解释和区分）和被行为操作的某些内容（如乐谱、各种社会数据、事实与假设）。

在目标连续体上，教育目标处于中间位置。因此，同总体目标相比，他们较为具体，但同教师提供的指导日常课堂教学所需要的目标相比，他们又是较为一般的。

（三）教学目标

在布卢姆认知目标分类手册出版以后，教育界倾向于制定更具体的目标（Airasian，1994；Sosniak，1994）。这些教学目标的目的在于使教学和测验集中在相当具体领域的小范围的学习。教学目标的例子如下：

- 学生能区分常用的 4 种标点。
- 学生学会两个一位数的加法。
- 学生能够列举美国内战的三个原因。
- 学生能够将总体目标、教育目标和教学目标分类。

教学目标比教育目标有更大的具体性。

（四）目标水平概要

表 2-1 比较了三种水平的目标的范围、时间、功能和运用。从范围来看，总体目标范围最"宽泛"，教学目标的范围最"狭窄"；也就是说总体目标不涉及具体细节，而教学目标涉及具体细节。总体目标需要一年以上的时间进行学习，而教学目标在几天之内就可以实现。总体目标提供一种远景，它经常作为支持教育计划的基础。另一方面，教学目标对计划日常课程是有用的。

教育目标居于这个连续体的中部。从范围来看，它们是居于中等的，从时间上来看，它们需要数周或数月才能实现，从运用来看，它们为计划包括数周或数月的教学单元提供了基础。我们的框架旨在促进有关教育目标的工作。

表 2-1　总体目标、教育目标和教学目标之间的关系

	目 标 水 平		
	总体的	教育的	教学的
范围	宽泛	中等	狭窄
学习所需时间	一年或一年以上	几周或几月	几小时或几天
目的或功能	提供远景	设计课程	准备课时计划
适用的例子	计划多年的课程（如初级阅读）	计划教学单元	计划日常的活动经验和练习

三、目标不是什么

至此，我们讨论了目标是什么。现在我们要讨论目标不是什么。有些教育人士有将结果和手段相混淆的倾向。目标描述结果——希望的结果，希望的变化。诸如阅读教科书、听老师讲课、从事实验和外出旅行等教学活动都是达到目标的手段。简言之，教学活动，如果被明智地选择和适当地运用，将导致陈述的目标实现。为了强调结果和手段即教学目标和教学活动之间的差异，在教学目标陈述中使用（或暗含）"能够"或"学会"这样的短语。例如，学生将学会运用写连贯的文段的标准，这是一个目标的陈述。写文段的行动是一项活动，它可能或不能导致目标实现。与此类似，"学生将学会解含有两个未知数的联立方程"，这也是一个目标陈述。解联立方程的行动是一项活动。同样，通过解题行动，学生可能或者不可能学会解联立方程。

当目标未清晰陈述时，目标常常隐含在教学活动中。例如，为了确定与这种活动相联系的目标，我们可问老师：通过"阅读《太阳也升起》"，你希望学生学会什么？对这一问题的回答就是目标（例如，"我要求我的学生理解海明威作为一个作家的技能"）。如果提供多重答案，那么可能有多重目标。

正如教学活动不是教学目标一样，测验或其他评估形式也不是目标。例如，"学生应能够通过州立中学熟练测验"，这不是一个教育目标。要确定教育目标，我们必须寻找到，学生通过测验必须学会和掌握的知识和认知过程。

总之，重要的是，不要将目标和教学活动或评估混淆。尽管它们都能帮助识别和明确学生预期的学习结果，但只有当教学活动或评估按预期学生的学习陈述以后，目标才会变得清晰。

四、目标词汇的变化

如同第一章提到的，**目标**（objective）不是描述期望的学生学习结果的唯一术语。描述期望的学生学习结果的词语是在不断变化的。今天的术语学是由当前强调通过以标准为基础的教育所驱动的。以标准为基础的运动的核心是规定不同学科和不同年级预期的学生学习结果的州际水平。一般来说，与标准相联系的州范围的评估计划旨在检测个别学生或整个学校达到标准的程度。

尽管在词汇方面最近有新变化，但与州的标准相联系使用的各种术语能很好地适合上述三种目标水平，即总体的、教育的和教学的目标水平。下面两项标准来自南加州初等数学课程。在初等数学中，学生将：

- 通过探究如计算、位值和估计等概念，建立强烈的数感。
- 发展分数、带分数、小数概念，运用模型建立分数与小数的联系并求出等值的分数。

虽然这种标准不像前述总体目标的例子那样过分一般化,但最好还是把它考虑为总体目标,因为它包括了广泛的课题(如数感)或多种多样的课题(如分数、带分数、小数)以及含糊的过程(如建立、探究、发展)

为了评估这些目标的实现情况,有关部门给南加州的教师为每一条标准提供了被称为"指南"的较具体的目标。对于上述第一条标准,指南的样例包括:

● 学生将能用标准式、展开式和语词书写整数;

● 学生学会估计各种集合中的物体数目。

对于上述第二条标准,指南的样例包括:

● 学生将理解分数、带分数和小数的意义;

● 学生将能解释表示分数、带分数和小数以及它们之间关系的具体的或图画的模型。

这些指南与教育目标很相似,因为它们把总体目标缩小到单元水平,但还未到达课时水平。

目标不仅用于以标准为基础的课程,也用于州和学区范围内承担责任的计划,其中需要决定学生是否进补习班,是否授予中学文凭或升入高一年级。当测验结果对学生和教师产生重要后果时,诉讼成为一种可能的威胁。一份与清晰地、公开陈述的目标和标准相联系的责任承担计划提供了某种法律上的保护。

以教材标准形式出现的目标是由各种专业组织和协会制订的(如全美科学进步学会,1993;社会研究国家委员会,1994;英语教师全国委员会和国际阅读协会,1996;国家研究委员会,1996)。数学教师全国委员会(NCTM,1989)是第一个推荐所谓内容标准的协会。NCTM 的标准之一说:"在五至八年级,数学课程应包括代数概念和过程的探究。"请注意,这种"标准"描述的是课程应包括的东西(即内容)而不是学生应从中习得什么(即目标)。因此,这种内容标准不能满足我们的目标标准。然而,这种内容标准易于转化为教育目标。例如,"学生应理解变量、表达式和等式的概念";"学生应学会分析图表,以识别性质和关系";"学生应能应用代数方法解各种真实世界的和数学世界的问题"。

如上所述,大多数以标准为基础的课程既包括总体目标(即标准),它们提供了一般的预期,也包括教育目标,它们指导课程单元设计。由于对于课堂教学的细节来说,提出州或全国范围的意见是困难的,以标准为基础的方法把开发教学目标的任务留给课堂教师。为了从指南中开发教学目标,教师继续缩小认知过程和内容知识范围。例如,请考虑如下述教育目标(或指南):"学生应理解分数、带分数和小数的意义。"与此相关的教学目标可能包括:"学生将学会把小数写成分数,把分数写成小数";"学生将能写出等值的分数";"学生将学会把带分数写成假分数和小数"。

当没有具体教学目标时,教师常常求助于评估工具来明确总体目标和教育目标的意义和教学重点。在这些情形下,评估任务事实上成了教育目标或教学目标。虽然这是一种历史悠久的做法,但这常常导致教师侧重于为测验而教。

五、与目标有关的争论问题

尽管在教育领域广泛使用目标,有些作者对于目标的适当性及其后果表示了关切(Furst,1981;Delandsheere,1977;Dunne,1988)。在这里我们要探讨其中的某些关切,提出与目标的具体性及其与教学的关系的特殊问题以及他们有关教育哲学和课程所宣称的价值自由问题。

(一)具体性与包容性

即使在 1956 年的《手册》出版以前,关于目标应具体到何种程度的争论就已在进行之中。由于总体上的目标过于一般,难以实际应用于指导教学和评估,主要争论侧重于教育目标与教学目标。

如同总体目标一样,教育目标也由于过于一般、难以指导教学和评估而受到批评。它们没有为教师提供计划、促进和评估学生的学习所需要的具体方向(Mager,1962;Popham,1969)。这种批评有些道理。然而,如同先前所指出的,同较狭窄的教学目标相比,教育目标传递了较开放的和较丰富的期望学生学习的意义,这一点也是对的。《手册》的作者们认识到这一点,并有意识地拒绝了过分狭窄的目标,其所寻求的目标"应保持一定水平的概括性,也就是要使具体性带来的损失不至于太大"(p.6)。教育目标为较具体的教学目标提供了一条通道,但作者们的目的在于走进树木之前,先识别森林。

同时,教育目标允许课堂教师解释与选择适合他们的学生需要与准备的教育目标的有关方面。这一优点是与当前强调教师的判断和权力一致的,批评目标过分具体、局限和"行为化"的人可能没有区分教育目标与教学目标。

虽然教学目标的具体化为教学和评估提供重点,但这样的具体化可能导致大量自动化的、狭窄的目标。问题在于这些具体目标能否联合形成超越个别目标之和的、较为宽泛的和综合的理解(Broudy,1970;Dunne,1988;Hirst,1974)。

与此有关的一个问题是,批评者争辩说,并非所有重要学习结果都能成为清晰的和可操作的目标,而且在《手册》中未充分反映内隐理解和开放的情境的作用。例如,在导致预期的共同学习结果的学习经验和意在导致个人的独特学习结果的学习经验之间存在差异,目标旨在描述前者。虽然学习确实是后一经验的结果,但要预先具体说明那种学习的性质实际上是不可能的。

关于有目的的学习结果和无目的的学习结果的讨论的教训是：并非所有重要学习结果都是可能，应该或必须作为预先的目标陈述出来。然而这种主张不应阻止陈述期望的学生学习结果的努力，尽管这些结果可能不是来自课堂学习的唯一结果。

（二）目标的封闭性

上述种种批评的主题是目标的封闭性，即对所有学生规定相同的预期学习结果。艾斯纳（1979）指出，不需要所有目标产生相同的学生学习。他提出的"表现性结果"被定义为"有意计划为个人的决心和经验提供丰富场所的课程活动的结果"（p.103），某一表现性结果可能来自如参观博物馆、看喜剧或听经典音乐这样的经验或活动。表现性结果来自没有预先期待的学习，但由于参与了活动或有某种经验，每一名学生将会有独特的变化。由于目的不在活动之前，而是从活动中独特产生的，从这一意义上看，这样的结果是引发的，而不是规定的。

表现性结果的活动导致学习，但预期学生从这种活动中习得什么不能预先陈述。而且，不同的学生将习得什么很可能是不同的。请注意，表现性结果可能较适合某些教材领域和较复杂的认知形式，而不适合其他教材领域和较简单的认知形式。它们为学习提供了**方向**，但未提供具体的**目的地**。

在某种程度上说，一切目标都是表现性的，因为并非所有学生从相同的教学中产生相同的学习，即便是所设想的目标相同也是如此。附带的学习是会始终存在的。当前强调行为表现评估或真实的评估，这就鼓励了允许学生对同一样评估任务或一组任务做出多种可接受的反应的评估方法。虽然这些较新的评估形式并未完全模仿表现性结果的实质，但它们明显有意这样而为之。我们仅仅指出，这些评估形式可能较适合于教育目标，而不太适合总体目标和教学目标。

（三）目标表示什么：学习或者行为表现？

关于目标的许多批评的核心在于：目标实际上表示什么（Hirst，1974；Ginther，1972）。例如，目标越具体，其评估越容易，但是我们也很可能淡化目标的预期意义和它的评估之间的区别。简言之，被评估的行为表现用于推论在目标中被描述的预期的学生学习。相反，所谓行为表现目标，行为表现不是目标本身。

而且，除了少数例外，用于评估某一目标的任务（问题、测验题、提问）只是能够运用的所有可能的任务中的一个样例。请看如下教学目标："学生将学会三个两位重组的加法。"这一目标可以用许多题目评估，因为选择两位数组合起来的可能性是很多的（如 25＋12＋65；15＋23＋42；89＋96＋65）。教师不可避免地从可能的任务中选择一个样例并运用在这个样例上的学生行为表现来推测学生将在其他相似的但未评估的任务上的学习结果。目标越一般,可能评估的任务的范围越大。

现在请比较评估两位数加法目标所需要的相对狭窄的证据和评估下述教育目标的学习所需要的较宽泛的证据:"学生学会运用各种经济学理论。"第一个目标的具体性允许人们根据相对很少的评估任务作出有关学生学习的推论。相反,第二个目标太宽泛,因此需要考虑几乎无限可能的评估任务。因为任何一项评估只能抽取评估任务中的小部分样品,目标越一般,我们有关学生的行为表现有效地代表其范围广泛的学习的可信度越小。当目标强调一般知识类目或较复杂的认知过程时,这种考虑就再一次显现出来。

(四)目标的有限使用

批评者们指出,在不同教材领域,目标陈述的难度是很不同的(Stenhouse,1970—1971;Seddon,1978;Kelly,1989)。例如,陈述创造性写作、诗歌和艺术理解的目标可能是困难的。当有必要陈述目标时,在此领域的教师可能选择易于陈述的较低水平的目标,但它们不能实际代表教师所期望的、对学生的学习来说是重要的东西。另一方面,似乎需要学生的复杂学习的目标,从目标如何教授和评估来看,实际上并未实现复杂学习目的。对一个目标正确分类,既要知道或推测教师是如何教授的,也需要知道或推测学生是如何学习的。

在某些学科,陈述目标比较容易,但目标难以获得社会的广泛认可。尤其是在如社会学科、性教育、宗教等领域,价值和政治观点的差异导致难以在陈述目标的适当性方面达成一致。在这些情形下,相对于特殊的教育目标和教学目标来说,总体目标(如良好的公民)易于达成一致。

在某些领域其困难在于陈述目标,在另一些领域其困难在于达成意见一致。事实上,如果目标能陈述的话,这些只是某些学科中目标受限制的两个原因。然而如果承认了目标的重要性,这些难题应该被克服,而不是去避免它们。

六、结　　论

我们的框架是帮助教育工作者澄清和报告他们期望学生学到什么作为教学结果的工具。我们称这些期望为"目标"(objectives)。为了促进人与人之间的交流,我们采用了陈述目标的标准格式:"学生将能够或者学会＋**动词　名词**",在此动词指出认知过程,名词一般指出知识。虽然目标可能从非常宽泛到十分具体的,但我们倾向于并提倡采用中等水平的目标,也就是教育目标。

　　我们有关目标的重点不包括一切可能的和重要的学习结果,部分原因是我们只集中讨论认知领域的结果,此外,我们并不否认在每个学校和课堂产生的偶然学习。然而这里出现的学习是未预期的,它在我们工作范围之外。同样,表现性经验产生了大量未预期的反应,这些本应主要依赖于学生自身。我们忽略偶然学习和表现性经验并不意味着它们在许多情景中不重要和无用。

　　总之,我们的重点在于以学生为本的、以学习为基础的、清晰的和有目的的认知结果的可评估的陈述。由于强调这一重点,我们遵循了原《手册》作者的领导方向。同他们一样,我们已经提出了一个新框架,我们预期它将在许多方面,被许多教育工作者采用,但不可能在一切方面和被所有教育工作者采用。

第二部分
修订的分类学结构

第 三 章

分 类 学 表

在第一章我们指出,我们的分类框架可以用两维表格表示,我们称该表格为分类学表(见表 3-1。为了方便参考,也把它放在了内封页)。表的横行和竖列分别包括仔细描述和定义知识和认知过程类目。表中单元格是知识和认知过程的交汇处。不论是明晰的或内隐的目标,所包括的知识和认知过程都可以按分类学框架分类。因此,所有目标都可置于该表的单元格之中。将任何一个具有认知重点的教育目标置于该表的一个或多个单元格中应该是可能的。

表 3-1 分类表

知识维度	认知过程维度					
	1. 记忆	2. 理解	3. 运用	4. 分析	5. 评价	6. 创造
A. 事实性知识						
B. 概念性知识						
C. 程序性知识						
D. 反省认知 知识						

一、知识维度的类目

在考虑了知识类别的各种名称之后，尤其是在考虑原先的框架创建之后已发生的认知心理学发展之后，我们确定了四个一般的知识类别：**事实性知识、概念性知识、程序性知识和反省认知知识**。表 3-2 概括了这四类知识及其有关的亚类。

表 3-2　知识维度的主要类别与亚类

主要类别与亚类	例　　　　子
A 事实性知识——学生通晓一门学科或解决其中的问题所必须知道的基本要素	
A$_A$术语知识 A$_B$具体细节和要素的知识	机械的词汇、音乐符号 主要自然资源、可靠的信息来源
B 概念性知识——能使各成分共同作用的较大结构中的基本成分之间的关系	
B$_A$分类或类目的知识 B$_B$原理和概括的知识 B$_C$理论、模型和结构的知识	地质学年代周期、商业所有权形式 毕达哥拉斯定理、供应与需求定律 进化论、国会结构
C 程序性知识——如何做什么，研究方法和运用技能、算法、技术和方法的标准	
C$_A$具体学科的技能和算法的知识	用于水彩作画的技能、整数除法
C$_B$具体学科的技术和方法的知识	面谈技术、科学方法
C$_C$决定何时运用适当程序的标准的知识	用于确定何时运用涉及牛顿第一定律的程序的标准 用于判断采用特殊方法评估商业代价的可行性的标准
D 反省认知——一般认知知识和有关自己的认知的意识和知识	
D$_A$策略性知识	把写提纲作为掌握教科书中的教材单元的结构的手段的知识，运用启发式方法的知识
D$_B$包括情境性的和条件性的知识在内的关于认知任务的知识	特殊教师实施的测验类型的知识，不同任务有不同认知需要的知识
D$_C$自我知识	知道评判文章是自己的长处，而写文章是自己的短处；对自己知识水平的意识

　　事实性知识是分散的、孤立的内容元素——"点滴信息"的知识（p.45）。包括术语知识、具体细节和元素知识。相比较而言，**概念性知识**是"较为复杂的和有组织的知识形式"的知识。它包括分类或类目、原理和概念、理论、模型和结构的知识。

程序性知识是"如何做事的知识"(p.52),其中包括技能、算法、技术、方法的知识和用于确定和(或)验证在某一专门领域和科目中"何时做什么"是适当的标准的知识。最后,**反省认知知识**(Metacognitive knowledge)是"一般认知知识和有关自己的认知的意识和知识"(p.55)。其中包括策略性知识、包含背景和条件知识在内的认知任务知识以及自我知识。当然反省认知知识的某些方面不同于专家自觉定义的那种知识。这一问题留待第四章详细讨论。

二、认知过程维度的类目

认知过程类目旨在为包含在目标中的学生认知过程提供一套综合的分类。如表3-2所示,该类目包括在目标中常见的认知过程,**记忆**、**理解**和**运用**,也包括不常见的**分析**、**评价**和**创造**。**记忆**意指从长时记忆中提取有关信息。**理解**被定义为从教学信息中建构意义。教学信息包括口头的、书面的和图画交流的。**运用**意指在给定情境中执行或使用某一程序。**分析**是将材料分解为其组成部分,并确定各部分彼此怎样关联以形成总体结构或达到目的。**评价**是依据标准或规格作出判断。最后,**创造**是组合个别元素以形成形式新颖、内在一致的整体或创造出原创性产品。

六个主要类目的每一个类目再被细分为两个或两个以上的认知过程亚类,共十九个亚类,而且都是用动词描述的(见表3-3)。为了从六个主要类目中区分这些认知过程亚类,以"ing"结尾的动名词来描述它们。例如与**记忆过程**相联系两个亚类认知过程是**再认**和**回忆**。与**理解**相联系的亚类认知过程包括**举例**、**分类**、**概要**、**推论**、**比较**和**说明**;与**运用**相联系的亚类认知过程是**执行**和**实施**等。

三、分类学表与目标:用线条图所呈现的概要

图3-1描绘了从目标陈述到从分类学表上找到它的位置的历程。这一历程始于在目标中确定动词和名词。动词是置于认知过程的六个类目即**记忆**、**理解**、**运用**、**分析**、**评价**和**创造**的背景中考察的。先注意十九个亚认知过程类目而不是大的类目,通常有助于促进把动词置于适当类目。同样,名词是置于知识维度的四个类别即**事实性知识**、**概念性知识**、**程序性知识**和**反省认知知识**的背景中考察的。而且先注意这些知识的亚类一般有助于找到它们的适当位置。我们可以把目标分为原

表3-3　认知过程维度的六个类目和相关的认知过程

过程类目	认知过程及例子
1. 记忆——从长时记忆系统中提取有关信息	
1.1 再认	（如,再认美国历史上重要事件的日期）
1.2 回忆	（如,回忆美国历史上重大事件的日期）
2. 理解——从口头、书面和图画传播的教学信息中建构意义	
2.1 解释	（如,解释重要演讲或文件的含义）
2.2 举例	（如,给出各种美术绘画类型的例子）
2.3 分类	（如,将考察到的或描述过的心理混乱的案例分类）
2.4 概要	（如,为录像磁带上描写的事件写一则简短的摘要）
2.5 推论	（如,在学习外语时,从例子中推论出语法原理）
2.6 比较	（如,比较历史事件与当前的情形）
2.7 说明	（如,解释法国18世纪重要事件的原因）
3. 运用——在给定的情境中执行或使用某程序	
3.1 执行	（如,多位整数除以多位整数）
3.2 实施	（如,将牛顿第二定律运用于它适合的情境）
4. 分析——把材料分解为它的组成部分并确定各部分之间如何相互联系以形成总体结构或达到目的	
4.1 区分	（如,从数学应用题中区分出有关和无关数字）
4.2 组织	（如,组织某一历史上描述的证据使之成为支持或反对某一特殊解释的证据）
4.3 归属	（如,根据文章作者的政治观点确定他的观点）
5. 评价——依据标准或规格做出判断	
5.1 核查	（如,确定科学家的结论是否来自观察的数据）
5.2 评判	（如,判断两种方法中哪一种对于解决某一问题是最适当的方法）
6. 创造——将要素加以组合以形成一致的或功能性的整体;将要素重新组织成为新的模式或结构	
6.1 创新	（如,提出假设来说明观察到的现象）
6.2 计划	（如,计划写一篇历史题目的论文）
6.3 建构	（如,为某一特殊目的建筑住处）

先陈述的目标、被教授的目标和被评估的目标,并追问这些分类是否一致。在第八章到第十三章的教学案例分析中说明了后一过程。

　　请直接考虑图3-1的一个例子:"学生将能学会将还原再使用循环法运用

于资源保护"。这里的动词是"运用"。因为"**运用**"是六个认知过程类目之一,在此例中,我们必须注意六个类目之外的亚过程。名词短语是"适用于资源保护的还原再使用循环法"。"法"是方法或技术。而且在表3-2中的方法和技术是与**程序性知识**有关的。这样,该目标被置于与**运用**和**程序性知识**交叉的相应单元格中。

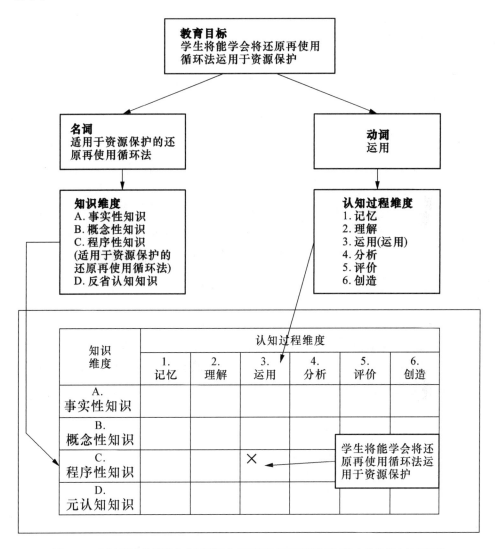

图3-1　目标(学生将能学会将还原再使用循环法运用于资源保护)在分类表中如何分类

可惜,与此例所示相比,目标分类常常是较为困难的。困难的原因有二:第一,目标陈述可以包括除动词和名词以外的东西。例如,"学生将能够举出在当地社区中供给与需求定律的例子"是一个目标,其中"在当地社区中"这一短语对于我们的分类来说是附加的。动词是举例(即"给出例子"),名词短语是"供给与需求定律"。"在当地社区中"这一短语确定选择例子的条件。请考虑第三个目标:"学生将能产生一满足适当的口头和书面形式标准的原创性作品。"动词是"产生",名词是"标准",短语"适当的口头和书面形式"只是表明"标准"的意义。在目标分类中应忽略某些修饰语或分句。当我们识别分类中的有关部分时,它们可能引起混淆。

导致目标分类困难的第二个原因是:从所预期的认知过程来看,动词可能是含糊的,或者从所预期知识来看名词可能是含糊的。请看下述目标:"学生将学会描述事物的变化和这些变化的原因。""描述"一词的含义很多,学生可能描述他们回忆的、解释的、说明的和生成的。**回忆、解释、说明和生成**是很不同的过程。为了将目标分类,我们将不得不推测教师所期望的是哪一过程。

与此相似,在某些目标陈述中,名词告诉我们的相关知识即使有,也是很少的。在阐述更为复杂认知过程的目标中这一问题更为突出。请看下述目标:"学生将能够评价报纸和杂志上的社论。"动词是"评价",名词短语是"报纸和杂志上的社论"。如同第二章所讨论过的,社论是课程或教学材料,不是知识。

在此例中,知识是隐含的,即学生用于评价社论的标准(如是否存在偏向,观点的清晰性,论据的逻辑性)。所以此目标应被分为**评价**和**概念性知识**类目。

对目标进行分类的人必须进行推理,看来已经很明显。请看下述两个目标:第一个是相当直接的,第二个需要较多推理。

第一个目标是:"学生应能够为特殊教学情景计划一个教学单元"(《手册》,p. 171)。这一目标把单元计划(名词)与计划的行动(动词)联系在一起。这一目标适合分类学表吗? 计划是指导学生进一步行动的**模型**。请再看表3-2,我们看到,"模型"是**概念性知识**中的第三个亚类,处于分类学表的第二行(即B行)。请看表3-3,我们看到"计划"是**创造**中的第二个亚类认知过程(即第6列)。我们的分析表明,该目标处于与B行即**概念性知识**和第6列即**创造**相对应的单元格中。那么这一目标要求学生**创造概念性知识**。

第二个目标是:"学生将能够认识历史报道作者的观点和偏好"(《手册》,p. 148)。如同教科书和文章一样,历史报道可以被视为课程或教学材料。问题仍然是:包含在其中的知识类型是什么? 我们提出两种可能的知识:**事实性知识**或**概念性知识**。究竟是哪一类只是依赖于(1)报道的结构;(2)报道被呈现给学生的方式。最可能的是(3)这些因素的联合。动词短语是"认识观点或偏好"。这里的动词不是"再认"之意。如果是"再认",我们把它置于"**记忆**"这个类别。然而,认识(即确定)观点或偏好的行动属于**归属**(见表3-3)这一认知过程。**归属**是与**分析**相联系的,而**分析**是一个较复杂水平的认知类目。所以我们将这一目标至于第4列

（即**分析**）的某一位置。由于知识可能是两类，即**事实性知识**或**概念性知识**，我们这一目标置于两个单元格：一个是**分析**与**事实性知识**相交的单元格（A4）；另一个是**分析**与**概念性知识**相交的单元格（B4）。

教师可能教学生如何**认识**观点或偏好，这便可能是**程序性知识**。因为可能期望学生将**程序性知识**（如所交给他们的）**运用**于写历史报道，其认知过程类别将可能从**分析**转移到**运用**。现在目标将置于 C3 单元格。

总之，分类学表可以用于将目标分类，但需要假定从事分类的人员做出正确推理。由于涉及推理而且由于可能接触不同信息，个人对于一个目标的正确分类可能存在不同意见。如同本章所见，最明显的信息源是已陈述的目标，但陈述的目标和作为未教授和评估的目标可能是不同的。所以要考虑其他信息源，包括课堂观察、考察测验项目和其他评估任务，以及与其他教师讨论。利用多方面的信息源可能导致最有效的和最可靠的目标分类。

四、为什么要进行目标分类

为什么人们要进行目标分类呢？应用我们的框架指导分类的理由是什么？对这些问题我们提出六个答案。

第一，**在我们的框架中的分类允许教育工作者从学生的观点考察目标**。为了达到具体目标学生必须知道什么和能够做什么？一些"零碎"的事实（**事实性知识**）足够吗？或者学生需要能够组合这些知识的某种内在一致的结构（**概念性知识**）吗？学生需要学会分类（**理解**）、区分（**分析**），或者二者都应学会吗？当我们在我们的框架内考虑目标要试图回答"学习问题"时，我们一般要追问这些问题（见第一章）。

第二，**在我们的框架中的分类有助于教育工作者全面考虑教育的各种可能性**。这是原《手册》的主要价值之一，即提出了为所谓高级目标而教的可能性。我们的修订版增加了强调**反省认知知识**的可能性和期望。反省认知把自主权交给学生，是"学会如何学习"的重要基础（Branford, Brown & Cocking, 1999）。从这一目的进行的分类再一次帮助我们明确"学习问题"。

第三，**我们框架中的分类有助于教育工作者清楚隐藏在目标中的知识与认知过程之间的一致关系**。我们能实际期望学生**运用事实性知识**吗？或者在学生试图**运用程序性知识**前，如果我们帮他们理解这些知识，那么学习会容易一些吗？通过**分析事实性知识**，学生能学会**理解概念性知识**吗？这些类型的问题是我们努力回答"教学问题"时，常常提出的问题。

第四个答案是与原《手册》的观点一致的：**它使人生容易一些！**在适当的地方运用分类学，考试人员不必将每一个目标作为一个独特的项目加以处理。他们能对自己说："啊，这是一分析型目标。我知道如何为分析型目标编写测验题。"他们可以取出其"样板"（《手册》中的测验样题）而且可以根据教材作出修改，在相当短的时间内编写出若干测验题。因此，通过目标分类我们更容易处理"评估问题"。

同样，我们期望使用分类学表的人获得共同的认识："啊，这是一个强调**理解概念性知识**的目标。我知道如何教**概念性知识**。我能够侧重教概念的关键特征。对多种**概念性知识**，我能使用正例和反例。我可能要将一特殊概念嵌入一个较大的概念框架之中，并讨论这个框架中的相似点和不同点。"对于评估来说，也可比作如下陈述："我设计评估任务，需要学生举例和分类。我需要确保评估任务不是与教科书上的或我上课使用的完全相同。"所以目标分类再一次有助于我们处理"教学和评估问题"。

第五个答案是：**分类使一个单元陈述的目标、目标的教授方式和方法以及如何评估三者之间的一致性变得较为明显**。基于陈述的目标、教学活动和评估任务的分类比较，显示这些教育经验的阶段在性质和相对重点上是否相互一致。然而，一位名叫申克（Melody Shank）的教师提出了重要的警示（个人交流，1998）：

> 我能想象教师们为他们是否将目标、活动和评估置于适当单元格而发愁……而不是去充分考察他们内隐的或明晰的目标、所计划的活动与评估。意识到他们计划的活动是否与他们预期（陈述的或直觉的）目标一致以及他们怎样调整这些活动乃是重要的活动，而不在于他们是否把每一个教学的组成部分放在合适的单元格中……我们要求教师能够理智地和积极地分析和讨论，而不是争论测验项目在表中的适当位置。

这一评论很好地强调了他们运用分类学表和我们在案例分析中将要举例说明的重点。所以，目标分类有助于教育工作者处理"一致性问题"。

最后，第六个答案是：**在我们框架中的分类有助于教育工作者理解在教育界中使用的各式各样的术语**。我们的十九个亚认知过程类目具有非常具体的意义。**推论**需要学生在给定的信息中认识某种形式，**说明**需要在该模式中寻找原因。**实施**需要调节过程以适应新情境；而**执行**不需要这样做。**创造**需要发散思维；而**组织**需要聚合思维，**核查**涉及内在一致性，**评判**涉及外在一致性。如果我们能将其他词和术语与我们的框架相联系，那么我们就提高了它们的精确性。随着这种精确性的增加而来的是更清晰的交流的可能性。

五、多种定义形式的运用

必须清晰和精确理解知识的类别及其亚类和认知过程类目及其亚类的定义，才能便于它们的运用。因为多种形式的定义有助于更清晰的理解，在本章我们提供了如下4种定义形式：言语描述、目标样例、评估任务样例和教学活动样例。

（一）言语描述

言语描述类似于好的词典定义。同时这些定义的语句在我们中间经过了许多次争论，尽管当前的定义仍不够理想，但全部的努力都在尽可能仔细描述每一个类目的主要方面（《手册》，p. 44）。原小组所做的陈述也适用于这一修订本。在第四章和第五章提供了言语描述。

（二）目标样例

目标样例为理解这些类目提供了第二条途径。在目标存在的地方，都可以找到目标的样例。有些样例来自公开可利用的目标陈述，如在2000年目标和数学教师国家委员会中的那些目标，因为它代表了当前许多教师感兴趣和关心的典型目标。教师编著的教科书、测验出版者手册和教师提供的教学案例（见本书第三部分）是另一些附带的样例的来源。

（三）评价任务样例

第五章中的评估任务样例和案例中的评估任务样例为理解我们的框架中的类目提供了另一途径。有些人考虑把评估真正地作为教学目的的学习手段，因为不论有想象力的陈述如何，在测验和其他评估中的具体目标的代表常常决定学生习得什么，是如何进行学习的。

（四）教学活动样例

在案例中起举例说明作用的教学活动为理解框架中的类目提供了第四条途径，也就是最后一条途径。这些案例提供了知识和认知过程。也许更重要的是它们相互作用的新例子。这些案例除了有助于类目的理解之外，它们对于教师、教师培训人员、课程开发人员和评估专家来说，使分类表更有用和更易于使用。

六、结束语:前瞻

我们已经考察了分类表中的目标分类,现在要转入详细考察构成该表的两个维度:知识维度和认知过程维度。第四章将描述四类知识及其亚类。第五章将描述六个主要认知过程类目以及有助于定义它们的十九个认知过程亚类。

第 四 章

知 识 维 度

　　当前的学习观点强调有意义的学习中积极的、认知的和建构的过程，认为学习者是掌握自己学习的主体；学习者选择他们将要注意的信息，从选择的信息中建构自己的意义。他们既不是被动的接受者，也不是单纯记录父母、教师、教科书或媒体提供的信息的记录者。这种从被动的学习观向更为认知的和建构的学习观的转变强调的是，学生在积极从事有意义的学习时他们**知**什么（知识）和**他们如何思考**其所知（认知过程）。

　　在教学情境中，学生被认为依据他们原有的知识、当前的认知与反省认知活动以及该情境给他们提供的机会与限制，包括他们可以利用的信息，来建构自己的意义。学习者进入任何学习情境时，已有大量的知识，有自己的目的和在该情境中的先前经验，他们利用这一切使其接触到的信息"变得有意义"。这种"变得有意义"的建构过程涉及激活原有知识和对那些知识进行加工的认知过程。

　　记住如下事实是重要的：学生能够而且常常运用他们可以利用的信息来建构意义，但是其意义与现实的真实方面或者与信息的公认的、规范的观念并不一致。事实上，大量有关概念变化和有关学生学习的文献关注学生如何建构诸如热、温度和引力这样的日常现象的概念。这些概念与普遍接受的科学知识及这些现象的模型并不一致。当然这些概念表现为"个人的"、"朴素的"或"错误的"等不同情形。在我们看来，教育者应指导学生努力获得真实的和规范的概念，因为它们反映了学科和教材领域最普遍接受的和最通用的知识和思维。

　　相应地，我们完全意识到，学生和教师从教学活动和课堂事件中建构自己的意义,而且他们对于教材内容的建构可能与事实的和规范的概念不同。然而采取这种认知和建构主义观并不意味着,学习没有价值的知识或一切知识都是同等价值的。教师能够而且应该就什么是值得在课堂教授的知识作出决定。正如我们在第一章和第二章所指出的,关键的问题涉及学生在学校里应该学习什么。当教师试图决定教什么时,教学目标便为教师提供了某种指导。

本章所描述的四类知识能帮助教师区分什么是要教的。我们设计这些知识以反映与教学目标有关的特征的中等水平。这样,他们的概括性水平允许将它们应用于一切年级水平和教材。当然,某些年级水平或教材也许可能有更多目标属于某一类知识,如**概念性知识**。这很可能决定于教材内容、学生和他们学习方式的信念、教师看待教材的方式或这些因素的联合。然而,我们主张:我们的框架中的四类知识既对于思考范围广泛的多种教材是有用的,也对于不同年级水平是有用的。

一、知识与教材内容的区分:
四位教师的故事

在本书第11—12页提到内容与知识的区别。我们在此举例说明这种区分的重要性。这里的例子是四个教师——佩特森夫人、常女士、捷夫森先生和温伯格夫人和他们教《麦克白斯》这个单元的教育目标。每位教师对于学生在该单元应该学习什么有不同观点。当然教师都有多重目标,但这一例子凸显了这些教师所强调的目标怎样反映不同类型的知识。

佩德森夫人认为,她的学生应该知道剧中人物的名称和他们之间的明显的关系(如麦克白斯和麦克达夫是敌人)。学生应知道剧情细节和哪个人物讲了什么话,甚至应该能够背诵某些重要段落。因为佩德森夫人强调《麦克白斯》的细节和元素,用分类表的语言来说,她似乎关心**事实性知识**。

常女士认为,《麦克白斯》这一悲剧能够使学生学习一些重要概念,如野心、悲剧英雄和讽刺。她对让学生知道这些概念如何彼此关联感兴趣。例如,在悲剧人物的发展过程中,野心起什么作用? 常女士相信,强调这些观念和它们之间的关系能使该剧对她的学生来说变得活生生的,因为这样就允许学生在实际的剧本和这些能用于理解人类现状的不同概念之间建立联系。依据分类表,她关心**概念性知识**。

捷夫森先生认为,《麦克白斯》只不过是能够进入英国文学课程的许多剧本之一。他的目的是将《麦克白斯》作为一个例子,来教会学生如何一般地思考戏剧。根据这一目的,他开发出一种学生在阅读剧本时使用的一般方法:全班先讨论剧情,然后考察人物关系,接着再审视剧作者传递的信息,最后考虑剧本的写作方式和它的文化背景。假定这四个一般步骤组成一个不只是适用于《麦克白斯》,而且能用于一切戏剧的程序,那么用分类表的语言来说,捷夫森先生似乎在强调运用**程序性知识**。

同捷夫森先生一样,温伯格夫人把《麦克白斯》看作学生将要在中学和校外接触到的许多戏剧之一。她也要求学生学习一套一般的步骤或"工具"。学生能运用这些步骤或"工具"来研究、理解、分析和欣赏其他戏剧作品。然而温伯格夫人也关心学生不只是以机械的方式运用这些工具。她要求学生"在运用时思考他们在做什么",在如何运用这些工具时保持自我反思和反省心态。例如,她要求学生在运用这些步骤时注明他们遇到的任何问题(如将剧情与人物发展相混淆)并从这些问题中学习。最后,她希望学生通过识别剧中人物,能够学习一些与他们自身有关的东西,也许是关于他们自己的志向或他们自身的优点或缺点方面的学习。用分类表的语言来说,温伯格夫人关心**反省认知知识**。

在以上四个例子中,剧本的内容是相同的。然而四位教师以不同方式运用这一内容指向于不同的目标,从而强调了不同类型的知识。所有教材都是由具体内容构成,但是教师如何根据他们的目标和教学活动组织这些内容就会导致在该单元中强调不同类型的知识。相应地,教师如何确立教育目标,组织教学实现这些目标甚至评估学生对这些目标的掌握情况,就会导致不同结果,即使当内容完全相同时,情形也会是这样。

二、知识的不同类型

如何描述知识和个体如何表征知识的问题是哲学和心理学中古老而又持久的问题。要全面考察有关知识的全部不同哲学的主张和心理学的理论与模型已大大超越了本章的范围。我们的一般观点源于当代认知科学的观点和认知心理学关于知识表征的观点。我们不赞成简单的行为主义知识观,行为主义者认为最好是把知识表征作为刺激与反应之间的联想的累积(虽然某些知识的确如此)或者仅仅是信息数量的增加(经验主义传统的一个标志——参见 Case, 1998;Keil, 1998)。与行为主义不同,我们的观点反映这样的观念:知识是由学习者按理性与建构主义传统组织和结构化的。然而,反思当前认知和发展心理学的研究(如 Case, 1998),我们也不主张这样的思想:知识是像传统思维发展阶段模型(如皮亚杰的模型)中的那样,是按"阶段"或系统逻辑结构组织的。

基于认知科学关于专长发展、专家思维和解决问题的研究,我们的观点是:知识是具备领域特殊性的并且与情境相关。我们对知识的理解应该反映这种领域的特殊性、社会经验和情境在知识建构和发展中所起的作用（Bereiter & Scardamalia，1998；Bransford，Brown & Cocking，1999；Case，1998；Keil，1998；Mandler，1998；Wellman & Gelman，1998）。

有多种不同类型的知识和似乎更多用于描述它的术语。按字母顺序，这些术语是：概念性知识（conceptual knowledge）、条件性知识（conditional knowledge）、内容知识（content knowledge）、陈述性知识（declarative knowledge）、学科知识（disciplinary knowledge）、论述性知识（discourse knowledge）、领域内知识（domain knowledge）、情节知识（episodic knowledge）、外显知识（explicit knowledge）、事实性知识（factual knowledge）、反省认知知识（metacognitive knowledge）、原有知识（prior knowledge）、程序性知识（procedural knowledge）、语义知识（semantic knowledge）、情境性知识（situational knowledge）、社会文化知识（sociocultural knowledge）、策略性知识（strategic knowledge）、默会的知识（tacit knowledge）（见 Alexander，Schallert & Hare，1991；deJong & Ferguson-Hessler，1996；Dochy & Alexander，1995；Ryle，1949）。

有些不同术语意味着知识类型之间有重要差异，另一些显然属于在使用不同符号表示相同的知识类型。在本章的后面我们将指出，在修订的分类学中，在"重要差异"与"不同符号"之间的区分是一项中心任务。关于知识维度的许多方面存在如此之多不同术语和缺乏一致性对于开发知识分类学来说是项困难任务，因为该分类学一方面要反映我们的知识的复杂性和综合性，另一方面它应该相对简单而具有实践性，易于使用，同时要在类别的数量上保持某种简约性。在做了这些限制条件之后，我们在四类知识方面达成了一致：（1）**事实性知识**，（2）**概念性知识**，（3）**程序性知识**，（4）**反省认知知识**。

在本章的下一节，我们要定义四类知识及其相关亚类。但首先我们说明把事实性知识、概念性知识和反省认知知识纳入分类学的原因。

（一）事实性知识与概念性知识的区分

在认知心理学中，陈述性知识通常是根据"知什么"来定义的：**知道**"波格大是哥伦比亚的首都"，或**知道**"正方形是由4条相互垂直的等边构成的二维图形"。这种知识可能是：（1）具体内容成分，如术语与事实，（2）更为一般的概念、原理、模型或理论（Alexander，Schaller & Hare，1991；Anderson，1983；deJong & Ferguson-Hessler，1996；Dochy & Alexander，1995）。在修订的分类学中，我们要区分孤立的内容成分知识（即术语和事实）与较大的、更有组织的整体知识（即概念、原理、模型和理论）。

　　这一区分与认知心理学中的"点滴信息"知识与较为一般的"心理模型"、"图式"或"理论"(包括内隐的或外显的)之间的区分是平行的,后者被用于帮助学习者以相互联系的、非任意和系统的方式组织整体信息。与此相应,我们用**事实性知识**这一术语表示分散的、孤立的"点滴信息";而用**概念性知识**这一术语表示更为复杂的、有组织的知识形式。我们认为,对于教师和其他教育工作者来说,这是要做出的一个重要区分。

　　而且,研究表明,许多学生没有将他们在课堂中习得的事实和反映在一个学科中的专家的知识中的较大观念系统之间形成重要联系。虽然发展一个学术性学科中的专长和学科的思维方式是重要的教育目标,但学生常常没有学会将他们在课堂上习得的事实和观念,迁移与运用于理解日常生活中的经验。这常常被称为"惰性"知识问题;也就是说,学生似乎获得了大量事实性知识,但他们并没有在较深刻的水平上理解它们或者没有融会贯通地、系统地或以有用的方式组织它们(Bereiter & Scardamalia, 1998; Bransford, Brown & Cocking, 1999)。

　　专家的标志之一是,他们不仅在自己的学科中具有丰富的知识,而且他们的知识被组织好,并能够反映他们对教材的深刻理解。**概念性知识**与深刻的理解相结合能有助于个体将所学习的知识迁移到新情境,从而能解决惰性知识的某些问题(Bransford, Brown & Cocking, 1999)。

　　与此相应,根据经验的和实践的理由,我们区分了**事实性知识**和**概念性知识**。这一区分可能与正式的知识表征的心理学模型(如命题网络模型或联结主义模型)不相符合,但我们认为,它对课堂教学和评估有重要意义。教育目标可以侧重于让学生获得点滴的知识,而不考虑怎样将它们置于一个较大的学科或较为系统的观点之中。通过把**事实性知识**从**概念性知识**区分出来,我们突出了教师需要教授**概念性知识**的深刻理解,而不只是要求学生记忆孤立的和点滴的**事实性知识**。

(二)关于反省认知知识的合理性

　　我们把**反省认知知识**纳入分类学反映了当代有关学生对自己的**认知**和对自己的认知**控制**的知识怎样在学习中起重要作用的研究(Bransford, Brown & Cocking, 1999; Sternberg, 1985; Zimmerman & Schunk, 1998)。虽然行为主义心理学模型一般排斥诸如意识、觉察、自我反思、自我调节和关于自己的思维与学习的思考与控制等观念,但当代认知的和社会建构的学习模型强调这些活动的重要性。因为这些活动侧重认知本身,加上"meta"这个前缀反映这样的思想:反省认知是关于或"高于"或"超越"认知的。社会建构主义模型也强调自我反思活动是学习的一个重要方面。在此情形下,认知的和社会建构的模型都主张促进学生关于自己的思维的重要性。因此,我们在分类学中增加了这个新的知识类别,以反映有关反省认知在学习中的重要性的当代研究和理论。

　　反省认知这一术语已有多种不同的运用方式,但一个重要的一般区分涉及反省认知的两个方面:(1)**关于认知的知识**;(2)**认知过程的控制、监测和调节**。后者也被称为反省认知控制和调节,更为一般地说,是自我调节(self-regulation)(Boekaerts, Pintrich & Zeidner, 2000;Bransford, Brown & Cocking, 1999;Brown, Bransford, Ferrara & Campione, 1983;Pintrich, Wolters & Baxter,出版中;Zimmerman & Schunk, 1998)。在反省认知知识和反省认知控制或自我调节之间的基本区分与我们的分类表中的两维区分是平行的。因此,我们将**反省认知知识**限于有关认知的知识。涉及反省认知控制和自我调节的反省认知方面反映了不同类型的认知过程,因此它们适合于认知过程维度。这一点将在第五章讨论。

　　反省认知知识包括可以用于不同任务的一般策略的知识、这些策略可以运用的条件的知识、策略运用有效性程度的知识以及自我的知识(Bransford, Brown & Cocking, 1999;Flavell, 1979;Pintrich, Wolters & Baxter,出版中;Schneider & Pressley, 1997)。例如,学生能够知道阅读教科书中的一章的不同策略,也知道监控和检查他们在阅读过程中的理解的策略。在阅读时,学生也可能激活有关他们自身的优点和缺点的相关知识以及激活他们完成任务的动机。例如,学生可能意识到:他们已经对教科书中的这一章的课题掌握了相当数量的知识而且对此课题有兴趣。**反省认知知识**可以通过调节速度,或者使用完全不同的方法,使得他们改变完成任务的方法。

　　在一定的背景中(即在这种课堂内,在关于这类测验中,在这类情境中,在这一类亚文化中),学生也激活有关情境的、条件的和文化的知识。例如,他们可能知道,教师只采用选择题测验。而且他们知道选择题测验只需要再认正确答案,不需要像论文式测验那样,实际回忆信息。这种**反省认知知识**可以影响他们怎样准备测验。

　　在为本分类学修订版做准备的会议中,我们频繁地、详细地讨论了增加**反省认知知识**及其适当地位的问题。增加**反省认知知识**是基于我们认为,它在理解和促进学习中是极其重要的,是与认知心理学基本观点一致的,而且是得到实验研究支持的(Bransford, Brown & Cocking, 1999)。正如原分类学提出为高级目标而教的可能性一样,我们修订的框架指出为**反省认知知识**和自我调节而教的可能性。

　　关于反省认知知识的定位,我们讨论了几个问题。**反省认知知识**应成为一个独立的维度,因而将产生三维图吗? **反省认知知识**的重点是在于反省认知过程而不在于知识? 如果是这样,它被置于分类表的认知过程维度上更好吗? **反省认知知识**与**事实性知识**、**概念性知识**和**程序性知识**有重叠吗? 如果是这样,它不是多余的吗? 这些都是长期困扰我们的合理的问题。

我们决定将**反省认知知识**作为第四类知识,主要有两点理由:第一,反省认知控制和自我调节需要运用分类表的另一维度,即认知过程。反省认知控制和自我调节涉及诸如**记忆**、**理解**、**运用**、**评价**和**创造**等过程。因此,把反省认知控制和自我调节过程增加到认知过程维度是多余的。第二,正如原分类学所设想的,**事实的**、**概念的**和**程序性的知识**属于教材内容。不同的是,**反省认知知识**是认知的知识和有关自我与各种单一或综合教材(如所有自然科学,一般学术性课题)的关系的知识。

当然,**反省认知知识**没有和其他三类知识相同地位。我前面提到,这几类知识是在科学的或学科的团体中通过意见一致而发展起来。**自我知识**(Dc)显然不是这样,它是基于个体的自我意识和知识基础。**策略性知识**(Da)和**关于任务的知识**(Db)是在不同的共同体中发展起来的。例如认知心理学家已经发展了不同认知策略用于记忆、学习、思维和解决问题的丰富知识。当学生知道和理解了基于科学研究策略的**反省认知知识**之后,他们将比依赖个人自己的独特的学习策略可能会有更好的准备。

三、知识维度的类目

四类知识已呈现在表 4 - 1 上。我们的修订版的前三类知识包括了原分类学的全部知识类目(见书后附件 B)。然而有些符号改变了,有些原先的亚类已并入更一般的类目。而且为了反映原《手册》的先见之明,本节后面的论述和许多例子来自原《手册》。最后,正如前面已指出的,第四个类目,即**反省认知知识**及其亚类是新增的。

A. 事实性知识

事实性知识包括专家在自己的学科交谈、理解和系统组织时所使用的基本元素。因为在某些学科中,这些元素总以不变的形式出现,所以它们对在这些学科中工作的人们总是经久耐用的;把它们从一种情境运用于另一种情境很少或完全不需要变化。**事实性知识**包括基本元素。如果学生要知晓某个学科或解决其中的任何问题,他们必须知道这些基本元素。**事实性知识**通常是一些与具体事物相联系的符号或"符号串",它们传递重要信息。大多数**事实性知识**以相对较低的抽象水平出现。

因为存在大量的基本元素,学生要掌握与某个科目有关的全部元素是不可想象的。随着社会科学、自然科学和人文学科的知识增加,即便是这些领域的专家也难以掌握这些全部新元素。结果，为了教育的目的，总是必须做出某种选择。因为**事实性知识**是十分具体的，为了分类的目的，可以将它与**概念性知识**加以区分；也就是说**事实性知识**可能以独立元素或点滴信息而存在，而被认为在本质上和其自身是有某种价值的。**事实性知识**的两个亚类是**术语知识**（Aa）和**细节与元素知识**（Ab）。

A~A~术语知识

术语知识包括特殊言语的和非言语的符号（如词、数字、标记、图画）。每一科目包括大量言语的和非言语的标记和符号，它们具有特殊指称物。它们是学科的基本语言——专家用于表达他所知的东西的速记。在专家试图与他人交流他们自己学科的现象时，他们感到，使用他们创造的专门标志和符号是必要的。在许多情形中，如果不能使用必要的专门术语，专家要讨论他们学科中的问题是不可能的。严格地说，如果不用这些标志和符号，他们甚至不能思考该学科的许多现象。

新手必须认识这些标志、符号以及它们指称的共同接受的对象。正如专家必须用这些术语进行交流一样，学习该学科的人在试图理解或思考该学科中的现象时必须具有术语及其指称物的知识。

同其他类目的知识相比，专家在更大程度上觉得他们自己的标志符号是如此有用和精确，以致他们很可能要求学生知道比实际需要知道地和能够学习地更多。科学家感到，运用其他符号或大众熟悉的"流行的"或"民间的"术语难以表达思想或讨论特殊现象。

术语知识的例子

- 字母表知识
- 科学术语知识（如分子的符号标志、原子内的粒子的名称）
- 绘画词汇知识
- 重要会计术语知识
- 地图和线条图上标准表征符号的知识
- 用于表示词的正确发音的符号知识

A~B~具体细节和元素知识

具体细节和元素知识指事件、地点、人物、时间、信息源等知识。它包括非常精确和具体的信息，如事件的具体日期或现象的准确数量。它也可能包括大概的信息，如事件出现的时期或大量现象出现的一般顺序。与只能在一定的背景中才可知的事实相比，具体事实可以看作是独立的和分散的元素。

每一课题都包含某些事件、地点、人物、日期和其他细节。专家知道并相信它们代表该课题的重要知识。这些特殊事实是专家用于描述他们的领域和思考该领域特殊问题或课题的基本信息。可以将这些事实与术语相区分,因为术语代表一个领域的习俗或协定,而事实代表发现,它们不是由于交流的目的而达成的意见一致的结果。亚类 Ab 也包括有关专门课题或问题的特殊的书、作品和其他信息源的知识。

大量的具体事实迫使教育工作者(如课程专家、教科书作者、教师)再次做出选择,决定什么是基本的,什么是次重要的或主要是对专家具有重要性的。教育工作者也必须考虑不同事实所需要的精确水平。教育工作者可能赞成,对于某种现象只要求学生知道大致数量,而不要求他们知道精确数量;对于某具体事件,只要求他们知道大致的时期,而不要求他们知道日期或时间。对许多具体事实,教师显然难以决定,学生是把它们作为教育单元或学程的一部分进行学习,还是把它们留在实际需要时去学习。

4-1 知识维度

主要类别与亚类	例　子
A 事实性知识——学生通晓一门学科或解决其中的问题所必须知道的基本要素	
A_A 术语知识	机械的词汇、音乐符号
A_B 具体细节和要素的知识	主要自然资源、可靠的信息来源
B 概念性知识——能使各成分共同作用的较大结构中的基本成分之间的关系	
B_A 分类或类目的知识	地质学年代周期、商业所有权形式
B_B 原理和概括的知识	毕达哥拉斯定理、供应与需求定律
B_C 理论、模型和结构的知识	进化论、国会结构
C 程序性知识——如何做什么,研究方法和运用技能,算法、技术和方法的标准	
C_A 具体学科的技能和算法的知识	用于水彩作画的技能、整数除法
C_B 具体学科的技术和方法的知识	面谈技术、科学方法
C_C 决定何时运用适当程序的标准的知识	用于确定何时运用涉及牛顿第一定律的程序的标准 用于判断采用特殊方法评估商业代价的可行性的标准
D 反省认知——一般认知知识和有关自己的认知的意识和知识	
D_A 策略性知识	把写提纲作为掌握教科书中的教材单元的结构的手段的知识,运用启发式方法的知识
D_B 包括情境性的和条件性的知识在内的关于认知任务的知识	特殊教师实施的测验类型的知识,不同任务有不同认知需要的知识
D_C 自我知识	知道评判文章是自己的长处,而写文章是自己的短处;对自己知识水平的意识

具体细节和元素知识的例子

- 有关特殊文化和社会的主要事实的知识
- 对健康、公民权和其他人类需要和关切的重要的实践事实的知识
- 新闻中较重要的人名、地点和事件的知识
- 提出和解释有关政府问题事实的特定人士信誉的知识
- 国家主要产品和出口货物的知识
- 对于明智的购买所需要的可靠信息源的知识

B. 概念性知识

概念性知识涉及类目、分类和它们两者或多者之间的关系——较为复杂的和有组织的知识形式。**概念性知识**包括图式、心理模型或者在不同心理学模型中或明或暗的理论。这些图式、模型和理论所表征的个人所拥有的知识是：特殊的教材是怎样组织和结构化的；信息的不同部分是怎样以较为系统的方式相互联结与关联的；这些部分是如何共同起作用的。例如，为什么出现四季变化的心理模型可能包括地球、太阳、地球绕太阳旋转等观念和在一年中的不同时期地球向着太阳倾斜的观念。这些不只是有关地球和太阳的简单孤立的事实，而且具有关于它们之间的关系和它们怎样与季节变化相关联的观念。这类概念性知识也许是所谓"学科知识"的一个方面，或者说是该学科中的专家思考现象的方式——在此例中是对季节变化的科学解释。

概念性知识包括三个亚类：**分类和类目的知识**（Ba）、**原理和概括的知识**（Bb）以及**理论、模型和结构的知识**（Bc）。分类和类目是原理和概括的基础。后者又成为理论、模型和结构的基础。这三个亚类应该涵盖一切不同学科中生成的大量知识。

B_A 分类和类目的知识

这个亚类包括特殊类目、类别、部分和排列，它们用于不同题材中。当题材（或教材）发展时，学习该材料的人发现，开发出一些类别和类目使之能将这些类别和类目用于结构化和系统化的现象，是很有好处的。同术语和具体事实相比，这类知识是比较一般的和抽象的。每一题材（或教材）都有一套类目，不但可以用于发现新成分，而且可以用于处理已发现的新成分。类别和类目不同于术语和事实之处是：它们在两个和多个成分之间建立了联系。

例如，当我们在创作和分析一个故事时，这里的主要类目包括情节、人物和背景。请注意，作为一个**类目**的情节在本质上不同于某一**具体故事**中的情节。当把情节作为一个类目考虑时，关键的问题是：什么使情节成为情节？"情节"作为一个

类目是由所有具有特殊情节的共同特征定义的。相反,在考虑特殊故事中的情节时,关键的问题是:这个故事中的情节是什么? ——**具体细节和要素的知识**(A_B)。

有时,难以将**事实性知识**(A)与**分类或类目的知识**(B_A)相区分。同时可以把基本分类和类目置于更大的、更综合的分类和类目中,这就是使事情更加复杂化。例如在数学中,数、整数和分数可以被置于有理数这个类目中。每一个较大的类目会使我们离开具体特征,进入更抽象领域。

根据我们分类学的目的,若干特征可以用于区分知识的亚类。分类和类目主要是意见一致和方便的产物,而具体细节的知识似乎更直接来自观察、试验和发现。**分类或类目的知识**普遍反映一个领域的专家如何思维和解决问题,但什么具体细节知识变得重要则是那些思维和解决问题的结果。

分类或类目的知识是发展某一个学术性学科的重要方面。信息适当分类和经验进入适当类目乃是学习和发展的经典指标。而且新近关于概念变化和理解的研究表明,信息的错误分类进入不适当类目可以限制学生的学习。例如齐(参见 Chi,1992;Chi,Slotta & deLeeuw,1994;Slotta,Chi & Joram,1995)及其同事的研究表明,当学生把如热、光和电等概念归入物质类目,而不是过程类目时,他们可能会对这些基本科学概念的理解产生困难。一旦概念被分入实质、客体类目,学生会唤起有关客体的特征与属性的观念。结果,他们力图将这些类似客体的特征运用于较适合于用科学术语描述为过程的概念。把这些概念作为物质,是一种朴素的类目化,与把这些概念作为过程这种科学的精确类目化,不是同一回事。

将热、光、力和电类目化为物质,便成了一种错误的内隐理论的基础。该理论被用来解释这些过程是怎样起作用的,从而导致这些过程的性质被系统误解。反过来,这一内隐理论使学生难以发展适当的科学理解。相应地,学习这些适当的分类和类目系统可能反映"概念变化"并激发对这些概念的适当理解,而不只是学习它们的定义(在**事实性知识**中的学习可能这样)

由于几方面的原因,与学习**事实性知识**相比,学生在学习**分类或类目知识**时,很可能会遇到较多困难。第一,学生遇到的许多分类和类目代表相对任意的和甚至是人为的知识形式,它们只有对专家才是有意义的,因为他们认识其在自己工作中作为工具和技术的价值。第二,学生也许能在其生活中应用,但没有在该领域的专家所期待的精确水平上知晓教材的适当分类和类目。第三,**分类或类目的知识**需要学生将具体内容知识成分形成联系(术语与事实的联系)。最后,当分类和类目被联合起来形成更大的分类和类目时,学习就变得更加抽象。然而人们希望学生知晓这些分类和类目并知道在什么条件下,它们能被适当和有用地处理教材内容。当学生开始学习某一学术性学科中的某一教材并学会如何使用这些工具时,这些分类和类目的价值便变得明显了。

分类或类目知识的例子

- 各种类型的文学的知识
- 各种形式的商业业主的知识
- 句子成分(如名词、动词、形容词)的知识
- 不同种类的心理问题的知识
- 不同时期的地质年代的知识

B$_B$ 原理和概括的知识

如同前述,原理和概括是由分类和类目构成的。原理和概括倾向于对学术性学科起支配作用,并用于该领域的现象和解决问题。学科领域的专家的标志之一是能够识别有意义的模式(如概括)和激活这些模型的相关知识,却很少需要认知努力(Bransford,Brown & Cocking,1999)。

B$_B$ 这个亚类涉及概括人们对现象的观察的特殊抽象知识。这些抽象知识对于描述、预测、解释或者决定要采取最适当行动或行动方向具有极大价值。原理和概括把大量具体事实和事件组合起来,它们描述这些具体细节之间的过程和相互关系,也描述分类和类别之间的关系,因此,它们能使专家开始以经济和融会贯通的方式将部分组合成整体。

原理和概括一般是一些广泛的观念,对于学生来说,它们可能难以被理解,原因是学生可能未充分知晓原理和概括所总括和组织的现象。然而,如果学生想要真正理解原理和概括,那么他们要有将大量教材进行关联和组织的手段。因此学生应该较深刻领会教材,而且应对它们有良好的记忆。

原理和概括的知识的例子

- 关于特殊文化的主要概括的知识
- 物理学基本定律的知识
- 与生命过程和健康有关的化学原理的知识
- 美国外贸政策对于国际经济和国际信誉的含义的知识
- 主要学习原理的知识
- 联邦制原理的知识
- 支配基本算术运算原理(如交换率和联合率)的知识

B$_C$ 理论、模型和结构的知识

这个亚类包括原理、概括及其组合成相互联系的知识,它们对复杂的现象、问题或题材呈现一种清晰、完整和系统的观点。它们是最抽象的系统阐述,能显示广泛范围的具体事实分类、类目、原理和概括之间的相互联系。这个亚类与 B$_B$ 亚类

之间的不同在于,它侧重于将原理和概括以某种方式相联系,从而形成理论、模型或结构。在 B_B 亚类中的原理和概括不需要以任何有意义的方式相联系。

B_C 亚类包括不同学科中用于描述、解释和预测现象的不同范式、认识论、理论和模型。学科具有不同研究范式和认识论,学生应该知道从概念上加工和组织教材的不同方式和在该教材中的研究领域。例如,在生物学中,进化论知识和如何思考以进化论术语去解释不同的生物现象是**概念性知识**的这个亚类的重要方面。与此相似,在心理学中,行为的、认知的和社会建构主义的理论提出了不同认识论假设,反映了对人类行为的不同观点。学科中的专家不仅知道不同的学科理论、模型和结构,而且知道它们的相对优点与弱点,能够就它们"之内"和"之外"的任何一个成分进行思考。

理论、模型和结构的知识的例子

- 作为化学理论基础的化学原理之间的相互关系的知识
- 国会的总体结构(即组织与功能)的知识
- 地方市政府的基本结构组织的知识
- 地球板块论的知识
- 基因模型(如 DNA)的知识

C. 程序性知识

程序性知识是"知如何"做"事"的知识。这里的"事"范围广泛,从完成相当固定程序的练习到解决新颖的问题。**程序性知识**通常以一系列要遵循的步骤的形式出现。它包括技能、算法、技术和方法的知识,在整体上是我们所知的程序(Alexander,Schallert & Hare,1991;Anderson,1983;deJong & Ferguson-Hessler,1996;Dochy & Alexander,1995),它还包括用于决定何时运用不同程序的标准的知识。实际上,布让斯福德(Bransford,1999)等指出,专家不仅具有大量有关题材的知识,而且他们的知识是"条件化的",便于他们知道在何时、何地运用它。

同表征"什么"的**事实性知识**和**概念性知识**不同,**程序性知识**涉及"如何"。换言之,**程序性知识**反映不同"过程",而**事实性知识**和**概念性知识**涉及可以称作"结果"的部分。重要的是要指出,**程序性知识**只代表这些程序的知识;其实际运用将在第五章讨论。

与**反省认知知识**不同(它包括跨教材或跨学科的较为一般的策略),**程序性知识**是具体针对具体学科或课题的。与此相应,我们用**程序性知识**称呼针对专门学科或课题的技能、算法、技术和方法的知识。例如在数学中,有专门针对连除法的算法、解方程的算法、证明三角形全等的方法。在自然科学中,有设计和进行实验的一般方法。在社会科学中,有阅读地图的程序,评估有形人造制品的年代和收集历史数据的方法。在语言艺术中,有英语拼词法和造出合法语法的句子的方法。由于这些程序具有针对专门课题的性质,这些程序(方法、步骤等)的知识也反映具体学科知识或具体学科的思维方式,不同于解决问题的一般策略,后者可以在跨学科中运用。

C$_A$具体学科的技能与算法的知识

如上所述,**程序性知识**可以表达为一系列步骤,在总体上是我们所知的程序。有时这些步骤是固定的;有时需做出决策,决定哪一步在先,哪一步在后。相似地,有时其结果是固定的(只有单一预定的答案),有时答案不定。虽然这里的过程或者是固定的,或者是比较开放的,但在此知识亚类中,最终结果一般是固定的。一个普通的例子适用于数学练习的算法知识。在算术中,一旦采用乘法运算,一般会导致固定的结果(当然计算错误除外)。

虽然我们在这里讨论**程序性知识**,但运用它的结果通常是**事实性知识**或**概念性知识**。例如,我们用总数加法完成2+2这道题,这里的算法是**程序性知识**;答案4是**事实性知识**。这里的着重点是学生具有关于程序的知识,而不是学生实际应用它的能力。

具体学科的技能与算法的知识的例子

- 用于水彩绘画的技能的知识
- 用于根据结构分析确定词义的技能的知识
- 解方程的各种算法的知识
- 包括在跳高中的技能的知识

C$_B$具体学科的技术和方法的知识

与通常最终导致固定结果的具体技能和算法不同,有些程序并不导致预先决定的单一解答或答案。例如我们以某种先后有序的方式遵循一般科学方法去设计某一研究,但实验设计的结果依据大量的因素可能会有很大差异。**程序性知识**的C$_B$这一亚类与C$_A$这个亚类相比,其结果是较为开放的和不固定的。

具体学科的技术和方法的知识主要是意见一致的结果或学科规范,而不是更为直接来自观察、试验或发现的知识。这个亚类的知识一般反映在某个领域或学科的专家怎样思考或解决问题,而不是那种思考和解决问题的结果。例如一般科学方法和如何在不同情境(包括社会情景和政策难题)中运用它的知识反映思维的"科学"方式。另一个例子是问题的"数学处理",这种问题原先不是作为数学问题提出来的。例如在超市选择那个付账口这么一个简单问题可以利用数学知识和程序,使之转化成一个数学问题(如计算每个出口的人数和每个人手上的商品数)。

具体学科的技术和方法的知识例子

- 适合社会科学的研究方法的知识
- 科学家用于寻找问题解答的技术的知识
- 评价健康概念的方法的知识
- 各种文学批评方法的知识

Cc决定何时运用适当程序的标准的知识

除了知道与特殊学科有关的程序外,也希望学生知道何时运用它们。后者涉及过去运用它们的方式。这些知识几乎是历史的或百科全书式的。与实际运用这些程序的能力相比,何时运用适当程序的知识虽然较简单,也许较少适用,但它们是程序适当运用的重要前提条件。例如在从事某种研究之前,希望学生知道在类似研究中曾经使用过的方法与技术。在研究的后期阶段,可能要求他们说明他们实际采用的方法与技术和其他人采用的方法之间的关系。

这里再次表明,在某个领域的专家用于解决问题的知识已经系统化。专家知道何时何处运用他们的知识。他们拥有帮助他们决定何时何处运用不同种类的与特殊课题有关的程序性知识的标准;也就是说,他们的知识是条件化的,他们知道在什么条件下程序可以被运用。例如在解决物理问题时,专家能识别物理问题的类型并能运用适当的程序(如涉及牛顿第二定律即 $F=ma$ 的问题)。因此希望学生具有标准的知识,而且能运用这些标准。

在实际问题情境中如何运用标准的方式将在第五章讨论。此处我们涉及的只是**决定何时运用程序的标准的知识**。在不同课题中,标准是显著不同的。最初,对于学生来说,它们很可能是复杂的和抽象的;只有当它们与具体情境和问题相联系时,它们才会获得意义。

决定何时运用适当程序的标准的知识的例子

- 决定要写的几类文章中的哪一类(如说明文、议论文)的标准的知识
- 决定用哪种方法去解代数方程式的标准的知识
- 决定哪种统计程序用于特殊实验中收集的数据的标准的知识
- 决定哪种技术用于特殊水彩绘画中创造理想效果的标准的知识

D. 反省认知知识

反省认知知识一般指关于认知的知识,也指个人对自身的意识和知识。自从布卢姆原先的《手册》公布以后,学习理论和研究的标志之一是强调使学生对自己的知识和思维有更多意识和负更多责任。这一变化贯穿在不同的学习和发展理论

观点之中,从新皮亚杰模型到认知和信息加工模型以及维果茨基的和文化情境学习的模型之中。不论这些理论观点有何不同,研究者们一般都同意,随着心理的发展,学生将变得更加意识到自己的思维,更加知晓他们的认识,而且当他们作用于这种意识时,他们将倾向于学习得更好(Bransford,Brown & Cocking,1999)。描述这种发展的一般倾向的术语在不同理论中是不同的,包括反省认知知识(metacognitive knowledge)、反省认知意识(metacognitive awareness)、自我意识(self-awareness)、自我反思(self-reflection)和自我调节(self-regulation)等。

如上所述,在这个领域的一个重要区分是**认知的知识**和**意识的监测、控制和调节**之间的区分(Bransford,Brown & Cocking,1999;Brown,Bransford,Ferrara & Campione,1983;Flavell,1979;Pairs & Winograd,1990;Pintrich,Wolters & Baxter,出版中;Schneider & Pressley,1997;Zimmerman & Schunk,1998)。为了认识这一区分,在本章我们仅描述学生对有关认知的各方面的知识,未涉及它们对认知的实际监测、控制和调节。第五章将论述本章所描述各种类型的知识,包括**反省认知知识**以某种方式受认知过程影响的方面。

在弗拉维尔(Flavell,1979)关于反省认知的经典研究中,他建议,反省认知包括策略、任务和个人变量的知识。我们将下列知识归入这种一般框架中:学生对于学习和思维的一般策略(**策略性知识**)和他们对认知任务以及何时与为何运用这些不同策略的知识(**关于任务的知识**)。最后,还把与认知和动机两方面的自我(自我变量)的知识(**自我知识**)纳入反省认知知识,因为这两个方面的自我变量都影响着学生的行为表现。

D$_A$ 策略性知识

策略性知识是有关学习、思维和解决问题的一般策略的知识。这个亚类中的策略可以跨不同的任务和教材运用,而不仅仅对某一学科领域中某种任务最有用(如用于解二次方程式和欧姆定律)。

D$_A$ 这个亚类包括多种策略性知识,其中有学生可以用于记忆材料、从课文中抽取意义或理解他们在课堂内听到的或从书本或其他学习材料上读的东西的策略。可以把大量不同的学习策略分成三个一般类目:复述、精加工和组织。复述策略涉及一遍一遍重复朗读自我回忆的词语或术语。对于学习和理解的深加工来说,这类策略并非特别有效。相比较而言,精加工策略包括各种记忆术和写概要、释义、选择课文中的主要观点等技术。与复述策略相比,精加工策略促进被学习的材料较深的加工并导致更好地理解与学习。组织策略包括多种形式,如列提纲、画认知结构图或概念关系图、做笔记;学生将一种材料转换成另一种材料等。与复述策略相比,组织策略通常导致更好地理解和学习。

除这些一般的学习策略之外,学生也可能具有各种反省认知策略的知识。这些策略被用于计划、监测和调节自己的认知。最终学生能运用这些策略计划自己的认知(如建立子目标)、检测自己的认知(如在阅读中自我提问、检查数学问题的答案)、调节自己的认知(如重读未理解的部分,在数学问题解决中反思并纠正计算错误)。在这个类目我们再次论及这些不同策略的知识,而不是实际使用它们。

最后,D_A 这个亚类中还包括解决问题和思维的一般策略(Baron,1994;Nickerson,Perkins & Smith,1985;Sternberg,1985)。这些策略代表了学生用于解决问题,尤其是没有固定解答方法的结构不良问题的各种启发式方法。启发式方法的一个例子是"目的—手段"分析法和从理想的目标状态出发的逆推法。除问题解决策略之外,这里还有演绎与归纳思维策略,包括评价不同逻辑陈述的效度、避免循环论证、根据不同数据来源做出推论和利用适当的样例做出推论(避免实用主义的启发式方法——根据方便的例子而不是根据有代表性样例做出推论)。

策略性知识的例子

- 关于信息的复述是一种保持信息方法的知识
- 各种记忆术策略(如用 NBA 这样的字母缩写表示美国职业篮球联赛)的知识
- 像释义和写概要这样的各种精加工策略的知识
- 像列提纲或画结构图这样的各种组织策略的知识
- 像建立阅读目标这样的计划策略的知识
- 像自我测验或自我提问这样的理解—检测策略的知识
- 把"目的—手段"分析作为解决难下定义的问题的启发式方法的知识
- 实用性启发式和有偏见的取样问题的知识

D_B 包括情境性的和条件性的知识在内的关于认知任务的知识

除了各种策略的知识之外,个人还积累了有关认知任务的知识。在传统**反省认知知识**区分中,弗拉维尔(Flavell,1979)把下列知识纳入反省认知知识:不同认知任务可能有难有易,它们可能对认知系统有不同需求,可能需要不同策略。例如,回忆任务比再认任务难很多。回忆任务需要个体积极搜寻和提取适当信息,而再认任务只需要个体在几种选择中做出决定和选择正确的或最适当的答案。

当学生发展不同学习和思维策略的知识时,这种知识既反映运用什么一般策略和如何运用这些策略。然而当考虑**程序性知识**时,这种知识还不足以在学习中实际运用。学生还要发展运用这些一般认知策略的条件的知识;换言之,他们需要发展何时和如何适当运用这些策略的知识(Pairs,Lipson & Wixson,1983)。所有这些不同策略可能不适合一切情境,学生必须发展不同策略以适合于不同条件和任务的知识。条件性知识指学生可能运用**反省认知知识**的情境的知识。相比较而言,**程序性知识**指学生可能运用特殊学科的技能、算法、技术和方法的情境的知识。

如果我们把认知策略考虑为帮助学生构建理解的"工具",那么,不同认知任务需要不同工具,正如木匠需要运用不同工具去完成盖房子的全部任务一样。当然一种工具(如榔头)可能以多种方式用于不同任务,但这不一定是榔头的最适当运用,尤其是如果有其他工具更适合于其中的某些任务时更是如此。同样,某些一般的学习和思维策略更适合于不同任务。例如,假定某人遇到一个难以定义的新颖问题,一般解决问题的启发式方法可能是有用的。相比较而言,如果他遇到一个有关力学第二定律的物理问题,那么较为具体的**程序性知识**是更有用和更适合的。

条件性知识的另一个重要方面是运用策略的地域和一般社会习俗及文化的常规。例如,某位教师可能鼓励运用某种监测阅读理解的策略。学生知道这种策略能够更好地满足教师的课堂要求。同样,不同文化和亚文化可能有运用不同策略和思考问题的方式的习俗。知道这些习俗又能帮助学生在解决问题方面适应那种文化的需要。例如用于课堂学习情境的策略并非是适用于工作情境的策略。所以**反省认知知识**的一个重要方面是知道运用不同策略的情境和文化习俗。

包括情境性的和条件性的知识在内的关于认知任务的知识的例子

- 与再认任务相比(如多项选择题),一般来说,回忆任务(如简答题)对个人的记忆系统有更高要求的知识
- 与一般教科书和通俗书相比,原始资料性的书可能难以理解的知识
- 简单记忆任务(如记忆电话号码)可能只需复述的知识
- 像写概要和释义这样的精加工策略能导致较深刻理解的知识
- 当某人缺乏适当的、与课题或任务有关的知识时,或者在缺乏特殊的程序性知识时,一般解决问题的启发式方法可能是最有用的知识
- 关于如何、何时和为什么运用不同策略的地方的和一般社会的、习俗的、文化的常规的知识

Dc 自我知识

弗拉维尔(Flavell,1979)提出,除不同策略和认知任务的知识之外,**自我知识**也是一种重要的**反省认知知识**。在他的模型中,自我知识包括与学习和认知有关的个人的优缺点。例如假定学生知道自己一般善于做选择题,不善于做问答题,这样的学生具有关于他们的测验技能的自我知识。当学生在从事与两种测验有关的学习时,这种知识对他是有用的。此外,专家的一个标志是他们对自己不知道的东西很清晰,所以他们具有发现所需的和适当的信息的一般策略。个人对自己知

识深度的意识是自我知识的一个重要方面。最后,学生需要意识到他们在不同情境中很可能要依靠不同类型的一般策略。意识到自己倾向于过分依赖某一特殊策略,当存在其他更适合于任务的策略时,这种意识能够改变策略的运用。

除了个人的一般认知的知识之外,个人有关于自身的动机的信念。动机是一个复杂而且混乱的领域,存在许多可用的模型和理论。通常在认知模型中未考虑动机的信念,但出现了大量的文献表明学生的动机信念与他们的认知与学习之间的重要联系(Snow, Corno & Jackson, 1996; Pintrich & Schrauben, 1992; Pintrich & Schunk, 1996)。

然而围绕动机的社会认知模型出现了一致的看法。该模型提出三组动机信念。因为这些信念在性质上是社会认知的,所以它们符合认知分类学。第一组信念由自我效能感构成,也就是说,是由学生对自己完成某项任务的能力的判断构成的。第二组信念包括学生完成特殊任务的目标或理由的信念(例如是为了学习或者是为了获得好的成绩等等)。第三组信念包括价值与兴趣的信念,它们代表学生对于某项任务的个人兴趣(喜欢)的知觉和任务对自己多么重要和有用的判断。如学生需要发展关于自身的知识和认知的意识和自知,他们也需要发展有关自身的动机意识和自知。这些不同动机信念的意识可能再次使学生以较为适当的形式监测和调节学习情境中的行为。

自我知识是**反省认知知识**的一个重要方面,但**自我知识**的精确性对学习似乎是最为关键的。我们并未提倡,教师通过给学生提供关于其优缺点的、积极的但是虚假的、不正确的和误导的反馈来提升学生的自尊(一个完全不同于**自我知识**的概念)。对于学生来说,更重要的是对自己的知识基础和专长有精确的知觉和判断,而不是具有夸大的和不精确的**自我知识**(Pintrich & Schunk, 1996)。如果学生未意识到,他们缺乏某些方面的知识——**事实性知识**或概念性知识,或者未意识到他们不知道如何做某事(**程序性知识**),他很可能将不去努力学习新教材。专家的一个标志是他们对自己的实际知识和能力没有夸大和虚假的印象,他们知道自己知道什么和不知道什么。因此,我们强调,教师需要帮助学生对他们的**自我知识**做出精确评估,而且不要夸大学生在学术方面的自尊。

自我知识的例子

- 知道自己在某些领域有知识,但在另一些领域缺乏知识
- 知道自己在某些情景中倾向于依赖某类认知"工具"(策略)
- 知道自己完成某项具体任务的能力是精确的而不是夸大的(如不过分自信)
- 个人完成某一任务的目标的知识
- 个人对某一任务的兴趣的知识

● 个人有关某一任务相对实用价值的判断的知识

四、反省认知知识目标的评估

事实性知识、**概念性知识**和**程序性知识**的目标评估将在下一章讨论,因为所有这些目标都存在知识与认知过程维度的某种联合。因此,不同时考虑知识怎么与不同认知过程一起加以运用,单纯讨论认知类目的评估是没有意义的。然而,因为在下一章将不会详细讨论**反省认知知识**,这里谈一下**反省认知知识**的评估是适当的。

与**反省认知知识**相关的评估是独特的,因为对于这类目标来说,什么是"正确"答案,需要不同观点。除目标中动词与**创造**这一认知过程相联系之外,其余大多数与**事实性知识**、**概念性知识**和**程序性知识**相联系的目标的评估任务都有"正确"答案,而且这种答案对所有学生都相同。例如,一个**记忆事实性知识**的目标是记住林肯在葛底斯堡讲演的日期,对于所有学生来说,答案是相同的。相比而言,涉及**反省认知知识**的目标,"正确"答案可能有重要的个别差异和不同观点,而且**反省认知知识**的三个亚类的每一亚类可能需要不同的"正确"答案观。

对于第一个亚类——**策略性知识**来说,有些一般策略的知识可能有"正确"答案。例如,如果只要求学生单纯回忆一般记忆策略(如运用首字母),这里实际上只有一个正确答案。另一方面,如果要求学生将这种知识运用到新情境,那么对于他们来说,可能有多种方式去运用首字母去帮助自己记忆重要信息。

反省认知知识的另外两个亚类在评估中可能出现更多个别差异。属于认知任务的亚类并未包括要求正确答案的某种知识。在记忆任务中的再认比回忆容易,这是显而易见的,所以有关这种关系问题确有一个正确答案。但另一方面,存在诸多不同条件、情境和文化,它们可能会改变运用一般认知策略的方式。所以没有这些不同条件和情境的反省认知知识,就难以确定一个评估任务的正确答案。

最后,评估**自我知识**会出现更多的个体差异。一般认为,在这个亚类中,个别学生在自我知识和动机方面是不同的。如何确定自我知识的正确答案呢？自我知识甚至可能是错误的(如某学生相信,如果他前天晚上吃了意大利硬辣香肠做的匹萨饼,他的测验成绩会最好),而且应该有纠正这些错误和迷信信念的机会。也许评估自我知识的最好方式是帮助学生变得更加意识到自己的信念,帮助他们根据当前对学习的了解确定这些信念的可行性,帮助他们学会如何监测和评价这些信念。

用简单的纸笔测量来评估**反省认知知识**是困难的(Pintrich, Wolter &

Baxter,出版中)。因此,最好是在课堂活动和各种策略的讨论情境中评估与**反省认知知识**有关的目标。当然,教授学生一般学习与思维策略的教程的设计(如关于学习策略、思维技能和学习技能的课)应使学生从事**反省认知知识**的所有三个方面的学习。学生能学会一般策略,也能学习其他学生如何运用策略。然后他们能将自己的策略与其他学生运用的策略进行比较。这不仅在策略学习课上,在任何其他课上,侧重于学习和思维问题的课堂讨论都能帮助学生更加意识到他们的**反省认知知识**。在讨论中,当教师倾听学生关于自己的策略的谈话时,与学生在个别交谈时或阅读学生关于自己的日记时,他们能够获得对学生的**反省认知知识**的某些理解。关于如何更好地评估**反省认知知识**的方法,我们要学习的东西还有许多,但是由于其在学习中的重要性,我们继续在这一领域进行努力似乎是及时的。

五、结 论

在本章我们鉴别和描述了四类知识:**事实性知识、概念性知识、程序性知识**和**反省认知知识**。**事实性知识**和**概念性知识**是最相似的,因为它们都涉及"什么"的知识,但**概念性知识**比术语和孤立的事实的知识更深刻、更有组织、更综合和系统。**程序性知识**是"如何"做事的知识。布卢姆的原分类学对这三个类目都做过描述。根据反思认知科学和认知心理学有关反省认知重要性的研究,我们增添了第四类知识:**反省认知知识**。简言之,**反省认知知识**是关于认知的知识。

虽然,在阅读本章后区分这四类知识的重要性是很明显的,下一章还要强化这一观点。在第五章我们将指出不同类型的知识怎样倾向于与某种认知过程相联系。通过第八章至第十三章的案例讨论和分析,这些知识类型的区分将会进一步清晰化。

第 五 章

认知过程维度

在第四章,我们详细讨论了四类知识。虽然许多学校教育工作侧重**事实性知识**,但我们建议,通过强调**概念性知识**、**程序性知识**和**反省认知知识**的重要性,这个侧重点可以极大地扩展。与此相似,在本章我们建议,尽管教学和评估通常侧重一种认知过程——**记忆**,但学校教学可以拓展到包括更广泛的认知过程。事实上,布卢姆原分类框架的主要运用是侧重分析课程与考试过分强调记忆,却缺乏对较复杂的认知过程类目的关注(Anderson & Sosniak,1994)。本章的目的是要更详细地描述全部认知过程。

教育的两个最重要目标是:促进保持和促进迁移(迁移的出现又是有意义学习的标志)。保持是事后将教学时的材料原封不动地记住的能力。迁移是运用所学知识去解决新问题、回答新问题或促进新材料学习的能力(Mayer & Wittrock,1996)。简言之,保持需要学生**记住**所学的东西,而迁移不仅需要学生记住而且需要他们**理解**和**运用**他们所学习的东西(Bransford,Brown & Cocking,1999;Detterman & Sternberg,1993;McKeough,Lupart & Marini,1995;Mayer,1995;Phye,1997)。换言之,保持重在**过去**,而迁移重在**将来**。例如,在学生阅读有关欧姆定律的教科书之后,保持测验可能要求学生写出欧姆定律的公式。与此不同,迁移测验可能要求学生重新安排电路,使电流速度最大化,或者用欧姆定律解释复杂的电路。

虽然促进保持的教育目标相对容易制订,但教师在制订教授和评估旨在促进迁移的目标时,将会遇到更多困难(Baxter,Elder & Glaser,1996;Phye,1997)。我们的修订框架目的在于帮助拓宽这类教育目标,使之包括旨在促进迁移的目标。在本章我们首先介绍保持和迁移,接着描述六种认知过程(其中一种强调保持,五种强调迁移,尽管它们也可促进保持)。最后我们举一个例子,说明本章的讨论可以如何运用于有关欧姆定律的课堂学习、教学和评估。

一、三种学习结果的故事

作为概述,我们简要地考虑三种学习情形。在第一种情形下没有学习出现(也就没有有目的的学习);在第二种情形下,出现机械学习;在第三种情形下,出现有意义的学习。

(一)无学习

阿米阅读了自然科学中有关电流的一章。她浏览该材料,确信测验将是一种轻而易举的事。当请她回忆课的有关部分时(保持测验),她能回忆出来的关键术语和事实却很少。例如,她不能列出电路的主要成分,尽管这些成分在本章已有描述。当请她运用本章的知识解决问题时(作为迁移测验部分),她不能解答。例如,她不能回答要求她诊断一个电路中的故障的文字题。在这种最差的情形下,阿米既没有相关知识也不能运用相关知识。阿米在学习中既没有充分注意,也没编码相关材料。这种结果可以用实质上**无学习**来描绘。

(二)机械学习

贝克阅读有关电路的同一章教材。她阅读仔细,确保没有遗漏任何一个词。她通读材料并记住关键事实。当请她回忆材料时,她能记住上课的几乎全部主要术语和事实。与阿米不同,她能列出电路中的主要成分。然而当请她运用知识去解决问题时,她却无能为力。同阿米一样,她也不能回答要求她诊断电路故障的文字题。在此情形下,贝克具有相关知识,但不能运用知识去解决问题。她不能将知识迁移到新情境。贝克注意了相关信息,但没有理解,因此不能运用。其学习的结果是**机械学习**。

(三)有意义的学习

卡拉阅读有关电路的同一章教材。她阅读仔细并力求理解它。当要求她回忆材料时,同贝克一样,她能记住上课的几乎全部的主要术语和事实。而且,当请她运用知识去解决问题时,她想出了许多可能的解答。在此情形下,卡拉不仅具有相关知识,而且她能运用该知识去解决问题和理解新概念。她能将知识迁移到新问题和新情境。卡拉不仅注意了有关信息,而且理解了它。其学习结果可以被称为**有意义的学习**。

有意义的学习为学生提供了成功解决问题的知识和过程。问题解决出现在学生设想出用某种方式达到他们先前从未达到的目标的时候,也就是说,出现在学生设法如何从给予的状态到达目标状态的时候(Duncker,1945;Mayer,1992)。问题解决的两个主要成分是问题表征和问题求解。前者要求学生在思想上表征问题,后者要求学生制订和贯彻解题计划(Mayer,1992)。与当前的研究(Gick & Holyoak,1980,1983;Vosniadou & Ortony,1989)相一致,布卢姆原《手册》的作者们承认,学生常常通过类比来解决问题。也就是说,他们以一种熟悉的方式重新阐述问题,认识它与熟悉的问题的相似性,从熟悉的问题中抽取解答方法,然后将该方法运用到需要解决的问题中去。

二、作为建构知识框架的有意义学习

强调有意义的学习是与学习作为知识建构的观点相一致的。在有意义的学习中,学生力求理解他们的经验。如本书第 35 页提到的,在建构主义的学习中,学生进行积极的认知加工,如注意输入的信息,在思想上将输入的信息组成内在一致的表征,将输入的信息与原有知识形成联系(Mayer,1999)。相比较而言,机械学习的重点是与把学习看成知识获得的观点相一致的。在这种观点看来,学生试图将新的信息添加到他们的记忆中去(Mayer,1999)。

建构主义学习(即有意义学习)被认为是一个重要的教育目的。它要求教学超越单纯呈现事实性知识,评估任务需要学生超越单纯回忆或再认事实性知识(Bransford,Brown & Cocking,1999;Lambert & McCombs,1998;Marshall,1996;Steffe & Gale,1995)。本章所概括的认知过程提供了描述学生在建构主义学习中的广泛活动的手段。也就是说,这些过程是学生能够积极地参与意义建构过程的途径。

三、与保持和迁移有关的认知过程

如果我们的兴趣主要是教授与评估学生学习某种教材内容并在一定的时期内的保持程度,那么我们的重点主要是一类认知过程,也就是与**记忆**相联系的那些过程。相比较而言,如果希望通过考察促进与评估有意义学习的方式来拓展我们的重点,那么我们需要考察超越记忆的过程。

　　什么认知过程对于保持和迁移是有用的呢？如我们所讨论过的，我们的修订框架包括六类过程，其中一类与保持是最紧密相关的(**记忆**)，其他五类逐渐增加了与迁移的关联性(**理解**、**运用**、**分析**、**评价**和**创造**)。根据回顾原《手册》上例示的目标和考察其他分类系统(如，DeLandsheere，1977；Metfessel，Michael & Kirsner，1969；Mosenthal，1998；Royer，Ciscero & Carlo，1993；Sternberg，1998)，我们选择适合这六个类目的十九种认知过程。表5-1对每类认知过程提供了简要定义和例子，列出了它们的其他可替代的名称，指出了它所属的类目。我们希望这十九种具体认知过程是互相排斥的，它们合起来界定了六个类目的宽度和边界。

表5-1　认知过程维度

类目与认知过程	替代名称	定义与例子
1. 记忆——从长时记忆系统中提取有关信息		
1.1 再认	识别	从长时记忆系统中找到与呈现材料一致的知识(例如再认美国历史上重要事件的日期)
1.2 回忆	提取	从长时记忆系统中提取相关知识(例如回忆美国历史上重大事件的日期)
2. 理解——从口头、书面和图画传播的教学信息中建构意义		
2.1 解释	澄清、释义、描述、转换	从一种呈现形式(如数字的)转换为另一种形式(如言语的)(例如解释重要演讲或文件的含义)
2.2 举例	例示、具体化	找出一个概念或一条原理的具体例子(例如给出各种美术绘画类型的例子)
2.3 分类	类目化、归属	确定某事物属于某一个类目(如概念或原理)(例如将考察到的或描述过的心理混乱的案例分类)
2.4 概要	抽象、概括	抽象出一般主题或要点(例如为录像磁带上描写的事件写一则简短的摘要)
2.5 推论	结论、外推、内推、预测	从提供的信息得出逻辑结论(例如在学习外语时，从例子中推论出语法原理)
2.6 比较	对照、匹配、映射	确定两个观点、客体等之间的一致性(例如比较历史事件与当前的情形)
2.7 说明	构建、建模	建构一个系统的因果模型(例如解释法国18世纪重要事件的原因)
3. 运用——在给定的情境中执行或使用某程序		
3.1 执行	贯彻	把一程序运用于熟悉的任务(例如多位整数除以多位整数)
3.2 实施	使用	把一程序运用于不熟悉的任务(例如将牛顿第二定律运用于它适合的情境)

类目与 认知过程	替 代 名 称	定 义 与 例 子
4. 分析——把材料分解为它的组成部分并确定部分之间如何相互联系以形成总体结构或达到目的		
4.1 区分	辨别、区别、集中、选择	从呈现材料的无关部分区别出有关部分或从不重要部分区别出重要部分。(例如在数学文字题中区分有关与无关数量)
4.2 组织	发现一致性、整合、列提纲、结构化	确定某些要素如何在某一结构中的适合性或功能(例如组织某一历史上描述的证据使之成为支持或反对某一特殊解释的证据)
4.3 归属	解构	确定潜在于呈现材料中的观点、偏好、假定或意图(如根据文章作者的政治观点确定他的观点)
5. 评价——依据标准做出判断		
5.1 核查	协调、探测、监测、检测	查明某过程或产品的不一致性或谬误;确定过程或产品是否有内在一致性;查明某种程序在运行时的有效性(例如确定科学家的结论是否来自观察的数据)
5.2 评判	判断	查明产品和外部标准的不一致性,确定某产品是否具有外部一致性;查明一个程序对一个问题的适当性(例如判断两种方法中哪一种对于解决某一问题是最适当的方法)
6. 创造——将要素加以组合以形成一致的或功能性的整体;将要素重新组织成为新的模式或结构		
6.1 生成	假设	根据标准提出多种可供选择的假设(例如提出假设来说明观察到的现象)
6.1 计划	设计	设计完成某一任务的一套步骤(例如计划写一篇历史题目的论文)
6.2 产生	建构	发明一种产品(例如为某一特殊目的建筑住处)

四、认 知 过 程 维 度 的 类 目

在后面的讨论中,我们将要详细定义六类认知过程的每一类目,在适当的时候将它们与其他认知过程进行比较。我们将提供各学科领域的教育目标与评估样例以及可选择的各种评估任务。对于下面材料中的说明性目标例子,读者在阅读时应在它们前面加上"学生能够……"或"学生学会……"之类的短语。

（一）记忆

当教学目标是促进学生对教学中呈现的材料以大致相同的形式保持时,相关的过程类目是**记忆**。记忆涉及从长时记忆系统中提取相关知识。两个相联系的认知过程是**再认**和**回忆**。相关的知识可能是**事实性知识**、**概念性知识**、**程序性知识**和**反省认知知识**,或它们的某种组合。

要评估这种最简单过程类目中的学习,就需要在与原学习某材料十分相同的条件下,给学生提供再认或回忆任务。如果有超越那些条件的延伸的话,那也是极少的。例如,如果学生学习了 20 个与英语单词等值的西班牙语词汇,那么记忆测验涉及西班牙语词汇和英语词汇的匹配测验(即**再认**)或在西班牙语词汇旁边写下相应的英语单词(即**回忆**)。

就知识用于较为复杂的任务来说,知识的**记忆**对于有意义的学习和解决问题是必要的。例如,如果学生要学会写文章,他必须掌握适合于一定年级的普通英语单词拼写知识。在这里教师只强调机械学习,教学和评估也只强调知识的要素或细节的记忆。然而当教师强调有意义的学习时,知识的记忆被整合到建构新知识或解决问题这样的较大的任务中了。

1.1　再认

再认涉及从长时记忆系统中提取相关知识以便将它与呈现的信息进行比较。在**再认**中,学生搜寻长时记忆中的片断信息,它们是与呈现的信息(如同在工作记忆中表征的)相同或相似的。当面对新呈现的信息时,学生确定该信息是否与原先习得的知识相符合,寻找匹配。**再认**的一个替代术语是识别。

目标与相应的评估样例。在社会学科中,一个可能的目标是:学生能再认美国历史上重要事件的日期。一个相应测验题是:"正或误:独立宣言于 1976 年 7 月 4 日通过。"在文学中,一个可能的目标是:学生再认英国文学著作的作者。在一个相应评估是匹配测验,测验中列出十位作者(包括狄更斯)并列出十多部小说(包括《大卫·科波菲尔》)。在数学中,一个可能的目标是:再认基本几何图形的边数。相应的评估像如下的多项选择题测验:"五角形有几条边? (a)4,(b)5,(c)6,(d)7。"

评估形式。如上述例子所示,呈现再认任务以达到评估目的的形式有三种:证实、匹配和被迫选择。在证实任务中,给予学生某一信息,他必须就该信息是否正确做出选择。是非题是最普遍的例子。在匹配任务中,呈现两个系列的项目,学生必须就两个系列中的每一个项目怎样相对应做出选择。在被迫选择的任务中,给予学生一个提示和若干可能的答案,他必须选择哪个答案是正确或最适合的。多重选择题测验是最普遍的形式。

1.2　回忆

回忆涉及在给予提示的条件下,从长时记忆中提取适当知识。提示经常是一个问题。在**回忆**时,学生为了某个信息片断,从长时记忆中搜寻信息并将搜寻到的信息带入加工它的工作记忆中。回忆的替换论术语是提取。

目标与相应的评估样例。在**回忆**时,学生在有提示的条件下提取他先前习得的信息。在社会学中,一个可能的目标是:回忆南美洲各国的主要出口商品。一个相应的测验题是:"玻利维亚的主要出口商品是什么?"在文学中,一个可能的目标是:回忆写了多种诗的诗人。相应的测验题是"谁写了《The charge of the light bridge》?"在教学中,一个可能的目标是:回忆整数乘法事实。一个相应的测验题是请学生计算 7×8(或 8×7)$=$?

评估形式。要求**回忆**的评估任务给学生提供的线索在数量和质量上可能是不同的。在低提示条件下,未给学生提供任何暗示或相关信息(如"什么是公尺")。在高提示条件下,给予学生提供若干暗示(如在公制系统中,公尺是＿＿＿＿＿的量度)。

要求**回忆**的评估任务给学生提供的测验题的上下文支持的程度可能是不同的。在低上下文支持的条件下,呈现的回忆任务如同上面的题目一样,是单一的孤立事件。在高上下文支持的条件下,回忆任务包含在一个较大的问题上下文背景中,如当解决需要运用求圆的面积的公式时,要求学生回忆该公式。

(二)理解

如前所述,当主要教学目标在于促进保持时,重点是强调**记忆**的目标。当教学目标在于促进迁移时,重点转移到从**理解**到**创造**的其他五种认知过程。当然在中小学和大学强调的以迁移为基础的教育目标中的最大一个类目是**理解**。当学生从演讲、书本和计算机屏幕上呈现的信息,包括口头、书面和图画呈现的信息中建构意义时,我们就说,学生在**理解**。潜在的教学信息的例子包括课堂内的物理演示、在野外旅行时看到的地质形成、计算模拟通过艺术博物馆的行程和管弦乐器演奏的音乐作品以及各种在文章中的语言的、图画的和符号的描述。

学生的理解出现在他们将要学习的"新"知识与原有知识建立联系时。更具体地说,是输入的知识被整合进原有图式和认知框架中的时候。因为概念是这些图式和框架的建筑砖块,所以**概念性知识**为理解提供了基础。**理解**这个类目的认知过程包括**解释**、**举例**、**分类**、**概要**、**推论**、**比较**和**说明**。

2.1　解释

当学生能够将信息从一种表征形式转化为另一种表征形式时，**解释**产生了。理解可能涉及从语词到语词(如释义)、图画到语词、语词到图画、数字到语词、语词到数字、音符到声音等多种转换。

其替代术语是翻译、释义、描述、澄清。

目标与相应的评估样例。在**解释**时，给予一种形式描述的信息，学生能够将它变换成另一种形式。例如，在社会学中，一个可能的目标是：学会解释美国历史上国内战争的重要演说和文献的含义。相应的评估要求学生解释一篇著名演说，如林肯的葛底斯堡演说的意思。在自然科学中，一个可能的目标是：学生能学会各种自然现象的图画表示。相应的评估题要求学生画一系列图画以表示光合作用。在数学中，一个可能的目标样例是：学生学会将文字表达数量的句子翻译成符号表示的代数式。一个相应的评估题要求学生为"班级的男生是女生的两倍"这个句子写一个等式(用 B 表示男生数，用 G 表示女生数)。

评估形式。适当的题型包括建构反应(即提供一个答案)和选择反应(即选择一个反应)。在第一种形式中，提供信息，要求学生构建或选择不同形式的同一个反应。例如一个构建反应任务是："写出一个与下述陈述相应的等式(用 T 表示总价值，P 表示磅数)：邮寄第一个包裹的价值是第 1 磅，2 美元，以后每增加 1 磅加上 1.5 美元。"这一任务的第二种形式："哪一个等式与下述陈述相对应，这里 T 代表总价值，P 代表磅数？邮寄一个包裹第 1 磅为 2 美元，以后每增加 1 磅加上 1.5 美元。(a) $T=3.50$ 美元$+P$，(b) $T=2$ 美元$+1.5$ 美元(P)，(c) $T=2$ 美元$+1.5$ 美元$(P-1)$。"

为了增加评估**解释**而不是评估**记忆**的概率，评估任务中的信息必须是新的。这里"新"的意思指学生未曾在教学中见到过的。除非这种规定被观察到，我们不能保证所评估的是**解释**而不是**记忆**。如果评估任务与教学中的任务或例子相同，我们可能在评估**记忆**，尽管我们的努力与此相反。

虽然此后我们将不会重复这一观点，但这也适用于除**记忆**之外的每一过程类目和认知过程。**如果评估任务是要开拓较高级的认知过程，那么它们必须确保学生不能单纯借助记忆正确回答问题。**

2.2　举例

举例出现在学生提供一般概念或原理的例子的时候。**举例**包括识别一般概念和原理的定义的特征(如等腰三角形必须有两条边相等)和应用这些特征构建或选择例子(如在呈现的三个三角形中选择一个等腰三角形)。替代的术语是例示、具体化。

目标与相应的评估样例。在**举例**中,给予学生某个概念或原理,学生必须选择或产生一个具体的例子或事例。例子或事例是学生未曾在教学中见到的。在艺术史中一个可能的目标是:学会给出各种艺术绘画风格的例子。相应的评估要求学生在4张画作中选择代表印象主义风格的一张。在自然科学中,一个可能的目标样例是:能提供各种化学成分的例子。相应的评估任务要求学生在野外旅行中找到无机化合物,并说明它为什么是无机化合物(即说明定义特征)。在文学中,一个可能的目标是:学会举出各种戏剧流派的例子。评估任务可能给学生提供4个剧本的概要(其中一个是浪漫主义戏剧概要),请学生说出浪漫主义戏剧的名称。

评估形式。**举例**的任务可能包括构建反应形式(学生必须创造一个例子)或者选择反应形式(学生从给予的若干例子中选择一个例子。自然科学的例子,在野外旅行中找到无机化合物并说明它为什么是无机化合物,需要建构反应。与此不同,题目"下列哪一物质是无机化合物?(a)铁;(b)蛋白质;(c)血液;(d)腐叶土壤",需要选择反应。

2.3 分类

分类出现在学生认识某事物(某个特殊例子或事例)属于某个类目(如概念或原理)之时。**分类**涉及查明既适合于具体事例又适合于概念或原理的相关特征或模式。**分类**与**举例**是一个互补的过程。**举例**从一般概念或原理开始并要求学生找出具体事例或例子,而**分类**是从具体事例或例子开始并要求学生发现一般概念或原理。**分类**的替代术语是类目化和归属。

目标与相应的评估样例。在社会学科中,一个可能的目标是:学会将观察到的或描述的心理混乱案例分类。相应的测验题要求学生观看一个有心理疾病的人的行为录像,然后指出所显示的心理混乱。在自然科学中,一个可能的目标是:学生学会将各种史前动物物种分类。在评估时给学生提供某些史前动物的图片,指导语是将它们和其他相同物种的图片进行分组。在数学中,一个目标可能是:能确定数字所属的类目。评估任务是给予学生一个例子,请学生在一系列数字中圈出同一个类目的数字。

评估形式。在建构反应任务中,给学生一个事例,他必须产生与例子相关的概念或原理。在选择反应任务中,给学生一个事例,他必须从一个系列中选择与例子相关的概念或原理。在分类任务中,给学生若干事例,他必须确定何者属于某个类目,何者不是,或者必须将每一个例子置于多种类目中。

2.4 概要

概要出现在学生用一句话表达呈现的信息或抽象出一般主题时。**概要**涉及为信息建构一个概括的陈述,如戏剧中的一幕的意义,并从中抽象出要旨,如确定主题或要点。替代的术语是概括和抽象。

目标与相应的评估样例。在**做概要**时,给予学生信息,学生给出要旨或抽象出一般主题。在历史课中的目标样例可能是:学会为图片描述的事件写要点。相应的评估题要求学生观察有关法国大革命录像,然后写出简短的要点。与此类似,自然科学中的目标样例可能是:学会在阅读著名科学家若干作品之后为他们的贡献写出概要。相应的评估题要求学生阅读有关达尔文的著作并写下要点。在计算机科学中,一个目标可能是:概括一个程序的各子程序的目的。评估题呈现一个程序,要求学生用一个句子描述该程序的每一节在整个程序中实现的子目标。

评估形式。评估任务可能以建构反应或者以选择反应的形式呈现,其中包括主题或要点。一般而言主题比要点更抽象。例如在构建的反应任务中,可能要求学生阅读无标题的关于《加利福尼亚淘金热》的文段,然后写一个适当标题。在选择任务中,要求学生阅读同一文段,然后从四个标题中选择一个适合的标题,或者按它们与文段的观点的"适当性"将所有标题排序。

2.5　推论

推论涉及在一系列例子或事例中发现模式。**推论**出现在学生能够抽象出说明一组例子或事件的概念或原理的时候。他们需要对每一例子的有关特征进行编码,最重要的是要注意例子之间的关系。例如当给予如下一系列数字:1、2、3、5、8、13、21,学生要集中注意每一个数字的值,不是注意每个数字的字形,或是否是奇数或偶数。然后他们应能发现这一数字系列中的模式(即在头两个数字之后,每一个数是它前两个数之和)。

推论过程涉及在整体背景下在事例之间进行比较。例如,在上述数字系列中要确定哪一个将会紧随在 21 以后出现,学生必须识别这个模式。相关过程是学生运用模式创造新例子(在上述数字系列中的下一个数是 34,是 13 与 21 之和)。这是**执行**的一个例子。**执行**是与**运用**有关的认知过程。**推论**和**执行**常常在认知任务中一起运用。

最后,**推论**不同于**归属**(与**分析**相关的认知过程)。如同本章稍后要讨论的,**归属**的重点只是确定作者的观点或意图这种实际问题;而**推论**的要点是基于呈现的信息推导出一个模式的问题。区分两者的另一种方式是它们运用的情境不同:**归属**可以广泛运用的情境是要求人们仔细阅读材料,尤其是需要确定作者的观点的情境;而**推论**出现在为一个背景(或上下文)提供一个可以推导的预期的情境。**推论**的替代术语是外推、内推、预期和断定。

目标与相应的评估样例。在**推论**中,给予一系列例子或事件,学生发现说明它们的概念或原理。例如,在把西班牙语作为第二语言学习时,一个目标样例可能是:能从例子中推论语法原理。在评估时,给学生提供"冠词—名词"配对,"la casa, el muchacho, la señorita, el pero"并请学生提出何时使用"la"和何时使用"el"的原理。在数学中,一个目标可能是:学习推论出表示为等式的关系,以代表两个变量的几个观察值。一个评估题要求学生把含有 x 与 y 变量的情境描述为一个等式表达的关系:在该情境中如果 x 是 1,那么 y 是 0;如果 x 是 2,那么 y 是 3;如果 x 是 3,那么 y 是 8。

　　评估形式。需要**推论**(常与**实施**在一起)的三种普通任务是:完成任务、类比任务和奇特任务。在完成任务中,给予学生一系列项目,如同上述数字系列一样,他必须确定下一个项目是什么。在类比任务中,给予学生一个类比形式为 A 到 B,如同 C 到 D,如"国家"到"主席"如同"省"到＿＿＿＿?＿＿＿＿。学生的任务是产生或选择一个项目如"省长",使之填充空格并完成类比。在奇特任务中,给予 3 个以上项目,他必须确定哪一个项目是不适当的。例如可以给学生提供 3 个物理问题,两个涉及同一原理,另一个涉及不同原理。为了只强调推理过程,每一评估任务中的问题可能要陈述学生用于得到正确答案的潜在概念或原理。

2.6　比较

　　比较涉及查明两个以上的客体、事件、观念、问题或情境之间的相似性,如确定熟悉的事件(如最近的政治丑闻)如何类似于一个比较不熟悉的事件(如历史上的政治丑闻)。**比较**包括发现在一个课题、事件或观念与另一客体、事件或观念之间的要素或模式的一一对应关系。当连同**推论**(如先从相似情境抽取规则)和**实施**(如再将规则应用于不熟悉的情境)一起使用时,**比较**可能有助于类比推理。其替代术语是对照、匹配、映射。

　　目标与相应的评估样例。在**比较**中,当提供新信息后,学生应查明它与较熟悉的知识的对应性。例如,在社会科学中,一个目标可能是:通过将历史事件与熟悉的情境比较,理解历史事件。相应评估问题是:"美国革命怎样类似于家庭斗争或朋友之间的争论?"在自然科学中,一个目标样例可能是:学生将电路与一个比较熟悉的系统比较,在评估中,我们问:"电路与通过管子里的水流有什么相似?"

　　比较也包括确定两个以上的客体、事件或观念之间的对应关系。在数学中,一个目标样例是:学会比较结构上相似的应用题。一个相应的评估问题要求学生说出某一混合题怎样与某个应用题相似。

　　评估形式。评估**比较**这一认知过程的主要技术是映射(mapping)。在映射中,学生必须指出,一个客体、观念、问题或情境的每一部分怎样与另一客体、观念、问题或情境的每一部分相对应。例如,可以请某学生详细说出电路中的电流、电线和电阻怎样与一个流水系统中的水泵、管子和管子建筑分别相似。

2.7　说明

当学生能建构和运用一个系统的因果模型时，**说明**就出现了。模型可能来自正式的理论(如在自然科学中常有的情形)，或者基于研究或经验(是社会学科和人文学科常有的)。完整的说明涉及建构因果模型，其中包括一个系统中的每一个主要部分或该连锁中的每一事件，并运用该模型确定该系统中一个部分或该连锁中一个"环节"的变化怎样影响另一部分的变化。**说明**的替换术语是建模。

目标与相应的评估样例。在**说明**中，给予学生描述某个系统，学生提出和使用该系统的因果模型。例如，在社会科学中，一个目标可能是：说明影响18世纪重大历史事件的原因。在评估时，当学生阅读和讨论有关某国革命这个单元之后，要求学生建构一个能最适当说明为什么发生战争的因果链。在自然科学中，目标可能是：说明物理基本定律是怎样起作用的。相应的评估要求学习过欧姆定律的学生说明，当第二节电池加入电路后，电流速度有什么变化，或者要求观看过有关闪电的电视录像的学生说明，温差怎样影响闪电的形成。

评估形式。几项任务可以用来评估学生的说明能力，包括推理任务、检修故障、重新设计和预测能力。在推理任务中，要求学生为给定的事件提供理由。例如，为什么当你拉起自行车胎打气筒的手柄时空气会进入打气筒？在此例中，答案是"因为自行车胎打气筒内的气压比外面的小，空气被迫进入筒内。"该答案涉及发现原理，以解释给定的事件。

在检修故障中，要求学生在一个不能运转的系统中诊断出可能的故障是什么。假定你拉上与压下自行车胎打气筒多次，但不见空气出来，出了什么毛病？在此例中，学生必须给现象找出一种理由，如"打气筒上有一个洞"或"活门在开口的位置被阻塞"。

在重新设计中，要求学生改变某个系统以达成某一目的。例如，你如何改进自行车轮胎打气筒，使之能更好地使用？要回答此问题，学生必须设想改变该系统中一个或多个零件，如在活塞与打气筒之间加润滑油。

在预期能力中，请学生回答：一个系统的一部分改变将怎样影响该系统另一部分改变。例如，"如果增加打气筒的直径将会发生什么？"这一问题需要学生运用打气筒的心理模型，以便发现空气通过打气筒的总量因其直径增加而增加。

（三）运用

运用涉及使用程序完成练习或解决问题。因此，**运用**与**程序性知识**密切相关。对于练习性任务，其运用的程序是学生已知的，所以学生已发展了相当习惯化的方法。对于问题性任务,学生最初并不知道其适用的程序,所以必须找到解决问题的程序。**运用**这个类目包括两个认知过程:**执行**——其任务是练习(熟练的)和**实施**——其任务是问题(不熟悉的)。

当任务是熟悉的练习时,学生一般知道要用什么**程序性知识**。当提供一个练习(或一组练习)时,学生一般不用多思考就能完成程序。例如,学习代数的学生见到第五十个含有二次方程式的练习,可能只需代入数字转换一下就行了。

当任务是不熟悉的问题时,学生必须确定将要使用的知识是什么。假定任务似乎需要**程序性知识**而又没有精确适合问题情境的**程序性知识**可以利用,那么就需要对所选的程序作出必要的改变。与**执行**相比,实施需要对问题和解题程序具有某种程度的理解。在这一**实施**的例子中,**理解概念性知识**是能够**运用程序性知识**的前提条件。

3.1　执行

在**执行**中,当学生遇到某一熟悉的任务(即练习)时,他会习惯性地**执行**一套程序。情景的熟悉性常常为选择适当的运用程序提供了足够的线索。与技术和方法(见本书第 47—48 页关于**程序性知识**的讨论)相比,**执行**更频繁与技能和算法的运用相联系。技能和算法有两个特征,使之特别易于**执行**。第一,它们一般由有**固定程序**的一系列步骤构成;第二,当正确**执行**这些步骤后,其最终结果是预先决定的答案。**执行**的替代术语是贯彻。

目标与相应的评估样例。在**执行**中,学生面对熟悉的任务,他知道完成此任务需要做什么。学生单纯执行一个已知程序去完成任务。例如,初等数学中的一个目标样例可能是:学会多位整数除多位整数。这里的指导语"除"意味着除法,是必要的**程序性知识**。要评估这个目标,就要给学生提供有十五个整数除法练习(如 $784 \div 15$)的作业并要求他求出商数。在自然科学中,一个目标样例可能是:学会用科学公式计算各变量的值。要评估这一目标,就要给学生提供公式:密度=物质/容积,并必须回答问题:"一材料有 18 磅物质,容积为 9 立方英寸,求它的密度是多少?"

评估形式。在**执行**中,给予学生熟悉的任务,该任务可以用熟悉的程序完成。例如一个执行任务是"$x^2 + 2x - 3 = 0$,求 x"。可以让学生提供答案,或在适当的条件下,可以在一组可能的答案中进行选择。因为重点在于程序和答案两者,所以要求学生不仅需要求出答案,也要显示他们的工作过程。

3.2　实施

实施出现在学生选择和运用一个程序完成不熟悉的任务的时候,因为需要进行选择,所以学生必须理解他们所遇到的问题的类型和可以利用的程序的范围。因此,**实施**经常与**理解**、**创造**等其他认知过程类目一起运用。

因为学生面对的是不熟悉的问题,他们不可能立即知道可以利用的程序是什么。而且,没有单一程序可以完全适合该问题。所以需要对程序作某种改变。与技能和算法相比,**实施**更经常与技术和方法的使用相联系(见本书第 47—48 页对**程序性知识**的讨论)。技术和方法有两个特征,使之特别适合于**实施**。第一,与固定程序相比,其程序更像流程图;也就是在程序中可能有决策点(如在完成第三步之后我是否进入 4A 或 4B)。第二,当程序正确运用以后通常没有所期待的单一固定答案。

没有单一固定答案这一含义尤其适用于需要**运用概念性知识**如理论、模型、结构(亚类 C_c)的目标。在此没有经过练习的程序可以运用。请考虑这样一个目标:"学生将能运用社会心理学有关群体行为理论实施群体控制。"社会心理学理论是**概念性知识**,而非**程序性知识**。这一目标显然是一个**运用**目标,但这里没有程序在运用。假定该理论十分清晰地组织和指导学生的运用,那么这一目标接近**创造**方面的**运用**,但仍然是**运用**。所以此目标被归属于**实施**这个亚类。

要了解此目标的适合性,请将**运用**这个类目看作是沿着一个连续体组织的。它始于狭窄的高度结构化的**执行**,逐渐增加到无结构的**实施**。在**执行**中,已知的程序性知识几乎是习惯性地运用。在**实施**中,最初必须选择程序以适合新情境。在这个类目的中点,程序可能必须有所修改以便**实施**。在**实施**的远端,这里没有要修改的**程序性知识**,必须借助理论、模型或结构作为指导,从**概念性知识**中制造出某一程序。所以,虽然**运用**与**程序性知识**紧密联系,而且这种联系贯穿在大多数的运用类目中,但也有某些**运用概念性知识**从事**实施**的情形。

目标与相应的评估样例。在数学中,一个目标样例可能是:学会解答各种个人的金融问题。相应的评估题给学生一个问题,要求学生必须选择最经济的金融套餐去购买一辆新车。在自然科学中,一个目标样例可能是:学会使用最有效、高效和负担得起的方法从事一项研究课题,以说明一个具体研究问题。一个相应的测验题是,给予学生一个研究问题,要求他们提出一个研究计划,能满足所规定的有效、高效和负担得起的具体标准。请注意,在这两种评估任务中,学生不仅要运用程序(即从事**实施**),也要依赖对问题的概念性理解,或依赖对问题和程序两者的概念性理解。

评估形式。在**实施**中,给学生提供一个必须解答的不熟悉的问题。因此大多数评估形式始于问题的具体陈述。要求学生确定解决问题所需要的程序,或者运用选择的程序(作一些必要修改)解决问题或者常常是两者兼有。

（四）分析

分析是将材料分解为它的构成部分和确定部分怎样相联系及其与总体结构如何联系。这一过程类目包括**区分**、**组织**和**归属**三个认知过程。作为**分析**这一类目的目标包括学习确定适当的或重要的信息片段（**区分**），该信息片段组织的方式（**组织**）和该信息的潜在目的（**归属**）。虽然学会分析可能被视为一个独立目标，但把它考虑为**理解**的延伸或者**评价**与**创造**的准备，在教育上可能更为合理。

改进学生的分析技能是许多学习领域的目的。自然科学、人文科学和艺术学科的教师常常将"学会分析"作为他们的重要目标之一。例如他们可能希望发展学生的下述能力：

- 区分观点和事实（或现实与幻想）；
- 将结论与其支持性陈述相联系；
- 从外部材料中区分出有关材料；
- 弄清隐含在上下文中未明言的假设；
- 从下位观念或在诗歌、音乐的主题中区分出占优势的观点；
- 找出证据以支持作者的目的。

理解、**分析**和**评价**这三个认知过程是相互联系的，而且经常重复用于完成认知任务。与此同时，保持它们分别作为一种不同的过程也是重要的。理解某种交流的信息的人不一定能很好地分析它。与此相似，善于分析某种交流的信息的人可能给该交流做出很差的评价。

4.1　区分

区分是根据适当性或重要性将一整体结构分解为部分。当学生从无关信息中辨别出有关信息，或从不重要信息中辨别出重要信息并且注意有关或重要信息时，**区分**就出现了。**区分**不同于与**理解**相联系的认知过程，因为它涉及结构的组织，尤其是确定部分如何适合整的结构或总体。更具体地说，**区分**不同于**比较**之处是它运用较大的背景来决定什么是有关的和重要的，什么是无关的或不重要的。例如在水果背景中**区分**苹果和橘子，内部的种子是有关的，而颜色和形状是无关的。在**比较**时，所有这些方面（种子、颜色和形状）都是有关的。**区分**的替代术语是辨别、选择、区别和集中。

目标与相应的评估样例。在社会科学中，一个可能的目标是：学会研究报告的要点。相应的评估题需要学生在有关玛雅人城市的考古学报告中圈划出要点（如城市始建于何时，在其存在过程中的人口、城市的地理学位置，实物的建筑，它的经济、文化功能，城市的社会组织，为什么兴建和毁坏）。

与此类似,在自然科学中,一个目标可能是:能在一个事物如何发生发展的书面描写中选择主要步骤。相应的评估题要求学生阅读描写闪电形成的一章,然后把过程分解为主要步骤(包括水汽上升形成云,在云层内造成上升和下降气流,云层内的电负荷分离,一个梯级的先导负电从云层向地面运动,形成一个从地面向云层返回的电闪)。

最后,在数学中,一个目标可能是区分文字题中的有关数量和无关数量。一个评估题需要学生在一个文字题中圈划出有关数字和删去无关数字。

评估形式。**区分**可以通过建构反应或选择任务进行评估。在一个建构反应任务中,给予学生某种材料,请学生指出哪些部分是最重要的或有关的,例如:"写下解决这一问题需要的数量:铅笔每袋 12 支,每袋价值是 2 美元。约翰有 5 美元,希望买 24 支铅笔。他需要买几袋。"在选择任务中,给予学生某种材料,要求他们选择哪些部分是最重要的或有关的,例如:"解决这一问题哪些数量是需要的? 铅笔每袋 12 支,每袋价值是 2 美元,约翰有 5 美元,希望买 24 支。他需要买几袋:(a)12,2 美元;5 美元,24;(b)12,2 美元,5 美元;(c)12,2 美元,24;(d)12,24。"

4.2　组织

组织涉及鉴别一份材料或一个情境的成分并识别它们如何组织成为一个内在一致的结构。在**组织**中,学生在呈现的片段信息之间建立一个系统的和内在一致的联结。**组织**经常与**区分**一起出现。学生首先鉴别有关或重要成分,然后确定适合这些成分的整体结构。**组织**也可能与重点在于确定作者的意图或观点的**归属**一起出现。**组织**的替代术语是结构化、整合、发现一致性、做提要、分解。

目标与相应的评估样例。在**组织**中,给予学生一个情境或问题描述,要求学生识别有关成分之间的系统的和内在一致的关系。在社会科学中的目标样例是:学会将历史的描述组织成支持或反对某种解释的结构化证据。相应的测验题要求学生写一个提纲,显示有关美国的文章中哪些事实支持和哪些事实反对如下结论:美国内战是由于南北城乡组成成分差异引起的。在自然科学中一个目标样例可能是:学会按四部分分析研究报告:假设、方法、数据和结论。一个评估题是要求学生列出呈现的报告的提纲。在数学中,一个目标样例可能是:学会写教科书的课文提纲。相应评估任务要求学生阅读有关基础统计的教科书课文,然后生成一个包括每一统计名称、公式及其应用条件的矩阵。

评估形式。**组织**涉及在材料中增加结构(如提纲、表格、矩阵或层级图)。因此,评估可以基于建构的反应和选择任务。在建构反应任务中,可以要求学生为一文段列出书面提纲。在选择任务中,可以要求学生在四个层级图中选择与呈现材料的组织最适合的图。

4.3　归属

当学生能够弄清隐藏在交流材料中的观点、偏好、价值或意图时，**归属**出现了。**归属**涉及解构过程，在其中学生要求呈现材料的作者意图。与学生寻求理解呈现材料的意义的**解释**过程不同，**归属**涉及在超越基本理解之后延伸至推测隐藏在呈现材料中的观点或意图。例如，在阅读有关美国内战的亚特兰大战役的文段之后，学生需要确定作者是否采取北方或南方的观点。**归属**的一个替代术语是解构。

目标与相应的评估样例。在**归属**中，给学生提供信息，他应能确定作者的潜在观点或意图。例如在文学中，一个目标可能是：学会确定故事中人物的一系列行为的动机。对于正在阅读莎士比亚的《麦克白斯》的学生来说，一个评估任务是：莎士比亚把什么动机归属于麦克白斯对邓肯国王的谋杀。在社会科学中，一个目标样例可能是：学会根据理论观点确定一篇争论文章的作者的观点。相应的评估任务要求学生回答：关于亚马逊雨林的报道是根据支持环保，还是根据支持商业的观点撰写的。这种目标也可以适合于自然科学。一个相应评估题请学生确定：一篇关于人类学习的文章是由行为主义者还是认知心理学家撰写的。

评估形式。**归属**的评估形式可以是：给学生呈现口头或书面材料并请学生建构或选择作者或讲演者观点或意图等的描述。例如一个建构反应任务是："你所阅读的有关亚马逊雨林的作品的写作目的是什么。"一个选择反应是："你所读的文章作者的写作目的是：(a)提供有关亚马逊雨林的事实信息；(b)提高读者对保护雨林的警觉；(c)显示发展雨林的经济利益；(d)描述发展雨林对人类的后果。"或者可以请学生指出文章作者对几种陈述：(a)强烈同意；(b)同意；(c)既不表示同意，也不表示不同意；(d)不同意；(e)强烈不同意。随后将出现如"雨林是一种独特生态系统"之类的陈述。

（五）评价

评价可以定义为依照原则和标准做出判断。最常用的标准是质量、有效性、效率和一致性。他们可以是由学生或其他人决定的。标准可以是数量（即这是充足的数量吗？）也可以是质量（即这一过程是足够有效的吗？ 这是质量合格的产物吗？）、**评价**这一类目包括的认知过程是**核查**（内在一致性判断）和**评判**（基于外在标准的评判。）

必须强调的是：并非所有判断都是评价性的。例如，学生就某一个具体例子是否适合某个类目做出判断。他们所做的判断是有关特殊过程对于规定的问题的适当性的判断。他们就两个客体的相似与不同做出判断。事实上，大多数认知过程需要某种判断。将此处定义的**评价**与学生所作的其他判断区分开来的最清晰的东西是用清晰的标准定义的作业的规格。这台机器的运转像它规定的那么高的效率吗？这一方法是达到目标的最好方法吗？与其他办法相比，这一办法省钱吗？这样的问题是从事**评价**的人需要提出的问题。

5.1 核查

核查涉及检测一项运作或一件产品的内在一致性或谬误。例如当学生检测某一个结论是否符合其前提条件，数据是否支持假设或者呈现的材料的各部分是否自相矛盾时，**核查**过程出现了。当与**计划**（**创造**类目中的认知过程）和**实施**（**运用**类目中的认知过程）相联合时，**核查**涉及确定计划执行得如何。其替代术语是检测、探测、监测和协调。

目标与相应的评估样例。在**核查**中，学生寻找内部的不一致性。社会科学中的一个目标样例可能是：学会**核查**说明文中的不一致性。一个相应评估任务要求学生观看支持政党候选人的电视广告，并指出说明文中的逻辑错误。在自然科学中的一个目标样例可能是：学会确定科学家的结论是否来自于观察的数据。一个评估任务是请学生阅读一篇化学实验报告并确定结论是否来自试验结果。

评估形式。**核查**任务可能包括提供学生的过程或产品，或者学生自己创造的过程和产品。**核查**也可以在执行解答一个问题或完成一项任务的背景中发生，不过这里关注的是实际实施过程的一致性（如，从我目前所完成任务的看来，我应该达到这里吗？）

5.2 评判

评判是依据外加的标准或规格对一个产品或过程所做的判断。在**评判**中，学生注意到产品的正的和负的特征并至少部分依据那些特征做出判断。**评判**是所谓批判性思维的核心。**评判**的一个例子是依据酸雨的可能后果及其社会成本（如需要限制全国发电厂大烟囱的排放程度）对酸雨的是非曲直做出评判。其替代术语是判断。

目标与相应的评估样例。在**评判**中，学生基于规定的或自己制定的标准和规格对一产品或过程做出判断。在社会科学中，一个目标样例可能是：学会依据可能的后果对一个问题（如怎样改进从幼儿园到十二年级的教育）所提出的解答（废除一切等级评分）进行评价。在自然科学中，一个目标可能是：学会评价假设的合理性（如假设：苹果生长出奇特的大小是因为星星的不寻常排列）。最后，在教学中，一个目标可能是：学会判断两种可能的方法中的哪一种方法是解决给定问题的最有效的和高效率的方法（例如问题是："求两个整数相乘得到 60 的可能方法是什么？"求出 60 的所有质因子或产生一个代数等式解决此问题，判断哪一个方法较好）。

评估形式。可以要求学生评判他自己或者其他人的假设或创造。评判应依据正面的或负面的标准，或兼用两种标准并得出正面或负面结果。例如在**评判**某学区所主张的周年学校时，学生可能提出正面后果，如排除了暑假期间的学习损失；负面的后果，如干扰了家庭假期。

（六）创造

创造涉及整合元素以形成内在一致的或实用的整体。作为**创造**这个类目的目标，要求学生通过在心理上把先前未清晰地见过的某些元素或部分重新组合成一个模式或结构。创造涉及的过程通常是与学生先前的学习经验协调的。虽然**创造**需要学生的创造性思维，这并不是不受学习任务或情境限制的自由创造的表示。

对于某些人来说，创造是产生不寻常的产品，通常是作为某种特殊技能的结果。然而此处所使用的创造这个术语虽然包括需要独特产生某种结果的目标，也指需要学生能够和愿意从事产生某种结果的目标。如果不涉及其他条件，在满足这些目标时，许多学生将会在产生自己的信息或材料的综合的意义上，形成新的整体，如同在绘画、写作、雕刻、建筑等活动所做中那样。

虽然**创造**中的许多目标强调原创性（或独特性），教师必须界定什么是原创的或独特的。独特这个术语可以用来描述某个学生的工作（如"对琼斯来说，这是独特的"），或它只能用于某个学生团体（如"对五年级学生来说，这是独特的"）。然而重要的是，创造中的许多目标并不依赖于原创性和独特性。对于这些目标，教师的目的是：学生应该能够将材料综合成一个整体。这种综合在写论文时是经常需要的，即希望学生把先前教授过的材料组合为有组织的呈现。

虽然**理解**、**运用**和**分析**过程可能涉及识别所呈现的材料之间的关系，但**创造**的不同点在于，它包括建构原创性产品。与**创造**不同，其他过程涉及加工一组给定的元素，它们是规定的整体的部分，也就是说，它们是学生试图理解的一个较大结构的部分。另一方面，在**创造**中，学生必须从许多信息源中利用各种元素并将它们综合成一个与他们的原有知识相关的新颖的结构或模式。**创造**导致新的产品，即能被观察却不同于原材料的某种东西。一个需要**创造**的任务很可能在某种程度上需要前面的认知过程的每一方面，但不必以分类表中所排列的顺序出现。

我们认为创作（包括写作）经常（但并非总是）需要与**创造**有关的认知过程。例如，在表达观念的记忆或材料的解释的写作中就未包含**创造**。我们也认为，超越基本理解的深刻理解也需要与**创造**有关的认知过程。当深刻的理解已经是一种建构的或领悟的行为时，其中就包含了**创造**这一认知过程。

创造过程可以分解为三个阶段：问题表征，此时学生力图理解任务，并生成可能的解答；解题计划，此时学生考察各种可能性和设计可能的计划；解题执行，此时学生成功地贯彻计划。因此,创造过程可以被设想为始于发散思维阶段,此时,学生在努力理解任务,并考虑多种可能的解答(即**生成**)。接着是聚合思维阶段,此时学生设计出解答方法并将它转化为行动计划(即**计划**)。最后学生执行计划,同时建构解答(即**产生**)。所以,创造与三个认知过程即**生成**、**计划**和**产生**相联系是毫不奇怪的。

6.1　生成

生成涉及表征问题和提出能满足特定标准的假设或备选方案。原先表征问题的方式常常暗示可能的解答;然而重新定义和表征问题可能启示不同的解答。当生成超越先前的知识和现有的理论边界或限制时,它涉及发散思维并成为所谓创造性思维的核心。

此处**生成**这一术语是在严格的意义上运用的。**理解**也需要生成过程,我们已经把此过程包含在**转换**、**举例**、**概要**、**推论**、**分类**、**比较**和**说明**过程中。然而,**理解**的目的最经常是集中的(即获得单一的意义)。相反,在**创造**中的**生成**的目的是发散(即获得多种可能性)。**生成**的替代术语是假设。

目标与相应的评估样例。在**生成**中,给学生问题陈述,他必须产生备选的解答方案。例如,在社会科学中,一个目标样例可能是:学会对社会问题生成多种有用的解答。相应的评估题是:"尽可能提出多种方式保证每个人都有适当的医疗保险。"要评估学生的反应,教师应制定一套师生共享的标准,可以包括备选方案的数量及其合理性和特殊性等。在自然科学中,一个目标样例可能是:学生生成解释观察到的现象的假设。相应的评估任务要求学生写出尽可能多的假设以解释草莓长成奇特大小的原因。同样,教师应该建立确定的标准以便判断答案的质量并且把标准告诉学生。最后,来自数学中的一个目标样例可能是:能生成达到特殊结果的多种备选方法。一个相应评估提示:你可以用来求出整数乘以整数的结果是 60 的可供选择的方法是哪些? 对于这些评估,需要有明确的和公用的评分标准。

评估形式。评估**生成**一般采用建构反应,要求学生产生多种备选方案或假设。两个传统的测验任务是:结果性任务和使用性任务。在结果性任务中,学生必须列出某事件的所有结果,例如"如果采用平均所得税而不是递增所得税,将会产生什么结果?"在使用性任务中,学生必须列出物体的所有可能的用途。例如"全球网络的可能用途是什么?"几乎不可能用多重选择题来评估**生成**过程。

6.2　计划

计划包括设计某种解答方法以满足问题的标准,也就是要开发出一套解题规划。**计划**止于贯彻某些步骤去创造给定问题的实际解答。在**计划**中，学生可以建立子目标或将任务分解为解题时要完成的子任务。教师常常跳过**计划**的目标陈述，代之以**创造**的最后阶段的目标陈述，即**产生**的目标的陈述。当发生这种情形时，**计划**或者被默认或者暗含在**产生**的目标之中。在此情形下，**计划**很可能是学生在建构产品（**产生**）的过程中内隐地执行的。其替代术语是设计。

　　目标与相应的评估样例。在**计划**中，给予问题陈述，学生提出一个解答方案。在历史学科中，一个目标样例可能是：能对给定的历史课题制订一个研究论文计划。一个评估任务是，要求学生在撰写有关美国革命的研究论文之前，交一份论文提纲，包括他进行研究所应遵循的步骤。在自然科学中，一个目标样例可能是：学会设计研究计划来检验多种假设。一个评估任务要求学生设计一种方法，确定三个因素中的哪个因素决定摆动的速率。在数学中，一个目标样例可能是：能安排好解几何题的步骤。一个评估任务要求学生制订一个计划，以便确定一截头锥体的容积（此任务是先前的课上未考虑过的）。该计划可能包括计算较大锥体的容积，再计算小锥体的容积，最后将两者的容积相减）。

　　评估形式。评估形式可以是请学生拟定解题方案、描写解答计划或者选择给定问题的解答计划。

6.3　产生

　　产生涉及执行解决给定问题的计划以满足某种规定。如同先前指出的，**创造**这个类目的目标可以包括也可以不包括原创性或独特性作为规定之一。对于**产生**的目标来说也是如此。**产生**可能需要第四章所描述的四类知识的协调。其替代术语是建构。

　　目标与相应的评估样例。在**产生**中，给学生一个目标的功能性描述，他必须创造一个产品以满足该描述。它涉及执行给定问题的解题计划。目标样例包括产生新颖的和有用的产品以满足某些条件。在历史学科中，一个目标样例可能是：学会写能够满足具体学术标准的、属于某个特殊历史时期的文章。一个评估任务要求学生写一篇发生在美国革命时期的故事。在自然学科中，一个目标样例可能是：学会为某物种和某些目的设计栖息地。一个相应的评估任务要求学生为空间站设计起居室。在英国文学中，一个目标样例可能是：学会为戏剧设计布景。一个相应的评估任务要求学生为某学生的一篇作品设计布景。在这些所有例子中，具体规定便成了评估与目标有关的学生作业的标准。这些规定应作为评分标准事先告诉学生。

　　评估形式。评估**产生**过程的共同任务是一种设计任务，要求学生创造符合某些规定的产品。例如,可以请学生为一所新中学设计一个图解式的计划,其中包括为学生提供存放个人所有物品的新方式。

五、去情境化和情境化的认知过程

我们已经孤立地考察了每一个认知过程(即去情境的过程)。在下一节我们将在具体教育目标情境中考察这些过程(即情境化的过程)。这样,我们就将认知过程与知识重新联系起来。与去情境过程(如计划)不同,情境化的过程出现在一个具体学术性情境中(如计划文学作品的写作,计划解数学文字题或计划完成特殊科学实验)。

虽然侧重于去情境的认知过程也许是比较容易的,但研究中的两个发现指明了情境在学习和思维中的重要性(Bransford,Brown & Cocking,1999;Mayer,1992;Smith,1991)。第一,研究表明,认知过程的性质依赖于它所应用于其中的教材(Bruer,1993;Mayer,1999;Pressley & Woloshyn,1995)。例如学习计划数学问题的解答不同于学习计划文字作品的写作。其结果是,在数学中从事计划的经验不一定能帮助学生学习文章的写作(Baker,O'Neil & Linn,1993;Hambleton,1996)。第二,真实的评估研究表明,某一过程的性质依赖于该过程所运用的任务的真实性。例如,学习生成写作计划(未实际写文章)不同于学习在实际写出的文章情境中生成计划。

虽然我们分别描述了认知过程,但它们在运用时很可能是彼此协调以并促进有意义的学习。大多数真实的学习任务需要若干认知过程和几类知识协调运用。例如解数学文字题,学生需要从事:

- **解释**(理解问题中的每个句子);
- **回忆**(提取解题所需要的**事实性知识**);
- **组织**(形成对问题中的关键信息即**概念性知识**的内在的一致的表征);
- **计划**(拟定解题计划);
- **产生**(贯彻计划,即**程序性知识**)(Mayer,1992)。

同样,在写一篇文章时,学生需要从事:

- **回忆**(提取可能包括在文章中的有关信息);
- **计划**(决定文章中应包含什么内容,决定说什么,如何说);
- **产生**(创造一篇书面文本);
- **评判**(保证所写的文章有意义)(Levy & Ransdell,1996)。

六、在情境中的教育目标一例

用最简单的术语来说,我们的修订框架旨在帮助教师的教、学生的学和评估专家的测评。例如,假定某教师对于他的学生只有很一般的目标:她要求他们学习欧姆定律。她设计相应的教学单元。由于该目标很含糊,这一单元可能包括四类所有的知识:**事实性知识、概念性知识、程序性知识**和**反省认知知识**。一个**事实性知识**的例子是:电流是用安培测量的,电压是用伏特测量的,电阻是用欧姆测量的。一个**程序性知识**的例子是:包含在公式(即欧姆定律——电压=电流×电阻)计算数值的步骤。

虽然这两类知识最明显地包含在这一个单元中,但深刻理解欧姆定律需要其他两类知识——**概念性知识**和**反省认知知识**。**概念性知识**的例子是由电池、电线和灯泡构成的电路的结构和功能。电路是一个概念系统,其中存在元素之间的因果关系(例如,如果在一个线路中增加电池,那么电压增加,从而引起电线中电子流增加,后者是以电流增加测量的)。**反省认知知识**的一个例子是,教师可能想要学生知道何时运用记忆术去记忆定律、公式和有关的相似的项目。她也可能要求学生建立自己的、有关学习欧姆定律及其运用的目标。

(一) 记住所学的东西

该单元的一组局限性目标可能只侧重于促进保持。促进保持的目标主要基于**记忆**这一认知过程,其中包括**回忆**和**再认事实的、程序的、概念的和反省认知的知识**。例如,一个**回忆事实性知识**的目标是:学生将能**回忆**表示欧姆定律的字母。一个**回忆程序性知识**的目标是:学生将能**回忆**运用欧姆定律的步骤。

虽然该单元中明显包含多种保持目标,但发展涉及保持**概念性知识**和**反省认知的知识**的目标也是可能的。一个**回忆概念性知识**的目标是:学生将能够根据记忆画出电路图。因为这一目标重在**回忆**,所以对每个学生所画的图的评价,是看它们与教科书里呈现的或黑板上画过的图怎样接近。学生可以根据**记忆**回答有关**概念性知识**和**反省认知知识**的问题,这完全依赖于先前呈现的材料。当该单元的总目标在于促进学习的迁移时,**记忆**目标需要用其他涉及高级认知过程的目标补充。

最后,属于**回忆反省认知知识**的一个目标是学生记住"吃一堑,长一智"。换言之,当他们第一尝试解决一个问题或者获得一个错误答案后,他们记得要停止尝试并评估其他可能的方法。因为这里的重点仍是**记忆**,学生可能疑惑,当他们的第一次尝试解题陷入困境时,他们是否记住了那句成语。如果要给学生的解答评分,他们将做出他们知道教师期望的反应(即"当然是我曾做过的"),所以这种评估任务只适用于学生意识到评估目的是帮助他们改进学习的地方。

(二)理解与运用所学的东西

当教师的关注点转向迁移时,他需要考虑全部认知过程类目。请考虑隐含在下列陈述中的大量可能性:

● 一个**解释事实性知识**的目标:"学生应能用自己的话定义关键术语(如电阻)。"

● 一个**说明概念性知识**的目标:"学生应能说明当电路中发生变化时,该系统中电流速度发生什么变化(例如原先串联的两个电池改为并联)。"

● 一个**执行程序性知识**的目标是:"学生将能在规定电流(单位为安培)和电阻(单位为欧姆)条件下运用欧姆定律计算电压。"

● 一个**区分概念性知识**的目标是:"学生将能在涉及欧姆定律的文字题中确定哪些信息(如灯泡的瓦数、电丝的粗细、电池的电压)对于决定电阻是必要的。"

● 一个**核查程序性知识**的目标是:"学生将能确定一个对于涉及欧姆定律的问题所做出的解答是否是有效的解答。"

● 一个**评判反省认知知识**的目标是:"学生将能选择一个涉及欧姆定律的解题计划,且该计划是与学生的理解水平最一致的。"

● 一个**生成概念性知识**的目标是:"学生能将生成多种可能增加电路中的亮度但不改变电池的方法。"

我们可以运用分类学表(见表5-2)将本教学单元的全部目标作一概括。这里的"×"代表基于上述目标样例的本单元的所有目标。表中的格子中并未填满,因此不可将所有认知过程和本单元的全部知识相结合。然而,很清楚的是,本单元包括超过**记忆事实性知识**的多种目标。我们关于教学单元目标的重点表明,教授与评估教育目标的最有效方法可能是把它置于一些基本背景之内(如一个教学单元之内),而不是孤立地针对每一个目标。稍后我们会回到这一主题。

表5-2 假定的欧姆定律单元所完成的分类学表

知识维度	认知过程维度					
	1. 记忆	2. 理解	3. 运用	4. 分析	5. 评价	6. 创造
A. 事实性知识	×	×				
B. 概念性知识	×	×		×		×
C. 程序性知识	×		×		×	
D. 反省认知知识	×				×	

七、结　　论

本章的主要目的是要考察教学与评估怎样超越**记忆**这个唯一的认知过程重点。我们描述了与六个过程类目相联系的十九个具体认知过程，其中两个认知过程与**记忆**相联系，十七个与超越**记忆**的**理解**、**运用**、**分析**、**评价**和**创造**过程类目相联系。

我们的分析对教学和评估有双层含义：从教学方面来看，两个认知过程有助于促进学习的保持，十七个认知过程有助于促进学习迁移。因此，当教学目标旨在促进迁移时，目标应该包括与**理解**、**运用**、**分析**、**评价**和**创造**相联系的认知过程。本章的描述旨在帮助教师生成很可能导致保持和迁移的广泛范围的教育目标。

从评估来看，我们的认知过程分析旨在帮助教师（包括测验设计人员）拓宽他们的学习评估范围。虽然涉及**回忆**和**再认**的评估任务在评估中有其地位，这些任务能够（而且常常应该）用开发学习的迁移所需要的全部认知过程的任务来补充。但当教育目标旨在促进迁移时，评估任务应该拓展超越记忆的全部认知过程。

第三部分

分类学的运用

第 六 章

分类表的使用

在第三部分,我们将说明教育者如何使用分类表来帮助教师和其他教育工作者,这种帮助至少有三方面:第一,分类表可以帮助他们更透彻地理解他们的目标(那些他们自己选择的和别人提供的目标)。也就是说,分类表可以帮助教育者回答我们所说的"学习问题"(见本书第 5 页)。第二,由于对目标的理解,教师能够使用分类表按照目标对如何教授和评估他们的学生进行最好的决策。也就是说,分类表可以帮助教育者回答"教学问题"和"评估问题"(见本书第 6 页)。第三,分类表可以帮助他们确定目标、评估和教学活动怎样以有意义、有用的方式相配合。也就是说,分类表可以帮助教育者回答"一致性问题"(见本书第 9 页)。在头一章,我们将用一个案例来阐述这些问题,这个案例包含说明如何使用分类表来帮助教育者教授自然科学课。

一、使用分类表分析自己的工作

在我们重新核查分类表以及探究它如何有用之前,我们有句重要的话向那些计划使用此分类框架指导课程单元开发的教师们说:你使用此分类框架将没有这里以及后面几章中呈现的那么复杂,因为我们分析的这些单元都是别人准备好的。这就要求我们以一个观察者的立场解释目标、教学活动和评估的含义。由于我们要对这些含义作出假设,并且不得不通过其他的证据证实它们,所以结果看起来会比较复杂。

我们截取第八章的叙述即第一个案例的分析,尝试推断教师南希女士的某些做法的含义,以至于我们能够把这些做法和分类表联系起来。如果南希女士自己完成这种分析,这个案例看起来会完全不同并且要简单得多。然而这样也会使分类框架的启发性变小(这就是我们为什么不以那样的方式呈现的原因)。这种尝试性推断说明了类目之间的区别并表明如何使用不同的类目。

假如南希女士自己做这种分析,那么对于她试图教授什么她将有自己的想法。这个分类框架的使用将成为其开发该单元的参考。作为这一单元开发过程的一部分,她将通过回答如下的问题来反思自己的行动和决策。

"在我陈述目标时,我的用词真正地描述了我想要的东西吗?"教师可能使用"说明"这一词,而此时她并不意味着"建构因果模型"(我们的定义),而是意味着解释或作概要。尽管这三种认知过程都在**理解**的类目中,但选择其中一个词与选择其他词相比,对于教学和评估却有不同的含义。使用分类学的术语可以增加精确性。

"从我的教学活动中推论出的目标与我所陈述的目标一致吗?"当目标和教学活动两者转化到分类学框架中时,它们所指的是同种类型的知识和相同的认知过程吗? 若干种因素可以指导教师对教学活动的选择。学生对教学活动感兴趣吗? 他们喜爱这些活动吗? 他们会参与这些活动吗? 我拥有支持这些活动的资源吗(例如实验室实验所需的设备)? 如果主要按照这些标准来选择活动,那么这些活动与所陈述的教学目标的联系就会减弱。因此,确保教学活动有的放矢的手段是从教学活动中推论出教学目标并把它们与预期目标联系起来。

"我的评估有效吗?"当教师按分类表对评估项目作出分类时,这些评估项目与陈述的目标一致吗? 有效至少意味着,教师所使用的评估任务为其提供了有关目标达成(或正在达成)程度的信息。在评估基础上对目标的推论有两个信息来源。第一个是实际的评估任务(例如测验项目、项目说明)。当使用有正确答案的选择题形式时(例如多项选择、匹配),这种信息来源是充分的。第二个来源是用于评分或评价学生在评估任务上表现的标准(例如评分的答案、等级量表和评分规则)。当使用扩展反应题型(例如散文、研究报告)时,这种信息资源是很必要的。这里的问题是在评估基础上的推论是否能推回到先前陈述的目标。

二、使用分类表分析他人的工作

无论谁使用此分类框架来分析其他人的工作,他们将遭遇到和我们对案例分析时同样的复杂情形。教师手头的目标(例如州或地方课程标准)或评估都是由其他人准备的(例如州范围的或标准化的测试)。他们将被邀请分析其他教师的教学单元或者在教师同事的班级进行观察。这些分析都要求对意图进行推测,当目标中缺少重要的词或短语,或者外围性的词或短语产生误导时,这些分析就会很困难。其至,关键词或短语并非总是意味着它们看起来的含义。而且词语(即目标的陈述)和行动(即与目标相关的教学活动和评估)之间可能会不一致。由于以上原因,在把目标置于分类表中时,就需要确定教师(或者在由他人准备材料时的作者)的意图与目标的含义、教学活动的目的和评估目的的联系。

我们在第31页曾说明多种信息资源的使用可能产生最为有效和最为合理的课堂目标。在下面部分我们将开始探究为什么会这样。

三、重新考察分类表

前面表3-1中展示的两维分类表在本书前面的封页中又重新复制了一份。总结知识和过程维度的表4-1和表5-1分别打印在本书前后的两个封页上。我们鼓励你在阅读本章余下部分时参考这三个表。

(一)学习问题

让我们从一个看起来简明的目标开始:"学生应该学会使用电磁学定律(诸如楞次定律和欧姆定律)解决问题。"为了把这一目标放置到分类表中,我们必须联系表中的类目来考察这里的动词和名词短语。具体来说,我们必须把动词"使用"和六个主要认知过程的类目之一联系起来,并把名词短语"电磁学定律"与四类知识之一联系起来。动词非常简单:"使用"是**实施**的别名(见封底表),它与**运用**这个类目相联系。对于名词,定律是原理或概括,原理和概括的知识属于**概念性知识**。如果我们的分析正确,那么这个目标应该置于分类表中与**运用**和**概念性知识**交叉点相对应的单元格内(单元格B3;见表6-1。请注意表6-1四类知识构成了由A到D的四行,六个认知过程构成了由1到6的六列。一个单元格因此可以被指派一个字母和一个数字以此表明列和行的交叉)。现在我们已经回答了"学习问题"。我们希望学生学会**运用概念性知识**。

上述分析依赖于知识的亚类(例如**原理和概括的知识**)和具体的认知过程(例如**实施**),而不是四类知识分类和六个认知过程类目。根据我们的经验,我们相信知识的亚类和具体的认知过程提供了在分类表中恰当安放目标的最好线索。另外也要注意,我们的决策建立在对教师意图的假设基础之上。例如,我们推断,我们正在处理的是**实施**而不是**执行**,我们这种推断不仅受目标陈述中含有的动词"使用"的支持,而且也受其中陈述的"解决问题"这个短语的支持。因为问题是不熟悉的(而不是熟悉的)任务见本书第 67—68 页,**实施**似乎比**执行**更为合适(见书后封页)。

表 6-1　将目标置于分类表中

知识维度	认 知 过 程 维 度					
	1. 记忆	2. 理解	3. 运用	4. 分析	5. 评价	6. 创造
A. 事实性知识						
B. 概念性知识			**目标**			
C. 程序性知识						
D. 反省认知知识						

表例
目标＝"学生应该学会使用电磁学定律(如楞次定律和欧姆定律)解决问题"。

(二)教学问题

尽管目标可以归入到某一个单元格中,但当我们考虑教师可能使用的不同教学活动时,我们看到了更为复杂且不同的画面。例如,一般来说,如果学生实施科学定律,他们也许能(1)确定他们面对的问题类型;(2)选择将可能解决该类问题的定律;(3)运用包含该定律的程序解决这个问题。正如我们在本书第 68—69 页所描述的,**实施**既涉及**概念性知识**(例如问题类别或类目的知识),又涉及**程序性知识**(解决问题所遵循的有关步骤的知识)。

请注意在分解这一目标中所使用的动词:"确定"、"选择"和"使用"。从书后的封页中我们看到,确定某事物属于某一类目是**分类(理解)**的定义,选择的别名是**区分(分析)**,而使用的别名是**实施(运用)**。这个教学活动应帮助学生从事**分类、区分**和**实施**。

由于学生在**分类**、**区分**和**实施**中可能犯错,因此在教学中强调**反省认知知识**也是合理的。例如,也许会教授学生监控他们决策和选择的策略来查看他们是否"理解"。"我怎样知道这个问题属于某种类型?""如果是这样,我怎样知道运用哪些定律?"除了能够**回忆**起这些策略,学生可能被教授如何**实施**它们。

最后,将某些教学活动聚焦于所谓的高级认知过程也许是明智的。因为在**实施**过程常常涉及作出选择,所以应该教授他们在实施过程中对最后的结果或解答进行**核实**和**评判**。**核实**和**评判**都属于**评价**这一类目。

对"教学问题"的回答要比乍一看来复杂得多。教学活动可能提供给学生发展至少三类知识(**概念性的**、**程序性的**和**反省认知的**)以及至少从事与五种过程类目

(记忆、理解、运用、分析和评价)相联系的六种认知过程(回忆、分类、区分、实施、核实和评判)的机会。按照分类表对教学活动进行分析就导致多个单元格包含在内(见表6-2)。

表6-2 将目标和教学活动置于分类表中

知识维度	认 知 过 程 维 度					
	1. 记忆	2. 理解	3. 运用	4. 分析	5. 评价	6. 创造
A. 事实性知识						
B. 概念性知识		活动1	**目标**	活动2	活动7	
C. 程序性知识			活动3		活动6	
D. 反省认知知识	活动4		活动5			

表例
目标＝"学生应该学会使用电磁学定律(诸如楞次定律和欧姆定律)解决问题";
活动1＝旨在帮助学生对问题进行分类;
活动2＝旨在帮助学生选择合适的定律;
活动3＝旨在帮助学生实施恰当的程序;
活动4＝旨在帮助学生回忆反省认知策略;
活动5＝旨在帮助学生实施反省认知策略;
活动6＝旨在帮助学生核查他们的程序实施;
活动7＝旨在帮助学生评判解决方案的正确性。

考察包含目标(B3)的这个单元格与含有教学活动(B2、B4、B5、C3、C5、D1和D3)的七个单元格之间的关系会出现一个有趣的结果;也就是没有哪一种教学活动直接与目标相关。这种状况的原因显然是由于我们对**运用**的定义(见封底表)。**运用**意味着在特定的情境中执行或使用一种程序。换句话说,**运用**需要**程序性知识**。因此,如果电磁学定律(**概念性知识**)要被运用,它们必须被嵌入到某种程序中(**程序性知识**)。这个程序通常以某种促进运用的方式(例如,首先计算和估计电压表中的电压,然后计算或估算安培表中的电流,最后用电压除以电流求出电阻)"揭示"这个定律的意义。先前考虑的**运用**和**程序性知识**之间的关系可能已经暗示,我们先前应将目标分类为**运用程序性知识**(C3)而不是**运用概念性知识**(B3)。

(三)评估问题

假设一名教师针对这个目标已经进行了数日的教学,并且她想知道学生学习得如何。她需要作出若干决策,其中包含三个比较重要的决策:她将仅仅聚焦于评估包含目标的单元格呢,还是也要评估多种教学活动的有效性?她将评估与教学整合在一起了吗(形成性评估)?还是为了评分的目的进行更为独立的评估呢(总结性评估)?她如何知道她的评估任务要求学生从事的是**实施**而不是**执行**呢(或者某些其他的认知过程)?

集中式与分布式评估。我们先前的分析完全以陈述的目标为基础,这种分析要求教师将评估聚焦于学生学习运用**概念性知识**(B3)的程度。相比较而言,我们以相关和适当的教学活动为基础的更为细致的分析要求教师评估与实现主要目标相关的多个单元格(B2、B4、B5、C3、C5、D1 和 D3)。看起来这是广度与深度之间的权衡。一方面,聚焦式评估允许教师探究与一种单一目标相关的学生学习的深度。与这一目标相关的不同问题都可以包含在这个单一的评估中。另一方面,分布式评估允许教师宽泛地考察在达成靶目标时涉及的过程。这种范围更广的测试不仅评估在相关知识和认知过程情境中的主要目标,而且还允许教师诊断学生潜在的困难在哪里,例如发现**程序性知识**尚未适当习得。

形成性与总结性评估。形成性评估关心在学习发生时收集与学习有关的信息,以便改进正在进行中的教学,达到提高学习质量或数量的目的。相比而言,总结性评估通常达到给学生评定成绩的目的,关心收集已发生的学习的信息。因此形成性评估主要用来改进学生的学习;总结性评估主要用来给学生评定成绩。课堂任务和家庭作业常常用在形成性评估中;更为正规的测试用作总结性评估的手段。

评估实施与执行。因为**实施**和**执行**都与**运用**相联系,所以要想使评估结果有效,重要的是对它们作出区分。如果评估任务未包含不熟悉的任务以及(或)不要求学生选择相关而合适的**程序性知识**,那么更可能评估的是**执行**而不是**实施**。正如我们在讨论**解释**(见本书第 63 页)时所提及的,使用学生未经历的评估任务是确保学生以目标中要求的最为复杂的认知过程对评估任务作出反应的主要方法。

评估和分类表。继续以上面的例子为例,让我们假设这名老师确定她既关心学生获得正确的答案,也关心学生运用正确的程序。这名教师实质上将评估看作形成性评估。她给学生们出了十道电学和机械学问题,让他们解决每一个问题并展示自己的工作。

正如我们为目标和教学活动所做的分析,我们可以按照分类表考察评估。在这个例子中,我们将关注评分。对于 10 个问题中的每一个问题,"选择正确的程序"会得到分数。教师的评分规则要求学生能够对问题进行正确的归类(**理解概念性知识**,1 分),选择合适的定律(**分析概念性知识**,1 分),选择遵循定律并可能解决问题的程序(**分析程序性知识**,1 分)。由于教师认为程序和结果同样的重要,所以她为选择正确的程序解决每个问题打 3 分,为获得正确的答案(也就是**实施程序性知识**)打 3 分。我们分析的结果可以再次根据分类表加以总结(见表 6-3)。

(四)一致性问题

由于表 6-1 和表 6-2 中的条目都再现于表 6-3,我们可以聚焦于表 6-3 来阐述一致性问题。特别是你可以考察含有目标、教学活动、评估以及三者不同组合的单元格。那些包含一种目标、一项或多项教学活动以及某方面评估的单元格显示出高度的一致性。相比较而言，那些仅包含一个目标或者仅一项活动或者仅仅某方面评估的单元格显示出的一致性就很差。然而这种解读要求做出一个基本的假设。由于这个填写的表格代表我们的推论，因此我们必须假设我们在目标的陈述、教学活动的分析以及评估任务的考察上作出的推论是合理而有效的。这种假设可以使我们从不一致中鉴别出错误的分类。

表 6-3　将目标、教学活动和评估任务置于分类表中

知识维度	认 知 过 程 维 度					
	1. 记忆	2. 理解	3. 运用	4. 分析	5. 评价	6. 创造
A. 事实性知识						
B. 概念性知识		活动 1；测验 1A	**目标**	活动 2；测验 1B	活动 7	
C. 程序性知识			活动 3；测验 2	[重新关注目标——见本书第 89 页]测验 1C	活动 6	
D. 反省认知知识	活动 4		活动 5			

表例
目标＝"学生应该学会使用电磁学定律（诸如楞次定律和欧姆定律）解决问题"；
活动 1＝旨在帮助学生对问题进行分类；
活动 2＝旨在帮助学生选择合适的定律；
活动 3＝旨在帮助学生实施恰当的程序；
活动 4＝旨在帮助学生回忆反省认知策略；
活动 5＝旨在帮助学生实施反省认知策略；
活动 6＝旨在帮助学生核查他们的程序实施；
活动 7＝旨在帮助学生评判解决方案的正确性；
测验 1A，测验 1B 和测验 1C＝与每一道题解题的程序方面相联系的单元格；
测验 2＝与正确答案相联系的单元格。

　　如果我们假设正确的分类来自于这三种资源（也就是目标的陈述、教学活动和评估），那么表 6-3 提供了三者一致和不一致的证据。例如，单元格 C3（**运用程序性知识**）包含一项教学活动和一个评分点。如果目标的分类恰当，与我们先前讨论的相符合，那么这将提高这种一致性。同样的一致性也出现在 B2 和 B4 单元格上，它们也含有一项教学活动和一个评分点。

　　查看表 6-3，我们同时也看到了来自这三种资源的不一致。

●　在目标陈述中，动词与名词存在着分离。**实施**的别名"使用"与**运用**这个类目相联系(见表5-1)。**程序性知识**通常与**运用**相联系。我们带着这种想法着手分析名词短语"电磁学定律"。因此,我们应该关注运用定律解决问题的程序——**程序性知识**,而不是关注作为**概念性知识**的"定律"。根据这种对程序而不是定律的"重新关注",目标应该归入到单元格 C3(**运用程序性知识**)而不是单元格 B3(**运用概念性知识**)。这种归类使单元格 C3 一致性最强:目标、教学活动和评估都呈现其中。

● 包含的教学活动没有评估,因此没有为学习问题的诊断提供任何信息。例如表6-3中的**活动**4(当学生解决每一问题时,他们应该记住核查他们的过程),**活动**6(学生确定是否满意他们的过程),**活动**5(如果需要,学生根据他们的"过程核查"作出修正)和**活动**7(核查最终解答的准确性)。四种活动都与工作"进程"的回顾过程有关。单单询问学生他们是否已经作过回顾,这就将加强此做法的重要性。而且,个别地询问那些报告已作过回顾却仍旧做错的学生,可能帮助他们发现自己工作中的错误以及他们通常如何处理这样的问题。

● 教学活动中没有强调根据问题解决的过程评分(单元格 C4),或者即便强调了却没有与陈述的任何目标相联系。

根据运用分类表的分析,教师可以在目标的陈述、教学活动或评估任务或评价标准上作出改变,以提高它们之间的一致性。

四、目标分类中存在的问题

因为无论目标是已经陈述的、暗含于教学活动之中的或者从评估中推论的,其分类都需要作出推论,因此许多实例表明分类工作并不简单。原分类学《手册》的编者注意到了目标分类中固有的问题。我们提出这些问题:

● 我从事的分类表的具体水平是最有用的吗?

● 对于学生先前的学习我做出正确假设了吗?

● 陈述的目标描述了预期的学习结果而不是描述作为实现目的之手段的活动或行为吗?

(一)具体水平的问题

正如我们在第14页所讨论的,教育目标可以按三种具体水平来书写。它们可能是通过一年或多年来达成的一般纲要目的,一门特殊课程目标或课程某单元的目标或者是单元中一节特殊课时目标(Krathwohl, 1964; Krathwohl & Payne, 1971)。分类学在计划课程或单元水平的教学和评估时是最有用的。但是正如我们在案例分析中所展现的,分类学对日常的课时水平的学习活动和评估任务也具有启示意义。

对目标具体性的一种有用测试是,问你在阅读目标后是否能想象学生达成目标的行为表现。"为了说明她或他学到了我意欲让他们学习的东西,学生将必须能做什么?"如果你想象到了多种不同的表现,那么你也许应该问:"什么表现最好地代表了目标的达成?"把宽泛的目标压缩到更为具体的目标以区分这种核心表现需要用到分类表。

例如,考虑这样的宏观目标:"学生应该学做民主国家的一个好公民。"当你试图想象掌握这一宏观目标学生的行为时,什么景象浮现在你的脑海中? 也许有许多情形:选举? 保护少数民族的观点? 接受大多数人同意的规则? 这些情形中的每一种都表明了更为具体的目标,它们结合起来能够帮助学生实现宽泛的公民目标。一个例子可能是:"学生将学会多种解决群体冲突的策略(例如表决,调解)。"较具体的目标最适合运用分类表。

(二) 先前的学习问题

为了对目标作出正确的分类,你必须对学生的先前学习作出假设。当学生经历某种她或他先前经历过的教学活动或评估任务时,这种情况最为明显。在这种情形中,旨在引起更为复杂的认知过程(例如**分析**)的活动或任务将不能产生这样的分析活动,因为学生只需**记忆**先前的经验。如果我们希望学生学会**分析**,我们必须确保教学活动和评估引起预期的复杂过程。

同样的道理,一个目标可能随着年级的增长而归入不同的认知过程类目。在较低年级中更为复杂的目标可能在较高年级中变为不复杂的目标。例如,三年级中的一个数学目标,为了仔细地挑选出解决某个特殊问题类型需要什么,这需要**区分**,而在四年级可能只需**实施**,因为问题类型的识别已经变得常规化。到五年级,同样这个目标可能只需**执行**了,因为问题解决几乎达到自动化。到六年级,这个目标可能只需简单的**回忆**,因为所有可能在教学和评估中使用过的共同的问题类型学生都已经接触过。

因此,为了达到目标分类的一致,教师对于学生先前的知识必须有一些了解或者作出某种假设。当没有任何可参考的具体群体和(或)年级水平而对抽象的目标加以分类时,或者如果没有学生先前学习有关的信息而运用分类表时,这可能是一个最为常见且最难于克服的问题。

(三) 目标和活动的区分

在运用分类表时,你有时会发现很容易陷入试图对学习活动而不是预期的学习结果进行分类的模式。为了检验这个框架,我们中有人提出一个动词,例如"估算",并问其应该属于哪个类目。最初,我们发觉难于对"估算"进行分类。可是当我们把它与知识配对以至于成为一个目标时,分类变得简单得多。请考虑下面的目标:"学生应该学习估算两个大数的乘积。"这个目标将学生学习还原为三步骤的程序:(1)将接近于 10 几次幂的数凑整;(2)将保留下来的一位非零的数相乘;(3)恰当地加上零的个数。在这个内容中,估算意味着**执行**估计的程序或者说**运用程序性知识**。

有时我们当中有人提出一个诸如"乱写乱画"这样无聊的活动,并问应把它置于何处。"乱写乱画"不仅不可能出现在教育目标中,即便它出现,也必须把它放在知识的情境中加以分类。例如,"当研究一个困难问题时,学生将知道乱写乱画帮助他或她来暂时缓解压力。"这是**反省认知知识**中的一种策略。"知道……"这个短语要求的是简单的**回忆**(即"知道")。那么这个目标将采取**记忆反省认知知识**的形式。要点是,当把这个目标放在知识的背景时,试图对"乱写乱画"进行分类才是有意义的,缺少这个背景,分类没有意义。

我们在这一方面指出最后一点:许多动词,特别是那些与不需要的学生行为(例如破坏,煽动)相联系的动词不可能包含在教育目标的陈述之中。因此,它们在我们框架中的分类没有作用。

五、某些有用的提示

根据该领域中存在的问题以及结合我们的经验,我们提供了四种有助于你的目标分类正确性的提示:(1)考虑动词和名词的结合;(2)将知识类型和过程相联系;(3)确定你使用的名词或名词短语正确;(4)依赖多种信息来源。

(一)考虑动词和名词的结合

正如我们前面提到的,动词本身容易产生误导。考虑一下这个目标:"学生应该能够识别小说中使用的多种文学修辞方法(例如明喻、暗喻、夸张、拟人、压头韵)。"(译者注:压头韵属于英文修辞)。很明显,动词是"识别"。在表 5-1(见封底内页)中,识别是**再认**的别名,它在**记忆**这一过程类目中。可是如果我们把它作为**记忆**目标,它并不恰当。更仔细地审视这一目标,表明这一目的是让学生学会识别小说中修辞方法的例子。找例子是**举例**,它与**理解**这一过程类目相联系。这种推论与文学修辞是概念(也就是具有共同属性的事物类别)这样的事实相一致。那么更合适的目标形式是**理解概念性知识**。

（二）将知识类型和过程相联系

对于涉及**记忆**、**理解**和**运用**的目标，通常存在过程类目和知识类型的直接对应。例如我们真正希望学生能回忆事实（**记忆事实性知识**）、解释原理（**理解概念性知识**）和执行算法（**运用程序性知识**）。

然而当目标涉及**分析**、**评价**和**创造**时，过程类目和知识类别的对应很少能预测。例如请考虑**评价概念性知识**。我们通常不希望学生学习**评判**（**评价**）一套标准（**概念性知识**）。相反我们希望他们学习<u>基于</u>或<u>按照</u>这种标准来评判**某些事物**。这里的某些事物可能是某个科学家提出的假设或者是立法者建议的某种问题的解决方案。评价依据的标准可能分别包括合理性和成本效用。因此**评价概念性知识**在本质上成为[基于]**概念性知识**来**评价**或者按照**概念性知识**来**评价**。

现在请考虑**创造**。同样我们希望学生学习**创造**某些事物——诗歌、新的问题解决方案和研究报告。在创造过程中我们通常预期学生依赖一种以上的知识类型。例如，假设我们希望学生学习撰写关于美国历史名人的原创性的研究报告，这种撰写依据的主题和支持性细节来自于历史上名人的材料。我们可以将这个目标归入**创造**（撰写原创性的研究报告）**概念性知识**（主题）和**事实性知识**（支持性细节）。这种分类不仅令人迷惑而且似乎是不正确的。我们没有必要让学生**创造概念性**和**事实性知识**。然而我们希望他们[基于]**概念性**和**事实性知识**来**创造**[原创性的研究报告]。正像先前**评价**的这个例子，学生是基于某种知识进行某些事物的**创造**。伴随着**创造**，学生可能良好地随意运用所有知识（**事实性的**、**概念性的**、**程序性的**和**反省认知的**）。

这里的要点很简单但很重要。当目标涉及三种复杂的认知过程时，知识为认知过程提供了基础，而且认知过程常常需要多种知识类型。这种思想在后面若干个案例中都将加以举例说明。

（三）确保使用正确的名词

在我们致力于不同的分类表的草稿时，我们经历了目标陈述中的名词和名词短语不能帮助我们确定恰当的知识类型的情形。通常，这些目标表明复杂的认知过程类目（也就是**分析**、**评价**和**创造**）。请考虑下面的例子：

- 学生应该学会列出教科书中的课文的提纲。
- 学生应该学会评判针对社会问题所提出的解决方案。
- 学生应该学会为不同的剧目设计背景。

在每个例子中，动词很容易识别而且非常容易分类。列提纲是**组织**[**分析**]的别名，**评判**与**评价**相联系，设计是**建构**[**创造**]的别名。这些例子中的名词是"教科书课文"，"针对社会问题提出的解决方案"，"不同剧目的背景"。在对这些目标正确的分类之前,这些目标遗漏之处以及必须明确的地方是学生组织课文(例如组织原理),评判提议的解决方案(例如评估标准)或者是计划背景(例如设计的参数)所需的知识。

让我们考虑第二套目标：

● 学生应该学会分析艺术作品中运用的素材与情调处理之间的关系。

● 学生应该学会根据"吸引力"有关原理的观点评价电视上看到或者报纸杂志上读到的广告节目。

● 学生应该学会为某些物种设计确保它们生存的栖息地。

与第一套目标相似,这三个目标分别关心**分析**、**评价**和**创造**。然而与第一套目标不同的是,目标中包含了所需要的知识(如下划线部分)。在第一个目标中,学生需要素材运用和情调处理之间的关系的知识。在第二个目标中,学生需要与"吸引力"有关的一套原理的知识。最后,在第三个目标中,学生需要足够的有关特殊物种的知识因而才能设计确保它们生存的栖息地。这里的要点是,并非所有的名词和名词短语都能按照知识成分提供进行恰当目标分类的有用线索。特别是那些关注培养复杂认知过程的目标,这种与知识有关的线索可以在下面找到：

● 认知过程自身的定义或描述(例如,见第70—71页对**区分**的讨论)；

● 评估所使用的评价标准或记分规则。

如果这些资源中的任何一种都没有给出线索,那么就需要进一步澄清或清楚地说明目标陈述当中的知识。

(四)依赖多种信息来源

当我们开始分析后面的教学案例时,我们认识到,当我们考虑多种信息来源时,我们对单元目标的理解会深入。这些多种信息来源是：目标的陈述、教学活动、评估任务和评价标准。在一个或多个目标有点含糊或者与我们可以简单分类的目标相比更为宏观的情形中,多种信息来源特别重要。多种信息来源的价值在后面的教学案例中可以看到。不过,在我们分析个别案例之前,我们在下一章探究这些教学案例如何被整合在一起,它们是什么样子的以及如何分析它们。

第 七 章

教学案例介绍

基于在原《手册》的工作上积累的大量经验，我们认为，像分类表这样的框架需要大量的例证和讨论，才能被完全理解并最终应用于课堂教学中。为了达到这个目的，我们开发了六个教学案例（见表7-1）。

表7-1 我们所搜集的案例

章次	题 目	年级水平	学科领域
8	营养	五①	健康
9	《麦克白斯》	十二	英国文学
10	加法事实	二	数学
11	国会法案	五	历史
12	"火山？在这里？"	六—七	科学
13	报告的写作	四	语言艺术

总的来说，选择这些案例是为前面几章提出的命题提供支持，并说明分类表中的主要概念和元素。这一章的目的是描述我们所搜集的案例，指出它们的中心成分，并指明分类表是如何应用于帮助理解课堂教学的复杂性的。随着理解的加深，可能带来改善课堂教学质量的机会。

一、对案例的描述

首先来说明案例**不是**什么，这是有好处的。第一，它们

---

① 译者注：在第八章教学描述中为二年级，这里可能有误。

不一定代表"最好的实践"、出色的教学或供别人接受或效仿的教学模型。以这种评价的眼光来看这些案例会破坏我们把它们放到本书里的目的。我们奉劝读者不要去评价这些教学案例,而是把它们看作是由教师撰写的包括在更大的课程单元里的教学事件的集合②。对读者来说,问题不在于这些案例是否代表好的或坏的教学,而在于分类表是如何能帮助读者带着改善教师的教学和学生的学习的目的来理解教师描述的目标、教学活动和评估的。

第二,这些案例当然不能代表世界上所有国家的所有科目在所有年级水平上的课堂教学方法。换一种说法就是,这些案例意在例证,而不是面面俱到。然而,我们相信我们对案例的分析能使读者学会分析自己和他人的学习期望、教学和评估,并且能使他们根据希望学生学习的东西来选择更合适和更有效的可替代的教学和评估的方法。

在讨论了案例不是什么之后,我们现在转向它们是什么的讨论。第一,也是最重要的是,这些案例都是真实的。它们代表了美国学校在业教师所教授的课程单元。这些案例的最初草稿从非常简洁的到很扩展的——接近 20 页。由于空间的限制,长的案例都被编辑过了。尽管如此,它们都包括了对课程单元的本质描述,并且是以授课教师的语言来描述的。

第二,这些案例都具有高水平的逼真性。它们抓住了课堂教学复杂性、含糊性和争论性等特性。这些特性会增加读者对于这些描述的惊叹,并让我们表明分类表的有用性。短时间的简单线形教学只需要作很少的这样的分析。

第三,我们让教师来描述课程单元,而不是描述简单的一两天的课。到下一部分就能看出我们这样做是很明智的。

二、课 程 单 元

一个课程单元包括一个或更多的需要两三周才能完成的教育目标。如果教育目标不止一个,那么它们就以某种方式,通常是以包含在同一主题下的方式(例如,第八章,营养;第九章,《麦克白斯》;第十二章,"火山? 在这里?")相联系。各学科间的单元(例如,飞机的单元包括历史、科学、数学和文学)和综合的单元(例如,第十一章,国会法案;第十三章,报告的写作)也是课程单元的例子。在一个课程单元里,会包含很多教学目标,每一个教学目标都是和持续一天、两天或三天的课相联

---

② 第十二章"火山? 在这里?"案例由一名经验丰富的教师教授,但这个案例由 Smith 博士准备。Smith 博士对作为国家科学基金项目一部分的单元教学进行了观察。

系的。在其他情况下,无教学目标陈述(尽管它们可能是内隐的)。

对课程单元的关注比起对日常课堂的关注来说有四方面优点:第一,课程单元能提供完整学习所需要的时间。这些时间能够帮助学生看清观点、材料、活动和主体之间的关系和联系,也就是,单元结构帮助他们既看到森林又看到树木。

第二,课程单元在可用的时间里提供更大的灵活性。假如一个教师用完了这一天的时间,活动可以在第二天接着完成。课程单元里"灵活时间"的可用性是很重要的,因为像我们将在案例中看到的,活动并不总是按计划实施。课程单元使教师能适应这些课堂现实。

第三,课程单元提供了能解释日常目标、活动和评估的情境。例如,一节写陈述性句子的课放在写作单元的情境中更好理解。类似地,理解比率和比例的概念放在绘画和雕塑的课程单元的情境中更好。

最后,大一点的课程单元为发展和评估学生复杂学习目标的教学活动提供足够的时间。学生通常需要更长的时间去学会包括**分析**、**评价**和**创造**的目标。

三、案例描述中的中心成分

为了提供一个案例间可以比较的一般的结构,每个案例开始时都有一个对课堂情境的描述,然后每个案例被分成三个主要的成分:(1)目标;(2)教学活动;(3)评价。每一个成分都有一系列的问题来指导教师对案例的准备。

对课堂情境的描述和目标的成分,我们的问题如下:

- 单元目标是什么? 它们是怎么确定的?
- 单元是怎么适合更大的计划(例如,州的标准或测验项目、地区课程、以前或以后的单元、学生的年龄或年级水平)的?
- 教师和学生可利用什么样的材料(例如,教材、软件、地图、录像)和设备(例如,计算机、电视、图书馆设备)?
- 某一单元分配的时间是多少? 教师是基于什么来决定单元的临时长度的?

对于教学活动成分,我们将向教师提问下列的问题:

- 单元是怎么介绍给学生的(例如,把这一单元的总体概况介绍给学生吗? 这一单元的目的和学生讨论吗?)?
- 在某一单元里学生参与什么样的活动? 为什么选择这些活动?
- 给学生分配什么样的任务? 为什么选择特殊的任务?
- 怎么指导学生在这些活动和任务上的参与和成功?

最后,对于评价成分,教师们需要考虑如下的问题:

● 怎么确定学生实际上是否在学习? 怎么评价学生所学的知识?

● 是否用评分规则、评分要点、评分指导和评分标准来评价学生的工作质量? 如果是的话,用了什么? 怎么用的?

● 如何告诉学生他们在这一单元上做得怎么样?

● 评分决策是怎么做的? 用了什么评分标准?

教师被告知这些问题是指导,而不是要求。即使是对这些案例的粗略的观察也能够表明我们用这些问题的目的正是这样。并不是所有的问题都跟所有的教师有关,教师们也不必描述他们认为无关的问题。然而,不管所考虑的问题是什么,每一个教师都对四个中心成分做了恰当的全面描述。在这六个案例中,这些成分是按固定的顺序呈现和讨论的:课堂教学情境、目标、教学活动和评价。

我们必须强调,这个顺序并不是想表达对于计划的一个线性观点。我们知道,研究表明教师们通常是从教学活动开始他们的计划,而不是从目标或评价开始的。我们认为计划可以从以下三个成分中的任何一个开始:目标、教学活动或评价。"目标驱动"的计划开始于详细说明教学目标。"活动驱动"的计划最初强调的是教学活动。最后,一个持"测验驱动"观点的教师通常从关心评价开始教学。然而,不管出发点是什么,事实上所有的教师也都很关心另外两个成分:支持教学所需的教学材料和单元可利用的时间。

我们预期,对单元内教学活动的描述可能采用不同的形式。一种形式是按时间顺序传达随着单元的推进每天课堂上所发生的事件年代表。另一种方式顺序性差一点,是情节式的,它只描述关系重大的显著事件。大部分教师主张这两种方式的结合,也就是在时间顺序的框架里关注显著事件。

四、用分类表分析案例

我们以通读教师们的描述来开始我们的分析,从中搜索能使我们在分类表情境下理解这些描述的线索。和我们的目标结构(见第二章)相一致的是,这些线索主要是由名词和动词组成。像我们在第六章里说过的,我们用表 4 - 1(见封面内页)来理解遇到的名词,用表 5 - 1(见封底内页)来帮助我们理解动词。

前面用**线索**这个词是有目的的。我们在任何时候都不敢确切地肯定一个具体的描述性的元素适合放在分类表的哪个地方。有时随着我们往下读案例,发现最初的定位变得越来越清晰和合理。而另外一些时候,后面教师的描述又与我们最初的定位相矛盾。

为了理解我们所说的问题,请看下面的例子。在营养教学案例(第八章)中描述的一个目标是让学生"习得吸引力的分类图式的知识,吸引力是广告作者在写广告词时考虑的描述的共同对象"。在认知过程系列中找不到"习得"这个词。然而,"分类图式"这个短语表明的是**概念性知识**。在这一点上,我们认为"习得"意味着**记忆**或**理解**,于是我们就做出了这个目标在分类表上最初的分类,也就是**习得**或**理解概念性知识**。

带着最初的定位,我们继续看教学活动的描述。教师南希女士在单元开始时呈现了由商界人士书写的六个"吸引力"(即方便、经济、健康、爱/钦佩、敬畏和适宜/愉快),然后让学生们记住这个六个吸引力的**名字**。因为重点是吸引力的名称而不是它们的**分类**,所以我们把这项活动归入**记忆事实性知识**。请注意,这种对**事实性知识**的重点和我们最初基于目标陈述的定位不相匹配。不久之后,学生接触了大量的正例和反例,并被要求举出例子来证明他们的理解。正例和反例的运用表明了两点:第一,类目正在形成;第二,学生们正在参与**举例**。因为知识的类目是**概念性知识**,而**举例**是和**理解**相联系的,所以目标应该被推断为**理解概念性知识**。这个推断是部分地和我们最初的定位一致的(重点是**理解**而不是**记忆**)。

最后,我们转向评估。南希女士对这个目标用了两种评估任务。在第一种任务中,她要求学生去"识别一个商业广告,描述它,再把它归因于广告设计者在寻求哪种吸引力(即吸引力的类型或类目)"。在第二个任务中,她要求学生去"为一给定产品设计一段广告语,使之与她(教师)给出的吸引力(类型)相匹配"。为了很好地完成这些评估任务,学生需要做的远比记忆这六种吸引力的名称(即**记忆事实性知识**)要多得多。他们需要在它的定义性特征或属性方面来理解每一种吸引力,这样才能正确地把新的例子放在合适的类目里(任务 1),或者他们需要在给定的类目里提出新例子(任务 2)。总之,来自目标、教师活动和评估中的线索促使我们相信,南希女士的目的是让学生学会**理解概念性知识**(即分类表里的 B2 单元格)。

以同样的方式,我们一个成分一个成分地读了每一个案例。在每个成分里,我们特别关注那些很可能给我们提供必要线索的元素。表 7-2 总结了这些元素。

在目标成分里,我们关注对一般目的、包括的主题系列和明晰的目标的陈述。例如,在国会法案案例(第十一章)中,教师的一般目的是"把学生说理的论文与他们在历史人物和事件的知识整合起来"。动词"整合"及名词"说理文写作"和"历史人物和事件的知识"为我们在分类表中定位所期望的学生的有意学习提供了线索。类似地,在"火山?在这里?"的案例(第十二章)中,教师指出这一单元是建立在"地质学的主导研究范式,板块构造学说"的基础上的。与这个单元题目相结合,这一陈述为该单元提供了清晰的课题重点——板块构造理论在解释火山活动中的作用。课题重点帮助我们把目标定位在分类表中恰当的行(即知识类型)中。然而,在只有课题定向的情况下,把目标定位在恰当的列(即认知过程类型)中,实际上是不可能的。

表 7 - 2　与案例的分类学分析相关的元素

成　　分	元　　素
目标	一般目的/宗旨
	陈述的目标
	课题
教学活动	教师的评论
	教师的提问
	学生的任务
评估	评估任务(例如,测验项目和组合要求)
	评分要点、评分指导和评分规则
	评价标准

　　在教学活动成分里,线索是由教师的评论(尤其是把活动介绍给学生的方式或对活动的描述)、教师问学生的问题(和学生问教师的问题)、教师给学生分配的作为活动一部分或延续的任务等这几个方面来提供的。例如,在加法事实案例(第十章)中,教师告诉学生:"如果你们学会了'加法事实家庭'中的一个事实(如 3＋5＝8),就会知道另外一个(如 5＋3＝8)。所以,事实家庭使记忆任务变得容易,因为他们只需记忆一半的事实。"从第一句陈述我们知道,教师在运用类目(即事实家庭)来减轻学生的记忆量。类目知识本身是**概念性知识**。然而,跟营养案例不同的是,这种分类并不意在帮助理解。所以,目标**不是理解概念性知识**。而是像教师在第二句话里说的,分类是为了减轻学生的"记忆负荷"。这里的动词很清楚,就是"记忆"。然而,这次活动的最终目标是让学生记忆加法事实(即**记忆事实性知识**)。随着我们阅读案例的剩余部分,我们的注意力转向教师确定的**事实性知识**和**概念性知识**及**理解**和**记忆**之间的有趣的关系上。

　　在《麦克白斯》这个案例(第九章)中,线索来自教师提问学生的问题。例如,她在指导第二幕的讨论时,问:"为什么麦克白斯拒绝回到邓肯的房间里去把带血的匕首隐藏在卫兵身上?"为了回答这个问题,学生们必须寻求一个特定的行为的(确切地说是无行动(inaction))背后动机。也就是,他们必须建构一个心理模型,以便根据单方面或多方面的原因来解释这个无行动(inaction)。所以,我们把这个问题归类为说明,而说明是和认知过程维度的**理解**相联系的。

　　最后,在评估成分里,线索既来自于评估的任务,也来自于用来判断学生的表现的评价标准(如等级量表、评分规则等)。在国会法案案例(第十一章)中,教师为学生提供了一个评价表格用来评价他们的社论,这些社论是从历史人物的视角来写的。这个表格包含了一系列的评价标准(例如,学生至少找出三条理由来支持人物的观点,其中至少有一条不是来自课本或课堂讨论;这些理由必须符合人物特点和具有历史的准确性)。总之,这些标准既关注**事实性知识**(如历史的准确性,来自课本或课堂讨论的理由),又关注**概念性知识**(如符合历史人物特点,至少一条理由不是来自课本或课堂讨论)。当这些标准放在整个案例的情境中进行考察时,我们就可以认为期望学生**记忆事实性知识**和**理解概念性知识**。

最后,在加法事实案例(第十章)中,最终的评估是对加法事实的限时测验,评估的"限时"方面提供了另外一个线索,就是教师关注的的确是记忆。那些试图运用单元活动中包含的各种记忆策略的学生在限定的时间里是完不成测验的。因此,主要的单元目标是回忆加法事实(即**记忆事实性知识**),所有的活动都是以不同的方式来帮助学生达到这个目标。

五、分析过程概要

经过大量的讨论、尝试、错误和修正之后,我们得出了一个分析案例的四步程序。第一步,确定和强调案例中适用于在分类表中分析的元素。表7-2中的条目在这方面很有用。第二步,需要我们关注相关的名词和动词。经过多次查阅表4-1(找名词)和表5-1(找动词),我们草草记下了关于知识类型和认知过程的"最佳猜测",这些知识类型和认知过程是隐藏在教师所描述的目标、教学活动和评价中的。如果可能和有用的话,我们对这种"最佳猜测"在分类表中做了一个试探性的定位。实际上,我们完成了三个不同的分类表:一个是为了分析目标的陈述,一个是为了分析教学活动,一个为了分析评估。第三步中,我们重新阅读了我们全部的笔记和案例描述中的相关部分,来看看我们能否做更好的猜测。几乎在所有的例子中,我们都发现这种重新阅读和重新检查非常有用。我们修正了我们的笔记和分类表中的相应部分。最后,我们检查了这三个表的一致性,比较了目标、教学活动和评估的分类,来确定它们是否一致。完成这些分析之后,我们把我们的笔记转换成后面案例章中的描述形式。

到了最后一步我们才开始着手解决教师在计划和实施单元时面临的一些主要问题和担忧。这些将在第十四章里讨论。并不奇怪的是,我们找出的这些问题和担忧已经困扰教师一段时间了。我们相信,对这些关键问题和担忧进行慎重的考虑,认真并持续不断地尝试着去解决它们,会对教育质量的提高带来很大帮助。

六、案例各章的组织和结构

像前面提到的,我们会对案例使用一个一般的格式,让读者既能理解每一个案例,又能在案例之间进行比较。

像这一句一样,由教师准备的每个案例的描述部分,都是以相同的字体和字号大小来打印的。左边的页边空白的插入也跟这一段相同。

你将会周期性地碰到在我们的分析基础上的一段评析。所有这样的评析都是以格式相同的标题来开头的。

在每个主要成分(即目标、教学活动和评价)后面,我们将根据分类表来总结我们的分析。像前面提到的,最终结果是每个案例有三个完整的分类表。第一个总结了我们在目标基础上的分析。**目标**是用**黑体字**来指出的。第二个总结了我们在教学活动基础上的分析。*活动*是用*斜体字*来给出的。为了便于比较,**目标**在第二个分类表中继续用**黑体字**。第三个表总结了我们在评价基础上的分析。评价基础上的分析将以常规字体呈现。同样,**目标**(**黑体字**)和*教学活动*(*斜体字*)的格式继续沿用。

我们通过检查下面四个指导性问题来结束对每一个案例的讨论:学习问题、教学问题、评估问题和一致性问题。关于教师设计和实施的单元,我们也提出了若干的"留下的问题"。这些问题能够作为案例中描述的这一单元的开放式讨论的"起始点"。

为了让读者适应,在第一个案例(第八章,营养)中我们把分析过程描述得很详细。我们所用的线索都是用黑体字来标明的。这些线索之间的具体关系和我们对它们在知识类型和具体认知过程方面的分析都很明显。另外,我们强调了具体认知过程(如**分类**)和过程类目(如**理解**)之间的联系。最后,我们描述了我们进行分类背后的理由,我们相信这种描述是必要和适当的。

在第五章我们用标准的动词形式来指代过程类目,用动名词来指代具体的认知过程。在案例中,我们为了遵循基本的语法规则会时不时地偏离这种区别。然而,我们一直都把六个过程类目的每个首字母都大写,这样就与那十九个没有大写的具体认知过程区分开来。两者都是斜体的。*

---

* 译成中文后,无法区分原有的首字母大小字,但保留了斜体,请读者谅解。——编辑注

七、结 束 语

在这一章结束时,我们提醒读者注意案例的目的。尽管我们希望这些案例能提高我们的框架和方法的可信度,但是它们的主要目的是促进读者的理解,进而能提供一种最终改善学生所受的教育质量的方法。

第 八 章

营养教学案例

本教学案例是为期两周的教学单元,由南希女士开发并执教,内容与商业有关。这一部分的内容与营养学有关,这是一个为期九周的大单元的一部分。

最近,我给二年级学生(男 13,女 13)班级教授了本单元。一般而言,学生容易分心,但当他们沉浸于做一件事时,无论是否与学校有关,他们都很激动、热情。本单元在学期末教授,以利用学生在一学年来的经历中所获得的学习技能与合作学习倾向。这是已经习得的经验。

本单元计划每天上课 30 分钟。有些天,当学生全神贯注于某一活动时,我延长了单元安排的时间;在另一些天里,当一天的任务大约在 30 分钟后已完成时,我们的注意力离开广告和营养单元,直到第二天才回到该单元。

一、目　　标

为本单元设立四个目标。期望学生:

1. 习得"吸引力"分类图式的知识,吸引力是广告作者在写广告词时考虑的描述的共同对象;

2. 考查广告对自己的感受和理解产生的影响;

3. 根据与吸引力有关的一组原理,评价从电视上看到的和从报纸、杂志上读到的广告;

4. 为普通食品创作一条广告,以反映你对怎样设计广告去影响潜在用户的理解。

评析 通过寻找目标陈述中的线索,我们开始对本案例分析。在第一个目标,主要线索是词语"吸引力的分类图式"。据知识维度,分类图式的知识是**概念性知识**。动词短语"习得……的知识"与认知过程的关系含糊,可能指记忆、理解或其他过程。在此,我们不做判断并寻求更多的信息。

在第二个目标,主要线索来自动词"考查"和"理解"。在表5-1中,**考查是评价**中的认知过程。表面上,"理解"与新分类表中的**理解**水平相对应。但在此我们不能保证教师是否以分类表中的含义来应用这个词。但我们初步假定,她在这样应用。据知识维度,重点似乎在于学生关于自身的知识(即学生受广告影响的方式)。重点在于自身,这便暗示了**反省认知知识**。

在第三个目标,预期学生"根据一套原理"评价广告的吸引力。用分类表的语言来看,原理的知识属于**概念性知识**(见表4-1)。从目标看,原理成了评价标准。重要的是要指出:目标中的"名词"是原理,而不是广告,广告只是用于教授此目标的材料(鼓励读者重读我们在第15—16页上关于这种重要差异的讨论)。

在第四个目标,重点是根据学生对"广告设计怎样影响潜在用户的理解"创作广告。动词是"创作"。与第三个目标一样,名词不是广告,而是对广告怎样设计的理解。我们暂且把它归入**程序性知识**。

现在可以根据分类表重新陈述目标。学生应学会:

1. **记住**和**理解概念性知识**(即吸引力的分类图式);
2. **评价**和**理解反省认知知识**(即学生如何受广告影响)
3. **评价**[基于]**概念性知识**(即吸引力的原理);
4. **创造**[基于]**程序性知识**(即如何设计广告的知识);

我们将这些目标呈现在分类表的相应单元格内(见表8-1)。由于头两个目标中都包含两个动词,所以目标1和目标2分别置于表的两个单元格之中。

表8-1 基于陈述的目标按分类表对营养教学案例的分析

知识维度	认 知 过 程 维 度					
	1. 记忆	2. 理解	3. 运用	4. 分析	5. 评价	6. 创造
A. 事实性知识						
B. 概念性知识	**目标**1	**目标**1			**目标**3	
C. 程序性知识						**目标**4
D. 反省认知知识		**目标**2			**目标**2	

表例
目标1:习得"吸引力"分类图式的知识;
目标2:考察广告对自己的感受;
目标3:根据与吸引力有关的一组原理评价广告;
目标4:创作一条广告,以反映你对怎样设计广告去影响人们的理解。

二、教 学 活 动

在回顾了我们讨论过的**四类食品**和先前大单元中的**营养食物**(见本章末附件A)之后,我提及在电视上见到的食物。我指出,某些广告强调经济的观念(即努力说服人们相信买该产品会省钱);另一些广告强调方便(即努力说服人们相信买该产品将比其他产品省时、省力)。然后我小结说:这些都是广告对电视观众(潜在消费者)的**吸引力的例子**。

评析　我们再一次从教师对教学活动的描述中寻找线索(见上面的黑体字)。教师正在提供与第一个目标有关的各种**事实性知识**。此外,附件A的练习集中在**事实性知识**(如找出和圈出脂肪的克数,找出和圈出热量。)这些活动(1)为第一个目标做准备;(2)暗示**事实性知识**是第一个目标的重要成分。我们做出第一个选择,因为教师立即根据一类或几类吸引力讨论每类具体食物。

呈现了六个这样的吸引力例子。除**方便、经济**外,其余是**健康、敬畏、爱慕/钦佩**以及**舒适/愉悦**。以后几天,学生研究每一种吸引力的正、反例并举例说明自己的理解。

评析　在此,教师开始转移到**概念性知识**上。这种转移的线索是应用正、反例(一个公认的概念教学方法)。显然,南希女士要求她的学生习得包含六类吸引力的分类系统。除了她使用"理解"一词之外,这些活动澄清了第一个目标的含义:重点在于**理解概念性知识**。

为了评估学生在该计划中的概念学习情况,我请学生**描述一条广告**,然后把广告对观众的**吸引力归因于广告设计者**。或者,我**给出一种吸引力**作为提示,然后请学生为一产品**设计一段广告语,使之与那一吸引力相匹配**。

评析　这些任务也有助于我们理解第一个目标。第一项任务是一种形式的**分类**(将具体广告置于适当类别的吸引力中)。另外一个任务是一种形式的**举例**(为特殊类型的吸引力提供一个例子)。虽然两种认知过程同属**理解**这个类别,但二者不完全相同。

需要进一步考虑教师使用的一个短语:"归因于广告设计者。"这个短语暗示:学生没有按广告对他们产生的吸引效果将广告分类,而是根据广告设计者**想要**产生的吸引力将广告分类。如表5-1所示,**归因于**是与**分析**有关的认知过程,**分析**是比**理解**更复杂的类别。

有些学生在将广告与吸引力相匹配时是富于想象的和顺利的。另一些学生存在困难,至少从我的观点看,他们常将自己识别出来的吸引力作为广告作者对象的吸引力,明显不是对象。

评析 这是对学习问题的一种解释吗? 南希女士正在讨论与第一个目标有关的教学活动,但学生可能想到第二个目标,后者使他们意识到对他们的影响。与第一个目标一致,南希女士正在就作者设想的吸引力提问。然而因学生认识到,该单元也与第二个目标有关,他们可能未看到这种区别对他们的影响。因此,从分析的(归因的)框架思考的人,将很可能产生"适当的"分类;相反,根据自己的理解做出反应的学生,可能较少产生正确分类。

从这些练习,我能确定哪些学生掌握了用作营养广告的吸引力概念。要获得成功,学生不仅需要**回忆所有六种吸引力的名称**,而且**要充分理解吸引力概念**,才能将广告适当分类。

评析 南希女士在这里做出一个重要区分:学生也许能记住吸引力分类的名称(**事实性知识**),但他们也许不能将吸引力的例子正确分类(**概念性知识**)。南希女士所关心的是两类知识。因此与目标1有关的活动既指向**记忆**与**理解**;又指向**事实性知识**与**概念性知识**(见表8-2)。

我的第二个目标是要求学生考察广告**对自己的决策**的影响。我要求学生回答,各种**对他们思想**的影响。第一步是要求学生考虑与各种产品相联系的短语(见本章末附件B),然后反思那些广告**对他们的感受**的影响。

表8-2 基于教学活动按分类表对营养教学案例分析

知识维度	认 知 过 程 维 度					
	1. 记忆	2. 理解	3. 运用	4. 分析	5. 评价	6. 创造
A. 事实性知识	*目标1的教学活动*					
B. 概念性知识	**目标1**	**目标1**;*目标1的教学活动*		*目标1的教学活动*	**目标3**;*目标3的教学活动*	*目标4的教学活动*
C. 程序性知识			*目标4的教学活动*			**目标4**
D. 反省认知知识		**目标2**;*目标2的教学活动*		*目标2的教学活动*	**目标2**	

表例
目标1:习得"吸引力"分类图式的知识;
目标2:考察广告对自己的感受;
目标3:根据与吸引力有关的一组原理评价广告;
目标4:创作一条广告,以反映你对怎样设计广告去影响人们的理解。

评析　与第二个目标陈述的意图一致,这些活动侧重广告对学生自身的影响。原先的"匹配练习"(见本章末附件 B)是试图确定学生关于广告的**事实性知识**,教师提出的问题似乎是要刺激**反省认知知识**。

在班级讨论中,这样问学生:"听到这条广告时,**你怎么想的?**"当广告说,迈克·乔丹使用该产品时,广告**作者预期你想什么**? 在讨论中的这些评论、问题和观察充当与我们第二个目标有关的证据。

评析　第一个问题增强了我们的信念,即第二个目标强调**反省认知知识**的理解(也就是理解广告对学生的影响)。第二个问题超越了**理解**,要求学生从广告作者(设计者)的角度考虑广告(即归因)。这一问题增强了我们的如下信念,即教师要求学生通过对作者(设计者)动机的原因分析,来**分析**广告。这也与我们对与第一个目标有关的活动的评论相一致。

一旦学生掌握了吸引力这个概念,并自己讨论了这些吸引力的影响,我用录像机放映了三四条广告,以集体方式要求学生评价广告的效果如何。具体地说,请学生就广告的**吸引力、令人信服和喜爱的程度做出判断**。通过与教师合作讨论,**学生为"令人信服"的程度制定了标准**。该标准与原先的评分指导相结合。经过若干修改,评分指导变得更有利于学生重新登记他们对广告的评价(见本章末附件 C)。草稿中的主要差别是评分指出的最初形式过多反映我自己的语言,反映学生的语言太少。

评析　这里的重点转入**评价**。为了进行**评价**,学生必须掌握他们为了定义"令人信服的程度"而制定的标准(**概念性知识**)。我们必须再次强调,广告本身只是用作知识教学的材料;它们不是要学习的知识。南希女士清楚地要求学生将广告知识应用于课外和将来。

本单元最高水平的活动是让学生分成 2—4 组,集体创造他们自己的广告。每小组选择一种食品,并为该产品**准备一份暂时的广告计划**。这些计划将与班上另一小组分享,而且用**在评价广告时发展起来的评分要点来提供反馈**,同时提供较大单元前面的课中的营养概念。

评析　在表 5-1 中,**计划**是**创造**中的一个认知过程。因为学生要根据如何设计广告来影响潜在用户的知识计划他们的广告,该目标中的知识的成分属于**程序性知识**。又因为要根据清晰的标准来评价计划,所以也包括**概念性知识**。然而我们要将该目标纳入**创造**[基于]**程序性知识**。

在收到同伴和我对他们的计划的反馈之后,学生复述他们的广告,并向全班展示。随后小组向大批听众展示广告,听众中包括父母、教师和其他二年级班级。为了便于我在闲暇时仔细分析,学生在展示时,我将他们的工作用摄像机记录下来。

一旦所有广告展示完后,我又召集小组并要求他们**作小结:作为一个小组,在设计广告中做了哪些特别有用的事;要使工作做得更好,小组本应做什么事**。提醒学生,**不要责备小组中的成员**,而应侧重于记住集体工作过程中的那些对今后集体工作中有用的成分。每人向全班报告他们的思维产品,我则在广告纸上记录下全班提出的见识。

评析　我们认为,附件 C 中的评分指导提供了用于**评价**最后产品的标准。请注意南希女士避免用**评价**一词,而改用**分析**。显然评分指导需要分析;然而分析为评价广告质量提供了基础。除了在附件中包含的标准之外,还要求学生按照三条标准评价小组工作:(1)优点;(2)改进工作的方式;(3)避免相互责备。由于这些是"非知识"标准,我没有将它们按分类表分类。

在营养单元的这一最后部分,**每一活动的目的对学生来说更为清晰**,学生变得喜爱唱和(或)朗诵广告词,最终完成了他们的学习任务。

评析　学生自己了解了活动与目标(即根据所要求的学习结果的活动目的)之间的差异。

我们将 10 天的全部教学活动的分析概括地呈现在表 8-2 上。为了比较活动与所陈述的目标,表 8-1 中的目标用黑体字重新置于表 8-2 上。教学活动用斜体字表示。

三、评　　估

我用多种方式对学生进行评估。对于学生是否达到目标,班级讨论提供了有用的信息。当学生分组工作时,我在教室内巡视,监督他们的进步并进行考核,确保小组中每一个人为产品设计作出贡献。这些不引人注目的观察为我提供了学生进步的真实指标。

除监督学生进行讨论之外,我阅读学生的工作记录单,把它们作为学生研究的一部分(如他们为广告做的计划)。最后,为了表明理解了**与营养有关的原理**,学生准备了广告,我**对这些广告做了严格的评价**。

我给他们完成的班级工作和家庭作业评分。在整个单元教学中,我记录了每一位学生的努力,用符号√+、√、√-记到等级册中。

最后,学生就他们最终的广告和合作小组工作进行口头评价。在完成该单元之后,有时学生会评论他们在电视上看到的广告,而且在写到这个单元时,常常将其作为那一学年最喜爱的活动之一。

评析　南希女士关于评估的讨论大多数是属于非正式评估和等级评定。她仅为第一个目标开发了分别的评估任务。对于所有其他目标,她选择教学活动作为评估任务,也就是说,活动旨在帮助学生学习**和**允许南希女士评估学生的学习。教学活动的双重功能(促进学习与评估)对准备本书案例的教师来说是相当普遍的。

虽然这样有助于学生的等级评定,然而,因为评估的主要目的是使学生保持在"正轨上",所以认为这种评估是形成性的。

适合于按分类表分析的评估的一个方面是南希女士对学生所准备的广告的严格评价。用于评价广告的评分指导包含六条标准("评分要素")(见附件C)。第一个评分要素(A)属于广告对该单元(如营养)的适当性,所以未被分类。第二个评分要素(B)是与目标1表面联系的,重点不是识别吸引力类型(即**概念性知识**),而是广告是否吸引"需要"(更多的是情感考虑,而不是认知考虑)。第三个评分要素(C)是最直接与目标4中的知识(即**程序性知识**)相联系的。评分要素(D)与现实主义有关,而且与所陈述的目标只有表面联系,然而我们把它放置于B6单元格中(创造[基于]**概念性知识**)。第5条和第6条标准指广告的观众。广告使观众想要买食物吗?广告针对所设想的观众吗?如果有人假定学生把自身设想为观众,那么这些标准与目标2有关。

我们根据分类表所作的评估分析呈现在表3-2。为了便于比较,表8-1的项目(**目标**)和表8-2的项目(**教学活动**)都载入表8-3中。

表8-3基于评估按分类表对营养教学案例分析

知识维度	认　知　过　程　维　度					
	1. 记忆	2. 理解	3. 运用	4. 分析	5. 评价	6. 创造
A. 事实性知识	*目标1的 教学活动*					
B. 概念性知识	**目标1**	**目标1;** *目标1的 教学活动;* 评估1		*目标1的 教学活动*	**目标3;** *目标3的 教学活动;* 评估3	*目标4的 教学活动;* 评估4; 元素C,D
C. 程序性知识			*目标4的 教学活动*			**目标**4
D. 反省认知知识		**目标2;** *目标2的 教学活动*		*目标2的 教学活动;* 评估2	**目标**2	评估4 元素E,F

表例
目标1:习得"吸引力"分类图式的知识;
目标2:考察广告对自己的"感受"的影响;
目标3:根据与吸引力有关的一组原理评价广告;
目标4:创作一条广告,以反映你对怎样设计广告去影响人们的理解;
评估1=课堂练习—分类和举例;
评估2="高级"课堂提问;
评估3=录像带上的广告;
评估4=评分指导。
浓阴影表明了高度一致——目标、教学活动、评估全都出现在同一单元格中;浅阴影表明三者中的二者出现在同一单元格中。

四、总结性评论

在这一节,我们要根据下列四个基本问题考察该教学案例:学习问题、教学问题、评估问题和一致性问题。

(一) 学习问题

整个单元的目的对于学生来说,就是学会创造食品广告,以反映他们对如何设计广告去影响潜在的消费者的理解(目标4)。如前面有关教学活动的小结中提到的,该单元从目标1到目标4是累积而成的。从重点看,用于该单元的10天中有5天是为实现第四个目标服务的。而且只对第四个目标进行了测量和评价。

(二) 教学问题

有趣的是,教学活动的顺序与所陈述的教学目标顺序完全一致。也就是说,教学活动被用于使学生从**记忆**和**理解概念性知识**(目标1)到**理解**和**分析反省认知知识**(目标2)再到基于**概念性知识评价**广告(目标3),最后基于**程序性知识创造**广告(目标4)。

一般地说,南希女士设计让学生参加活动与其学习意图是一致的。她用正例和反例教各种(类别)的吸引力(**概念性知识**)。她给学生进行分类和举例说明的机会(**理解**)。在她追踪**反省认知知识**时,她运用所谓高级提问(如"你想到什么")。她与学生一道工作以确定用于评价广告的标准(**概念性知识**),而且学生从事运用标准进行**评价**的练习。最后是**创造**广告,她请学生准备计划,对计划提供与接受反馈,"以行动"复述计划,最终在几名听众面前实现了计划。

(三) 评估问题

教师采用了正式与非正式评估。如表8-3所示,她用非正式评估确定学生掌握头三个目标的情况。因此,从性质上看,这些评估是形成性的评估。用于与目标3有关的非正式评估的评分指导有部分是由学生提出的。一旦被提出来,它就构成对目标4较正式评估的基础。

在第四个目标中,也有形成性和终结性评估。两种评估都依赖于前面提到的评分指导。形成性评估是由同伴进行的对广告计划的评估。终结性评估是由教师进行的对广告产物的评估。

（四）一致性问题

整体上看,目标、教学活动和评估三者之间有高度一致性。目标 1 和目标 3 的一致性是最明显的(见表 8－3)。如果我们看表上的单元格,其他目标的一致性就不是很清晰了。通过集中考虑表的横行,我们可以看到目标 2 合理的一致性程度。在目标 2 和有关的教学和评估中,其重点是**反省认知知识**,这一点很明显。不一致性的根源是过程类别中的**分析**和**评价**的微小差异。从目标 4 中可以看到类似问题。然而此时不一致性来自表 8－3 的竖列。陈述的目标、教学和评估都集中在**创造**之上。这里的差异是正式评估所涉及的知识类型差异。除**程序性知识**之外,评分指导包含了与**概念性知识**和**反省认知知识**有关的标准。

表 8－3 中的大多数竖列不难解释。例如,目标 1 被置于两个单元格:**记住概念性知识**和**理解概念性知识**。在回顾了整个单元后,我们认为,原先把陈述的目标分到**记忆概念性知识**这个类别是不正确的。同样,虽然有些与目标 1 有关的教学活动被置于与**记忆事实性知识**相应的单元格中,这些活动涉及将吸引力名称(**事实性知识**)与吸引力类别(**概念性知识**)联系起来。这种活动是重要的,但它本身不能证明一个目标(或一个正式评估)的正确性。最后某些与目标 1 有关的活动被置于与**分析概念性知识**,而不是与**理解概念性知识**相应的单元格中。**归因**与**分类**的差异也是重要的和值得讨论的(见下文)。通过回想,我们将要排除单元格 A1(**记忆事实性知识**)和 B1(**记忆概念性知识**)的项目,但保留单元格 B4 中的项目(**分析概念性知识**)。

五、遗留的问题

同分析所有案例一样,我们留下一些未解答的问题。在结束这一节时,我们要提出三个最有趣的问题。

（一）仅根据横行或竖列使目标、教学活动和评估三者一致,这样做就足够了吗? 这一问题来自我们对表 8－3 的考察(见上表)和对与目标 1 有关的教学活动的分析。对我们来说,这似乎是明显的:目标和活动是针对**概念性知识**的。然而在**理解**(举例和**分类**)和**分析**(归因)之间存在差异。在该目标中暗含**分析**,而在教师对学生的评估任务的反应中暗含的分析变得明晰了。如在我们对目标 1 有关的活动的评析中提到,基于他们对广告反应进行分类(**理解**)的学生很可能掌握了吸引力,这种吸引力不同于根据他们归因于广告设计者(作者)的吸引力(**分析**)。这是个重要的问题,因为在普遍的实践上,一致性决定常常只根据知识维度或认知过程维度作出。从两个维度相互作用来看,基于任何单一维度去决定一致性,都是导向错误的,不能定义我们预期的学生学习。

(二)学生自己提出的评分要点产生效度较低的评分标准,这是可能的吗? 一方面,对于让学生为评价自己的工作建立标准,对这些我们难以判断。另一方面,如果过分依赖于学生的输入,也可能产生问题。在学生提出的六条标准中将有两条(A 和 E)或三条(C)明显与期望通过教学单元发展的知识有关。其他标准有些是含糊的(B),或只是在表面上与营养即单元内容有关(D 与 E)。其结果是,掌握**概念性知识**(如吸引力分类)和**程序性知识**(如设计有吸引力的广告的技术方面),因为用于评价所准备的广告的标准不是最有效的标准,仍然可能收到总体上较低评价。解决这一问题的方法之一也许是建立一套元标准,即一套在确定评分规则所含标准的过程中师生共用的标准。或者与学生一道评判导致他们认可任何标准中的问题(如不适当性)的标准。

(三)教学活动既发挥学习功能又发挥评估功能,其利弊各是什么? 教学活动既达到教学目的,又实现评估功能,这种做法是相当普遍的,然而也至少引起两个问题。第一是模糊了目标和教学活动之间的区别;也就是说,在单元活动中表现好的学生(如单一广告的产生)被认为达到了目标(即产生了满足具体标准的广告的能力),此时活动只是目标所界定的活动范畴中的单一例子。

当描述教学在哪里终结和评估从什么地方开始时,第二个问题便出现了。在传统上,教师通过教学活动帮助学生学习,而在进行评估时,则让学生独立作业。评估为学习提供了"独立的估计"(即没有教师帮助和参与)。当教学活动既担负学习功能又担负评估功能时,这种独立性便消失了。其结果是,评估是由对个体的教与学这两方面构成,而非仅由学这一个方面构成。对于教师来说,要从思想上把二者区分可能是困难的,甚至是不可能的。

运用教学活动达到上述两个目的,其主要好处是增加评估的真实性,因此也提高了教学的有效性。已提及的问题在于:这样的利弊权衡是否合理。与督导和管理人员相比,教师也许较少关注保持教学和评估的独立性。如果学生成绩太差,督导和管理人员则关心的是他们对学校的影响。当评分低的学校将受到惩罚成为现实关切时,涉及将教学与评估相结合的权衡或许就需要加以调整了。

附件 A　阅读食物标签

请阅读标签！

请阅读本页中呈现的食品标签，以此查明这些食品的营养价值。

营养信息
每杯含有：
卡路里……………120
蛋白质……………8克
碳水化合物……11克
脂肪………………5克
钠…………………125毫克

半罐的营养信息
每罐含量………………………………大约4千克
卡路里………60　脂肪………………0克
蛋白质………0克　钠…………………25毫克
碳水化合物…16克　胆固醇……………0克

请使用红蜡笔圈出在每一个食品中找到的脂肪含量。用蓝蜡笔圈出每一食品中找到的卡路里含量。

营养信息
每3.3盎司含有：
卡路里……………80
蛋白质……………3克
碳水化合物……20克
脂肪………………1克
钠…………………5毫克

营养信息
卡路里……………250
蛋白质……………5克
碳水化合物……20克
脂肪………………2克
钠…………………25毫克

阅读家用食品的食品标签，你能查明它们的营养信息吗？

附件 B　根据吸引人的口号识别商品

你能根据下列吸引人的口号识别出相应的商品吗?

1. 今天你休息了吗? ＿＿＿＿＿＿＿＿

2. 一个能让孩子成其为孩子的地方 ＿＿＿＿＿＿＿＿

3. 只管去做 ＿＿＿＿＿＿＿＿

4. 匹萨　匹萨 ＿＿＿＿＿＿＿＿

5. 钟爱你为我做的一切 ＿＿＿＿＿＿＿＿

6. 只融在口,不融在手 ＿＿＿＿＿＿＿＿

附件 C　评分指导

作业任务：作为来自广告部门的一个团队进行工作，根据营养价值，研究你每天吃的食品。针对你的同学，计划并呈现一则吸引人且真实的广告，引导他们更多地吃你的产品。通过引起个人需要和需求来促销你的产品。运用各种技巧说服你的观众：你的产品值得购买。但要确保你所声称的是准确的，你的技巧是真实的。

记分成分	作业水平
A. 广告集中于食品的营养和营养价值吗？	4. 主要集中点是食物和营养 3. 营养是广告中许多观点中的一个，其余是分散的 2. 营养被提及但被其他内容冲淡 1. 营养在广告中被忽视
B. 广告吸引个人的需要和要求吗？	4. 信息吸引住了班上的孩子 3. 信息引起了多数孩子关注和注意 2. 信息引起了一些孩子的注意 1. 信息难以引人注意
C. 广告运用技术去说服观众吗？	4. 技术充分且独特 3. 技术模仿 TV 中的广告 2. 包括了技术，但还不是设计中的一部分，似乎是外加的 1. 无技术
D. 广告在技术方面运用现实主义吗？	4. 非常现实，如身临其境 3. 有 1(或 2)个不现实成分，但在整体上相当真实 2. 广告中有许多不真实成分 1. 很难找到真实的东西
E. 广告使观众想要购买食物吗？	4. 观众成员将踊跃购买产品 3. 成员将在下次购物时购买产品 2. 成员也许考虑购买产品 1. 也许无人购买产品
F. 广告针对预想的人群吗？	4. 广告目标明确 3. 广告的某些成分也许未被注意，但整体是好的 2. 失去了大多部分观众 1. 几乎无人得到该信息

第 九 章

《麦克白斯》教学案例

　　这一教学单元由玛格丽特女士开发和执教,供"低水平"的中学四年级学生使用。

　　当我决定摆脱为学生教授文学课文的困惑时,我有了第一次向这些学生教授莎士比亚的经验。反映在文学课文中的教育哲学所依据的假设是:学生,尤其是被称为"教育上具有挑战性的"学生,既不能理解也不会欣赏与他们特殊处境无关的文学。

　　与此相反,我认为,伟大的文学是每一个人的天生权益,因为它无需外加的"关联性"。只要从学生的实际出发,十多岁的流浪儿也能像大学教授一样完全和顺利地掌握莎士比亚。

　　我原先对语言有某些担忧,因为许多同学的阅读低于五年级水平,连写连贯的句子都有困难。但是与我的大学水平的学生相比,他们的麻烦少,抱怨也少得多。我认识到,这些学生以完全超越他们认识范围的形式来考虑英语;现代小说如同 16 世纪的戏剧一样,对他们来说是晦涩难懂的! 他们也立即理解了《麦克白斯》的人物和动机;他们所生活的世界与 11 世纪的苏格兰有许多显著相似之处。如果某人妨碍了一个有野心的人,在这两种情况下,他(或她)很可能被杀害。

　　我觉得要减少这个单元的教学时间,就要给自己施加一定的压力。我的一般经验是:如果《麦克白斯》未在圣诞节之前教完,我将不可能在五月考试之前进入《罗曼蒂克》这个单元。然而这些学生对急忙完成教学任务表示一定的反抗,而且我不能把这一单元缩减到少于 5 周。这种安排考虑每一幕剧教学实践略少于一周,留下一点时间用于教学结束时的复习和测验。

一、目 标

这个为期五周的教学单元的主要目标是:学生将领会如《麦克白斯》这样的文学作品与自己人生的关系;学生能记住该剧的重要细节。

评析 从主要目标来看,动词短语是"领会关系"和名词短语是"在自己人生中的文学作品"。要"领会关系",学生很可能要将剧中的人物和事件与自己经验中的人物和事件进行比较。在表5-1(见封底内页)中,**比较**是**理解**这个类别中的一个认知过程。就名词短语来看,重点是文学作品,《麦克白斯》是其中一例("例如")。因为"文学作品"意味着一类著作,文学作品的知识是**概念性知识**。而且,还因为文学作品包含"人物"、"情节"、"场景布置"等概念。这些概念的知识属于**概念性知识**这个类别。《麦克白斯》是一部特殊文学作品。在《麦克白斯》中有具体人物、情节(及次要情节)和布景。这些具体知识是**事实性知识**。

由于第二个目标很清晰地强调特殊文学作品的细节,我们将它分在**记忆事实性知识**这个类别。另一方面,第一个目标暗示了教师的较为一般的关切。因此,我们将它分在**理解概念性知识**这个类别。

表9-1显示了这两个目标在分类表中的单元格位置。

表9-1 基于陈述的目标按分类表对《麦克白斯》教学案例的分析

知识维度	认知过程维度					
	1 记忆	2 理解	3 运用	4 分析	5 评价	6 创造
A. 事实性知识	**目标**2					
B. 概念性知识		**目标**1				
C. 程序性知识						
D. 反省认知知识						

表例
目标1:学生将领会《麦克白斯》这样的文学作品与自己人生的关系;
目标2:学生能记住该剧的重要细节。

二、教学活动

(一) 导入活动

第一天,我重点介绍了我认为有关戏剧的一些重要概念。我将"野心"、"诱惑"和"恐惧"写在黑板上,并将全班分成三组。要求小组成员就这三个词的每一个写5分钟的感想。他们很快理解了野心可能帮助、也可能妨碍一个人,如何抗拒诱惑和如何处理或克服恐惧。如何抓住这三个词来理解《麦克白斯》? 于是大家就这个问题展开了讨论。

然后,我告诉学生:莎士比亚要适应极为不同的观众,他们的注意难以被吸引和保持;因此他发现,必须抓住时机,在开放的场次中,形成将充满全局的基调。

我要求学生,在我大声读第一幕的第一场时,他们跟随我看自己的书,特别注意关键词,以创造优势的基调语气(该场仅11行字,但几乎每一个词都具有重要意义)。

我让学生注意:"干净的是肮脏的而肮脏的是干净的",并要他们把这些句子换成自己的话说一说。他们以自相矛盾的概念结束:"好的就是坏的,而坏的就是好的"。于是就导致大家讨论:好事怎么变坏事,坏事怎么变好事。例子包括酒、药物和性。我强调,当我继续教这一单元时,这种表面上的矛盾陈述开始发展为我看到的戏剧主题:事情并不像它的外表那样。

评析 这一导入活动的重点在于**理解概念性知识**。关键概念包括野心、诱惑、恐惧(在导入活动第一阶段)、基调(在第二段)和自相矛盾(在第三段)。除知识线索之外,要求学生"用自己的话说明"(第三段)和"提出当代的例子"(第三段)。在表5-1中(见封底),"释义"是与解释有关的,而"生成例子"就是**举例**。解释和举例都是与**理解**有关的认知过程。

(二) 与第一幕有关的教学活动

上课开始,我告诉学生,他们要逐场写出剧情要点。接着我组织了关于悲剧英雄的讨论。悲剧英雄是一个高大而独特的人物,他自毁于性格的缺陷。所有学生都直接观察到,某人所引起的可怜的恐惧。他一边追随自己的梦,一边播下了自我毁灭的种子。我帮助学生看到《麦克白斯》与他们自己人生的关系:即给予适当条件,在他们中的许多人身上也会产生同样的情形。

让学生分角色大声朗读剧本。每一场之后,如有解释的必要,便会停下。我主要就理解进行提问(如"麦克白斯的性格优点是什么?""如果他没有遇到巫女,将会发生什么?")。

尽管起初学生不情愿并且自我意识强烈,但我坚持让学生出演关键场次并且由班级担任导演的角色。我最初几乎必须承担全部指导任务,但学生一旦把握了语言后面存在行为的概念,扮演效果就增强了。

在阅读和讨论了第一幕后,我向学生放映三种不同版本的电影。由奥森·威尔士导演和主演的 1940 年代版本,罗曼·波兰斯基生动又血腥的 1972 年版本和来自"莎士比亚戏剧"系列的 BBC 版本。在放映这三个版本的第一幕之前,我要求学生就有关《麦克白斯》的好电影版本在电影技术和人物性格刻画方面应包含什么写 5 分钟的感想。接着我发一张表(见本章末附件 A)用于比较这三部影片。看过第一幕的三个版本之后,我发了一个提纲,用于写比较三部电影的文章(见本章末附件 B),同时介绍第二天要在写作实验室写的内容和预定下周的要求。

评析 如同导入活动一样,重点是**概念性知识**。关键概念包括悲剧英雄、人物性格缺点、电影技术和刻画人物性格。玛格丽特女士的问题的性质是与**理解**(如**举例**和**推论**)相一致的。附表(附件 A)包括七个关键概念,它们是比较本剧的三个电影版本的基础上。前四个概念(背景、声音、灯光和特效)涉及电影的成分;后三个概念属于女巫、麦克白斯和麦克白斯太太的性格刻画。因为比较是**理解**这个类别的认知过程,所以这些活动的重点仍是**理解概念性知识**。

(三)与第二幕有关的教学活动

我允许学生选择电影版本,在整个教学单元,他们将要一幕接一幕连续观看电影。经过某些思考之后,他们谨慎地同意波兰斯基的看法(虽然他们对女巫的描述缺少热情)。我希望学生坚持记电影日记,这需要我做密切指导。

在开始第二幕学习时,我先介绍了动机这个**概念**。我请学生在阅读第二幕时,注意三个与动机有关的**情景**:血液、睡眠和黑暗。要求学生围绕这三个词引起的情感写 5 分钟的感想,情感可以是单个情景或三个情景联合引起的。

班级教学由阅读和讨论组成。我再一次运用问题指导讨论(如"为什么麦克白斯拒绝回到邓肯的房间里去把带血的匕首隐藏在卫兵身上?""如果麦克白斯太太本人能杀死邓肯,这会有什么不同呢?")。

我将全班分成三个等组,给每组分配三个动机情境中的一个。给小组的唯一指导是:从第二幕的第一场和第二场中找出每一处提及这些动机情境的词语,就动机在剧情中的重要性达成一致看法。

与第二幕有关的教学活动用时约一周。

评析 **理解概念性知识**这一重点仍在继续。电影日记需要比较和对照(因此是**理解**)。两个上位概念—电影技术和性格刻画被用于组织日记。在学习第二幕时,这里的主要概念是动机。具体地说,学生在阅读第二幕时要考虑三个动机情境:血液、睡眠和黑暗。当玛格丽特女士让学生描写[每个概念]引起的情感时,概念的情感方面被承认了。

最后的活动也强调**理解概念性知识**。学生被要求找出剧中特殊动机的例子并描述每一动机在剧情中的重要性。找出例子是**举例**(因此是**理解**)。对于动机的重要性的关切和玛格丽特女士就第二幕的提问需要超越**理解**的认知过程。在剧的上下文中确定重要性属于**归因**。同样,关于麦克白斯拒绝回到邓肯房间的提问也需要进行归因。

最后,要求学生考虑,假定麦克白斯夫人杀了邓肯将会发生什么,这一问题需要**生成**。在表 5 - 1(见封底内页)中,**归属**与**分析**有关**生成**与**创造**有关。因此虽然**理解概念性知识**这一重点连续贯穿在这些活动中,但还有两个认知过程类别即**分析**和**创造**包含在其中。在这里**分析**和**创造**很可能涉及几种知识类型,**事实性知识**和**概念性知识**的关系似乎尤为紧密。

(四)与第三幕有关的教学活动

当我们开始第三幕的讨论时,我请学生预测:既然麦克白斯精于谋杀,他将朝什么方向发展? 大多数学生同意他很可能再杀人,谋杀对他来说将变得越来越容易。有些学生能预测对**班柯**的谋杀。他们意识到,麦克白斯将因他的朋友知道太多,而开始感到不安。

读过第三幕后进行了讨论。我再次运用提问指导学生讨论(如"你将怎样指导一名演员,以表演出像麦克白斯那样明显感受到持久恐惧感?""对班柯的谋杀与对邓肯的谋杀相比,或多或少地更不可理解吗?""为什么是或为什么不是?")。

此时我允许学生利用班级时间从事小组的设计项目(见本章评估部分和章末有关评分标准的附件 D)。

与第三幕有关的教学活动大约在三天内完成,设计项目需要另加五天。

评析 第三幕的讨论从要求学生预测下一步将发生什么开始。根据过程维度,"预测"是**推论**的一个替代名称,而**推论**是**理解**这个类别中的认知过程(见表 5 - 1)。当全班在阅读和讨论第三幕时,玛格丽特女士再一次运用提问指导学生讨论。第一个讨论问题("你将如何指导?")是相当复杂的,既需要电影技术的概念,也需要剧本本身的概念。根据认知过程维度,教学重点是**创造**。第二个讨论题,加上"为什么",要求学生陈述他们用于作出判断的标准,需要**评价**。主要设计项目需要增加 5 天教学时间,该项目也主要是评价项目。玛格丽特女士为了评估的目的,借用了教学时间。她相信,学生需要在教师监督下,利用有组织的课堂时间,才能完成设计项目。在这种条件下,**创造**和**评价**很可能需要**概念性知识**和**事实性知识**的某种组合。

(五) 与第四幕有关的教学活动

由于在完成第三幕和着手学习第四幕之间有时间差,我感到需要在教第四幕前,对前三幕作一次较充分的回顾。通过准备,我请学生以麦克白斯那种稳定向下沉沦的眼光来考虑第四幕,此时麦克白斯由于恐惧及其所引起的谋杀数的增加而变得不知所措。

在读过第四幕之后,我组织学生进行班级讨论。我仍然提出一系列问题,以指导学生讨论(如"解释麦克白斯对杀害麦克达夫一家的理由? 这一谋杀在特征和动机方面与其他谋杀有何不同?""与马尔科姆和麦克达夫之间的场景能被正确批评为缺乏可信度吗? 为什么是或不是?")。

回顾教学用时一天,其余四天用于第四幕的教学。

评析　根据分类表进行分类的线索仍然来自玛格丽特女士的提问。她请学生解释(**理解**)、比较(**理解**)和评判(**评价**)。然而与前述评价提问不同,学生用于作出评判(如可信度)的标准是教师提供的。

(六) 与第五幕有关的教学活动

尽管第五幕是由许多短场次构成的,每一场涉及复杂的剧情和若干小人物的涌入,但学生喜欢快节奏,欣赏该剧在剧烈冲突中很快结束的惊险。几乎每一场都拆除了麦克白斯包围自己的越来越多的虚伪安全防卫。

班级为这种残忍的冷嘲而高兴,而且在没有很多提示的情形下,他们看到在全剧中麦克白斯用表面上的东西与真实的东西的差异来混淆他人视听,现在他自己成了这种外表与现实的牺牲者(虽然我顺便提到冷嘲这个术语,我认为更为重要的是学生认识它,而不是称呼它。麦克白斯有一个"正当的"结局,这是全体学生能够理解和欣赏的)。

在大声朗读第五幕后,我用如下问题指导学生的总结性讨论:"在麦克白斯著名的明天独白中,他的心理画面是什么?""请预测,如果一旦麦克白斯知道麦克达夫生日的真实情况,他拒绝与麦克达夫战斗,将会发生什么?""该剧剧终时马尔科姆语言的效果是什么?"

评析　由于继续强调**概念性知识**,玛格丽特女士介绍了"讽刺文体"的概念。她更为感兴趣的是让学生理解该概念,而不是记住这一概念的名称。指出这一点是重要的。以玛格丽特女士的话来说,学生应"认识它而不是称呼它"。为了促进**概念性知识**发展,她的提问要求学生**理解**(推论和解释)和**分析**(归因)。

我们根据分类表的分析概念在表9-2上。

表9-2 基于教学活动按分类表对《麦克白斯》教学案例的分析

知识维度	认 知 过 程 维 度					
	1 记忆	2 理解	3 运用	4 分析	5 评价	6 创造
A. 事实性知识	**目标**2			第二幕的教学活动	第三幕的教学活动	第三至四幕的教学活动
B. 概念性知识		**目标**1：导入和一至五幕的活动电影日记与比较		第三至四幕的教学活动	第二、四至五幕的教学活动	第二至三幕的教学活动
C. 程序性知识						
D. 反省认知知识						

表例
目标1：学生将领会《麦克白斯》这样的文学作品与自己人生的关系；
目标2：学生能记住该剧的重要细节。

三、评　　估

主要作业集体设计、集体完成并向全班呈现。2至4人一个小组。例子包括："选择剧中的任何场次，在运用当代语言和背景但保留其原意的条件下予以重写。在班级前呈现该场景。""创造苏格兰编年史版本以论述该剧的有新闻价值的事件。联合运用新闻报道、特写文章、社论、政治漫画、忠告专栏和招聘广告等特殊文体"。设计的评分标准显示在本章末的附件D中。

评析 这一作业在分类表中的适当位置的线索来自两方面：(1)提供给学生的指导；(2)用于对设计项目评分的标准。第一个例子需要**解释**（理解）和**产生**（创造），而第二个例子需要**区分**（分析）和**产生**（创造）。虽然两个例子都需要学生去**创造**，但不同设计项目需要学生在创造活动之前或与之相结合，运用另外的认知过程类别。由于学生的选择，某些学生进行的设计很可能在认知上很复杂，因而很可能更加困难。而且，与第一个目标相一致，这些例子试图让学生将《麦克白斯》置于当代背景（如当代的布景，一种报纸版式）中。

如果考虑五条标准,那么精确(也许还有完整性)似乎要求**记忆事实性知识**。创造似乎要求(基于)**事实性知识创造**。其余三条标准——完整性、吸引力和体裁正确似乎都需要**理解概念性知识**。学生需使设计项目完整、有吸引力和正确的体裁。除精确性以外,其余标准与该剧内容无关,而且与设计项目本身预期质量有关。

我也对《麦克白斯》实施了最后的测验。测验包括三个部分:(1)将特殊人物的描述匹配;(2)可用"什么""哪里""谁""为什么"和"多少"等问题作答的简答题;(3)引文(对于这些引文,学生必须写出谁说的,对谁说的,说话的语境是什么)。(见本章末附件 E)。该测验主要是"基于实际的"——我认为,学生仍然意识到剧中的特殊事件,而且能直接记住人物和他们的关系,这一点是重要的。

评析 玛格丽特女士关于测验的讨论和对测验本身的粗略考察表明,最后的测验清晰处于分类表的 A1 单元格中:**记忆事实性知识**。

与此同时,我更喜欢小组设计项目和班级戏剧表演,我感到这些活动是较持久的学习经验。在整个单元中,我看到学生的进步,他们能够比较轻松地完成一项作品,如仅依据 15 分钟的计划,他们或者能提出一项长期设计或者能进行戏剧表演。

我总是把任何课堂活动结果的成功或失败基于学生的反应,较少基于对诸如热烈讨论和参与的正式测量。随着单元的进展,学生变得敢于发表意见并且能自愿阅读和表演(我认为这明确标志着他们不仅是在学习而且在享受这个挑战)。

显然,有挑战的工作在他们的学术经历中发生的次数太少了。一个学生竟对我说:"真希望今年之前读过一些艰难的材料!"我将此评论当作对本单元成功的一项衡量。

评析 与测验相比,玛格丽特女士更相信项目设计,因此,她的目标一是该单元的"真实"目标,而她的第二个目标由于是学生和(或)学校期望的,所以也被列入。她也依据学生的情感反应评估了该单元的效果(即增加容易度,增加了热情、喜欢挑战性工作)。

表 9-3 呈现了我们依据分类表所做的评估分析。

四、总结性评论

在这一节,我们将根据四个问题考察本案例:学习问题、教学问题、评估问题和一致性问题。

(一)学习问题

根据学生的学习,本单元的重点显然是帮助学生**理解概念性知识**。玛格丽特

表9-3　基于评估按分类表对《麦克白斯》教学案例的分析

知识维度	认知过程维度					
	1 记忆	2 理解	3 运用	4 分析	5 评价	6 创造
A 事实性知识	**目标2**;后测;设计 C1	设计 In1		*第二幕的教学活动*;设计 In2	*第三幕的教学活动*	*第三至四幕的教学活动*;设计 In1;设计 In2
B 概念性知识		**目标1;导入和一至五幕的活动;电影日记;电影比较**;设计 In1;设计 C2,4,5		*第三至四幕的教学活动*;设计 In2	*第二、四至五幕的教学活动*	*第二至三幕的教学活动*;设计 In1;设计 In2;设计 InC3
C 程序性知识						
D 反省认知知识						

表例
目标 1:学生将领会《麦克白斯》这样的文学作品与自己人生的关系;
目标 2:学生能记住该剧的重要细节;
设计 In1 = 教学:选择任何一场并用现代语言和现代背景重写;
设计 In2 = 教学:创造苏格兰编年史版本以论述有新闻价值的事件;
设计 In1 = 标准:准确性;
设计 In2,3,4,5 = 标准:完整、创造性、有吸引力和体裁正确。
浓阴影表明了高度一致——目标、教学活动和评估全都出现在同一单元格中;浅阴影表明三者中的两者出现在同一单元格中。

女士认为,通过诸如悲剧英雄、性格缺陷和讽刺手法等概念,学生将能够"明了文学著作……与自己的生活的关系"。同时,玛格丽特女士也认为,对于学生来说,记住有关《麦克白斯》的特定细节也是重要的。在以后的测验中学生需要记住这些细节;而且,从能与人"谈论"《麦克白斯》来看,这也有某种"社会价值"。

(二)教学问题

本单元大量的教学时间用于与第一个目标直接和间接有关的活动中。在学习该剧的多数幕时,学生所从事的活动与较为高级的认知过程类别有关:**分析**(第二、

四、五幕)，**评价**（第三、四幕），**创造**（第二、三幕）。是教师的提问激发了学生的参与。因为这些认知过程未包含在目标陈述和评估中，所以我们认为，玛格丽特女士使用这些过程努力增加学生对该剧的理解。运用复杂认知过程以努力帮助学生更充分达到较少复杂程度的目标，这就是一个很好的例子。此例的用意不在于掌握复杂的认知过程，以使之足以成为一个独立的单元目标，而是通过对复杂认知过程的充分练习，来加深学生的理解过程。

没有一项单一的教学活动与第二个教学目标（即学生要记住该剧的重要细节）有直接关系。指出这一点很有趣。当学生在观看电影、阅读和表演该剧以及参与各种活动时，显然希望他们习得这种知识。

（三）评估问题

两个正式评估，一个是集体设计，另一个是最终的测验。这两个评估分别处于认知过程维度的两端，前者是**创造**，后者是**记忆**。五个评价标准中只有用于评价集体项目的标准针对**创造**。两条标准针对该剧的内容：准确性和完整性。其余两条标准强调的是已完成产物的形式：吸引力和正确的体裁。

表9-3呈现了教学和评价标准的不一致：提供学生完成设计的教学（教学1和教学2），处于单元格A2、B2、A4、B4和B6中，而用于评价所完成的设计项目的标准（C1—C5）却处于单元格A1、B2和B6中。人们将期望教学和分类的标准处于同一单元格中。相反，它们处于两个单元格，即B2（**理解概念性知识**）和B6（**创造**[基于]**概念性知识**）。然而，教学处于没有标准的四个单元格中：A2（**理解事实性知识**）、A4（**分析**[基于]**事实性知识**）、B4（**分析**[基于]**概念性知识**）和A6（**创造**[基于]**事实性知识**）。如果学生对等第的预期导致集中努力于某个方面，而排斥其他重要方面，如不学习该剧的事实性知识，那么学生可能会遇到麻烦。

（四）一致性问题

我们从表9-3可以清晰看到目标、教学活动和评估的一致性。最后的测验与目标2即记忆该剧的重要事实性知识是一致的。然而如上所述，没有教学活动直接与目标或最终的测验相关联。

在教学活动和小组设计之间存在合理的一致性。前面提到，玛格丽特女士为学生从事设计工作安排了5天的课堂时间。此外，大多数教学活动侧重帮助学生发展**概念性知识**（分类表的B行）。

当我们考察表9-3的单元格而不是横行或竖行时，一致性更加显而易见。例如，虽然大多数教学活动强调**概念性知识**，但它们与所要求学生进行的认知过程不同。在许多情形下，这要求超越了**理解**，**理解**是第二个目标的中心点。然而如上所述,玛格丽特女士很可能力图让学生在所谓较高认知水平上学习,以发展他们较深刻和较持久的理解。同样,虽然**创造**这一栏包括教学活动和评估,它并不包括任何目标。似乎合理的是,**理解**(在目标中的认知过程)应该是被用于评估小组设计的标准之一。

五、遗留的问题

同其他案例分析一样,我们留下了未解决的问题。在结束本节时,我们提出两个最重要的问题。

1. 较复杂的认知过程类别在发展概念性知识中的作用是什么? 玛格丽特女士要帮助学生明了戏剧和他们的生活之间的关系。完成这一目标的途径就是运用**概念性知识**。大多数学生知道"悲剧英雄";他们体验过"讽刺"。这样一些概念能使学生与玛格丽特女士所期望的东西相联系。虽然着重**理解概念性知识**,但她组织学生在较高的认知过程水平上讨论(如**分析**、**评价**、**创造**)。似乎可以合理假定:**概念性知识**可以通过这些活动而得到发展。

2. 学生选择教学活动和评估,其利与弊各是什么? 在整个单元,玛格丽特女士多次允许学生选择,如,允许学生选择观看配合该单元的电影片。这是一种非正式的选择;也就是说,同一场戏出现在关于《麦克白斯》的三个不同电影版本中,学生选择看一个电影版本(见附件 A)。在集体设计方面,也允许学生选择。然而,在此情形下,毫无疑问,学生不能意识到我们的分析(见表 9-3)所表明的不同设计之间认知要求的差异,不同组的学生可能偶然选择了不复杂或者较复杂的作业,较难或较易的作业。因为所有作业使用相同评分指导,作业的选择可能导致学生获得的成绩等第差异,这种差异的原因是任务的选择,而不是作业的质量。教师经常力图弥补这种评估的缺陷,但弥补是困难的。

学生选择的两种情形是不同的。在第一种情形下,学生选择电影是基于信息和集体的一致意见。这样的选择很可能提高了学生的兴趣和所有权。在第二种情形下,小组设计项目选择也许是导致学生的等第评定混淆的因素。学生对选择的适当运用和学生作出"良好"选择需要的信息量,以及这种选择对达到不同目标和等第评定的含义都是需要教师和研究人员进一步思考的问题。

附件 A　比较有关《麦克白斯》的电影版本

	罗曼·波兰斯基	奥森·威尔士	BBC
布　景			
声　音			
灯　光			
特　效			
女　巫			
麦克白斯			
麦克白斯夫人			

附件 B 比较与对照关于莎士比亚的《麦克白斯》的三个电影版本的文章

1. **引言部分**应说明:优秀的《麦克白斯》电影版本应包含什么;引言也应设法引起读者的兴趣。

2. **主题陈述**是引言最主要的部分。主题应集中于在每一部影片中看到的场景中的电影效果(布景、声音、灯光、特效)和人物刻画(麦克白斯、麦克白斯夫人和巫女)。陈述应涉及每部影片的相对优点。

3. 文章**主体**部分将主题陈述中确立的观点展开,讨论可以应用两种形式:整体形式(每一影片分别讨论)和主题形式(先讨论每部影片的电影效果,然后讨论人物刻画)。

4. **结论**部分应重新陈述主要思想,并用一个陈述句结尾,说明对该剧的目的来说,哪一部影片最令人印象深刻、最为真实。

在这里写下引言:

附件 C 有关《麦克白斯》影片的日记

大约有 5 次上课时间将用于观看所选的有关《麦克白斯》的影片，每次观看安排在我们全班完成阅读一幕之后。我要求每一位学生坚持记日记，记下他（或她）对影片的印象、意见和问题。每次观看后应记 1 至 2 页日记。

日记的内容主要是由你决定的，但你应努力达到某种标准。如同先前写比较与对照文章那样，你应对电影技术（背景）、灯光、声音、特效和人物（尤其是麦克白斯、麦克白斯夫人、班柯、麦克达夫和女巫）的刻画进行评论。要考虑的其他要点应该是某些情节——如剑、宴会、梦游和麦克白斯的谋杀等情景是怎样上演的。如果有情节遗漏了或以显著方式改变了，也需要在日记中加以说明。

最后一篇日记应陈述你在影片中发现的最令人印象深刻的东西。请记住，意见没有对错之分，但任何意见必须以事实为依据。

附件 D 教师对小组测验的评估

研究   _____

    准确(30%)   _____

    充分(30%)   _____

呈现   _____

    创造性(15%)   _____

    吸引力(15%)   _____

    正确的体裁(10%)   _____

总分   _____

附件 E 最终的测验

一、匹配题：将下列句子与右边的人名配对。有些人名不止用一次（每题 2 分）

_____1. 被处死而且其头衔被麦克白斯夺去。　　A. Hecate(黑格蒂)

_____2. 由于未出席加冕礼而暴露了他
　　　　对麦克白斯的怀疑。　　　　　　　B. Duncan(邓肯，又译邓更)

_____3. 被发现接近麦克白斯城堡，引起他
　　　　巨大的恐惧和怀疑。　　　　　　　C. Malcolm(马尔科姆)

_____4. 是麦克白斯在宴会"发病"的原因。　　D. Banquo(班珂)

_____5. 声称要比麦克白斯更加罪恶。　　　E. Lady Macbeth (麦克
　　　　　　　　　　　　　　　　　　　　白斯夫人)

_____6. 是法夫群领主吗？　　　　　　　　F. Lady MacDuff (麦克
　　　　　　　　　　　　　　　　　　　　达夫夫人)

_____7. 名叫马尔科姆，坎伯兰郡的王子。　G. Dunsinane(邓欣)

_____8. 经常给其他人物带来坏消息。　　　H. Macbeth(麦克白斯)

_____9. 麦克白斯的城堡。　　　　　　　　I. MacDuff(麦克达夫)

_____10. 是在麦克白斯最后一次战斗中被
　　　　麦克白斯所杀。　　　　　　　　　J. Ross(洛斯)

_____11. 将要"得到"国王王位。　　　　　K. Young Siward (小西
　　　　　　　　　　　　　　　　　　　华德)

_____12. 在邓肯国王睡着的卫兵身上抹上血。 L. Fleance(弗林斯)

_____13. 给予指令用虚假的安全感诱捕麦
　　　　克白斯。　　　　　　　　　　　　M. Thane of Cawdor(考
　　　　　　　　　　　　　　　　　　　多的领主)

_____14. 逃往爱尔兰以免非公正地被谴责
　　　　为谋杀者。　　　　　　　　　　　N. Banquo's ghost(班珂
　　　　　　　　　　　　　　　　　　　的鬼魂)

_____15. 对未得到保卫而独处感到愤怒。　O. Birnam Wood(伯纳姆·
　　　　　　　　　　　　　　　　　　　伍德)

_____16. 杀了邓肯国王的卫兵。　　　　　P. Donalbain(唐纳培)

_____17. 被报道到该剧终时已自取灭亡。

_____18. 是一个早产儿。

_____19. 刚好在他父亲被谋杀时逃走。

_____20. 和麦克白斯一道第一次见到巫女。

二、简答题：用正确的词或短语填空（每题 3 分）

1. 《麦克白斯》的主要背景是哪个国家？ _____

2. 《麦克白斯》悲剧的缺陷是什么？ _____

3. 带上头盔的头告诉麦克白斯要意识到什么？ _____

4. 麦克白斯夫人为什么未亲自杀死邓肯？ _____

5. 女巫向麦克白斯显示了多少鬼怪幻像？ _____

6. 在《麦克白斯》中的唯一喜剧场景是什么？ _____

7. 在邓肯被谋杀前麦克白斯刚好在想什么？ _____

8. 老人在什么时候报告这里事实上有大混乱？ _____

9. 在马尔科姆的父亲被杀后，他去了哪里？ _____

10. 是谁看见麦克白斯夫人在梦游？ _____

三、问题：用完整的句子回答引号里的话：（1）谁说的？（2）向谁说的？（3）说话的情境是什么？（每题 5 分）

1. "Lay on, MacDuff, and damned be him that first cries, 'hold, enough!'"

2. "Fair is foul, and foul is fair."

3. "Fail not our feast."

4. "Is this a dagger before me, the handle toward my hand."

5. "Look like the innocent flower, but theserpent under it."

6. "Out, damned spot! Out, I say!"

第 十 章

18 以内加法事实教学案例

这是一个关于记忆 18 以内加法事实性知识单元,由霍夫曼女士开发与执教。

该单元是学区二年级核心课程的一部分,而且在当前运用的标准化测验中包括加法事实。该单元在今年的早期教授。在核心课程中有如此多内容要教,以至在今年的早期教会学生如何记忆事实是有益的。在学生进入整数加法(和减法)运算之前,记住这些基本事实,对他们来说是高效的。学生已经借助动手操作接触了加法概念(在一年级和二年级初)。记住加法实对许多学生存在困难。通常有少量学生进入二年级时已掌握 18 以内全部加法事实,但绝大多数学生只掌握了 10 以内加法。当进入 18 以内的加法时,仍有一半学生运用手指。还有一些学生到二年级结束时仍离不开扳手指。

一般来说,二年级教学班有 20 至 24 名学生。从成绩来看,班级是不同质的,大部分学生有学习动机。该单元延续约三周,依据学生先前记忆事实性知识的经验不同,教学时数可能有变化。把较多时间用于这一目标可能是较好的,但课程中还有其他许多目标需要兼顾。整个学年将会回顾许多记忆策略,以便提醒学生,看他们是否记得和使用那些策略。

一、目 标

这三周的单元主要目标是:学生将能在不用手指操作条

件下回忆加法事实(总和至 18)。较长期的目标是帮助学生:(1)理解(在某些情境下)记忆的效率;(2)习得各种记忆策略的运用知识。具体地说,学生将能完成横式和竖式加法。总和是两个或三个一位整数相加(假定总和等于和小于 18)。例如:

$$6+7=\qquad 5+7+3=\qquad \begin{array}{r}7\\+9\\\hline\end{array}\qquad \begin{array}{r}4\\5\\+5\\\hline\end{array}$$

　　评析　根据分类表,该单元的主要目标很直接:**记忆事实性知识**。其他较长期的目标是**理解反省认知知识**的例子(具体地说,是知道一般策略和有关任务的知识)和**运用程序性知识**(假定"运作的知识"指能被运用的知识)。"多种策略"就构成了**程序性知识**。请注意,我们把这里的第三个目标称作**程序性知识**而不是**反省认知知识**,是因为"策略"是针对记忆"数学事实"的(包括加、减、乘、除)。因此策略的概括程度有限。**反省认知知识**成分来自学生对理解什么策略对他们个人而言最为有效和无效的。

　　表 10-1 呈现了三个目标在分类表上的位置。

表 10-1　基于陈述的目标按分类表对加法事实教学案例的分析

知识维度	认知过程维度					
	1. 记忆	2. 理解	3. 运用	4. 分析	5. 评价	6. 创造
A. 事实性知识	**目标**1					
B. 概念性知识						
C. 程序性知识			**目标**3			
D. 反省认知知识		**目标**2				

表例
目标 1:回忆加法事实(总和至 18)。
目标 2:理解(在某种情境下)记忆的效率。
目标 3:习得各种记忆策略的运用知识。

二、教　学　活　动

　　从该单元开始至整个单元,开展"口袋事实"活动。学生每天进入教室时,从一个篮子内取出一张"事实词条",我要求每一名学生记住纸条上的事实。在一天当中,要求学生周期性地背诵他们拿到的事实。父母、校长、管理员、自助食堂工作人员等都知道这些事实,都能请学生背诵。第二天早晨每一名学生都要把他的事实写在"口袋事实"书上并取出一个新的事实。

评析 "口袋事实"强调**记忆事实性知识**。这一活动每天进行。

从第二周开始,开展"疯狂数学一分钟"活动,而且这种每天的活动持续一学年。学生在一分钟内要完成30道加法练习题。到学年中期,题数增加到35。给学生制定"疯狂数学一分钟"的表格,以八天为一周期进行练习。从加2开始,加数增至3、4等等。一旦加至9,这一过程又从加1开始。每名学生每天练习正确的题数被公布在黑板上。

评析 这种连续一年的活动也强调**记忆事实性知识**。严格的时间限制(一分钟内30至35题)实际上需要记忆。

第1—4天 在这些初期的每日活动之后,单元的最初四天用于完成加法事实表。我预先用3×7见方的纸为该表准备一个轮廓图。数字0至9分别写于该图的左边和顶部,学生运用两种颜色的立方体做成条状物,并学习说它们所表示的加法事实。至第二天放学时,表已被完全填满。我告诉学生,这里是他们在二年级末要学习的100个加法事实,而且接下来几天,他们要学习有助于记忆这些事实的策略。

评析 虽然主要目标陈述了"不用手指操作",但霍夫曼女士在该单元的初期仍然采用了具体操作方法。这种具体操作能使学生看清加法事实的具体例子。重点是学习5、3、8等数的意义,因此这种活动促进了**理解概念性知识**。

在第3天和第4天,我请学生寻找加法事实表上的事实之间的模式和关系。例如,在横行和竖列,加零(+0),所有数字不变。不用计算,请学生解释,为什么不用计算就知道这些数(事实)。同样,以类似方法考查行和列都+1的情形。

我也例示了加法的交换性(如5+8=13,8+5=13)。我告诉学生,如果你知道两个加法事实中的一个,你也就知道另一个。我指出,由于他们已经知道+0行和列的数,又知道加法的交换性,他们就能计算出他们已经掌握了多少加法事实。他们将要记住余下的加法事实。

评析 这一活动有部分动机激励作用。霍夫曼女士要求学生说明他们已经知道多少,因此他们要学习的就很"少"。根据分类表,寻找模式涉及比较;交换性是一条原理。因此,这里的重点是**理解概念性知识**。请注意,霍夫曼女士并未使用"交换性"这个短语来教学生,她更为感兴趣的是学生理解在做加法时,"数字的顺序并不重要",而在回忆"交换性"这个名称时,顺序才是重要的。

第5—6天 在第5天和第6天,开展了"找事实朋友"活动。在这一活动中,学生运用"双数事实"(他们通常知道这些双数事实)帮助记忆其余的加法事实。我请学生在加法事实表的行和列上寻找模式。我挑选一名学生,要他指出双数事实(如3+3,4+4),并圈出它们。我告诉学生,表上有特殊"事实朋友"。我运用4+4=8这个双数事实作为例子,并将其写在黑板上。在其两边,我写上3+4=7;5+

4＝9。

我问学生,我为什么称呼这些等式为"事实朋友"(回答是:它们都＋4)。我用其他双数事实重复说明这种情形。问学生,关于这些事实朋友在表上的位置,他们看到了什么。(回答是:它们紧靠在两边或者紧靠在上下。)

然后我问学生,知道一个"事实朋友"怎么能帮助知道其他的"事实朋友"。当某些学生分享他们的思想时,其他学生开始领会。我重新回到加法事实表,让不同的学生围绕全部双数加法事实指出"事实朋友"。我相应的打上核对符号。我认为,这种活动引入了"数学是一种关系网"的观念。这有助于使加法事实和数学运算变得容易记忆和更有意义。

评析　如同前述活动,这些活动需要学生寻找模式和关系。根据分类表,重点是**理解概念性知识**(更具体地说,是比较知识结构)。

第7—8天　在第 7 天和第 8 天,我向学生介绍了"加法事实家庭"。在此活动中,我要求学生仔细观察一个等式中的三个数字,探究这些数的排列,以便明了它们的关系。我将一个等式写在黑板上(如 2＋3＝5)。问学生,他们能否改变它,使之等于另一个加法事实(如 3＋2＝5)。然后再问学生,他们能否用这些相同的数组成一个减法事实(如 5－2＝3)。(一般来说,此时学生需要帮助。如提供"从大数出发"这样的线索,是有帮助的。)

然后我围绕这两个加法事实和两个减法事实画一所房子的轮廓线,并在顶楼写上 2、3、5 三个数字。我告诉学生,这四个等式(事实)属于同一家庭,而且只有它们才能住在这间房子里。然后我再画一间房子轮廓,并将数字 4、5、9 置于顶楼,请学生两两组合,为该房子识别事实家庭。学生继续配对工作,画其他房子(双数住在公寓房子内,因为这里只有两个数,如 8、16。)

我提醒学生,如果他们学会了一个家族中的一个加法事实,他们将知道其余加法事实。因此,事实家庭使记忆工作变得容易,因为他们只需要记住一半加法事实就够了。在活动的第二天,我引领了一场热烈的讨论,其目的在于学生意识到,减法是加法的相反运算。

评析　同先前几天一样,教师请学生探索等式中内在的关系(例如,改变等式,寻找联系)。虽然没有运用"加法的逆运算"这样的词语,但霍夫曼女士向学生介绍了存在于等式之中的这一重要概念。

这一活动属于**理解概念性知识**。霍夫曼女士的提示——"从大数出发"——可以看作是学生能用于将加法事实转换成减法事实的程序的第一步。如果她连续建立这样的程序,那么在分类表中的分类是**运用程序性知识**。

最后一段的提示使学生回到霍夫曼女士的主要目标,记住和少于与等于 18 的加法事实。然而头 8 天的数学强调**理解概念性知识**。她在第 8 天的讨论强化了

"加法的相反"概念。

第9—10天 在第9天和第10天,我让学生学习我称之为"凑10"的方法。在开始教学时,我在黑板上写上几道加法练习题。每题的加数都有9。我给每名学生一个"10的框架"(一张纸上有各由5个盒子组成的两行)。我请学生运用两个"10的框架"去找到一种快速得出第一道练习题(如9+7=)的答案的方法(答案是:在一个10的框架中是9+1,在另一个10的框架中是+6,结果是10+6,或者是16)。我连续进行加数是9和8的全部练习。

我请学生在不同纸上分别记录练习和答案。然后我们讨论凑10策略的效果如何。我指着加法事实表问学生:凑10的方法怎么能帮助他们记忆加法事实。

评析 这是一项"认识上很丰富"的活动,要求学生**运用程序性知识**(即贯彻凑10策略),**理解程序性知识**(即讨论凑10策略怎么会有效),和**理解反省认知知识**(如描述像凑10这样的方法怎么能帮助记忆如加法事实这样的知识)。

第11—13天 我请学生探究运用多种方法来记忆和大于10的加法事实。在教学开始时,我在黑板上写上5+8,并问学生,你们如何找到答案。解答应包括连续数数;运用手指、物体、计算器或数线;运用凑10策略;依赖事实家庭;通过练习进行记忆(例如口袋事实、疯狂数学一分钟)。要求每一名学生或者提出一种方法,或者选择已建议的方法中的一种。

然后学生运用他们提出(或选择)的方法进行练习(即5+8),并分享适用于全班练习的一个策略。当学生探究和运用不同策略时,我相信,他们将会知道,得到答案的最快方法是记住它。

评析 这三天的重点是学生能掌握用于求和等于或小于18的加法事实的许多方法。学生可以**运用概念性知识**(如事实家庭)和**程序性知识**(如凑10)。不论何类知识,认知过程无疑是**运用**。因此,学生要**运用概念性知识和程序性知识**。在第五章,**运用**是根据**程序性知识**定义的,也就是说,**概念性知识**在它被运用前,通常要被"拆开的",作为嵌入一系列步骤(即**程序性知识**)中的。因此,我们把这类活动(或活动组合)归入**运用程序性知识**。

然而,霍夫曼女士最后要求个别学生知道,哪种方法对他们来说效果最好,并要意识到,在规定时间内,进行加法练习的最好方法,是记住加法事实。从这一意图来看,教学目的成了**理解反省认知知识**。

第14—15天 在本单元的最后2天,开展了最后的活动。这一活动要求学生以接力赛形式将他们的记忆工作转化为实践。我事先准备好包括全部加法事实的纸条,纸条被随机投入4个篮子中。全班分成四队,每队面对篮子排成一列。每一名学生从篮子中取出一张纸条,经研究后放下。队伍中的第一名学生走向黑板,写下加法事实,回到自己的队伍,拍一拍下一名学生的肩。然后该生从篮子中取出另一个加法事实,并开始记住它。在规定时间后,喊时间到,游戏结束。全部正确的队为胜者。游戏重新进行。

评析　主要由于速度因素被引入,最后的活动被归入**记忆事实性知识**这个类别。考虑该单元的全部活动,我们提供了表 10 - 2。为了便于比较,表 10 - 1 上陈述的目标列入表 10 - 2,以黑体标出。用斜体字代表教学活动。

表 10 - 2　基于教学活动按分类表对加法事实教学案例的分析

知识维度	认 知 过 程 维 度					
	1. 记忆	2. 理解	3. 运用	4. 分析	5. 评价	6. 创造
A. 事实性知识	**目标 1**;*第 1—15 天的活动*					
B. 概念性知识		*第 1—10 天的活动*				
C. 程序性知识		*第 9—10 天的活动*	**目标 3**;*第 9—13 天的活动*			
D. 反省认知知识		**目标 2**;*第 9—13 天的活动*				

表例
目标 1:回忆加法事实(总和至 18);
目标 2:理解(在某种情境下)记忆的效率;
目标 3:习得各种记忆策略的运用知识。

三、评　　估

为了评估学生的进步,我观察学生,提问学生,注意每天疯狂数学一分钟活动产生的变化,给每周小测验评分。我观察学生,以便确定学生运用何种方法得到答案。我注意到,有些学生完成作业非常快,他们开始记住加法事实。较慢的学生从数手指开始,然后接着数数。对于这些学生,我努力使他们运用"事实朋友"和"事实家庭"。

上课时,我常常提问学生,他们是怎么想出一个答案的。随着教学单元的进展,学生经常告诉我:他们知道答案,是因为事实家庭或事实朋友,最后是因为他们记住了答案。

每日疯狂数学一分钟的评分逐渐使大多数学生获得提高。这也表明,学生记住了加法事实。每天公布疯狂数学一分钟的评分结果,以便学生能看到前一天自己的答案正确数是多少,同时也表明了他们的进步。如上所述,疯狂数学一分钟要练习一整学年。

每周的小测验为了解学生所用于得到答案的方法提供了最少的信息。但它们直接评估单元目标,而且对于向学生父母提供信息也是有用的。最初我采用一些简单要求(如"从记忆加法事实开始",或者"需要在记住加法事实上努力")去告诉学生和他们的父母:学生的进步情况。

表 10 - 3　基于教学活动按分类表对加法事实教学案例的分析

知识维度	认 知 过 程 维 度					
	1. 记忆	2. 理解	3. 运用	4. 分析	5. 评价	6. 创造
A. 事实性知识	**目标1:** 第 1—15 天的活动; 评估 3;评估 4					
B. 概念性知识		第 1—10 天的活动				
C. 程序性知识		第 9—10 天的活动	**目标3:** 第 9—13 天的活动; 评估 1;评估 2			
D. 反省认知知识		**目标2:** 第 9—13 天的活动				

表例
目标 1:回忆加法事实(总和至 18);
目标 2:理解(在某种情境下)记忆的效率;
目标 3:习得各种记忆策略的运用知识;
评估 1:观察学生;
评估 2:在课堂内观察学生;
评估 3:疯狂数学一分钟;
评估 4:每周小测验。
浓阴影表明了高度一致——目标、教学活动和评估全都出现在同一单元格中;浅阴影表明三者中的两者出现在同一单元格中。

评析　霍夫曼女士的提问集中在**运用程序性知识**。通过这些评估,她能确定学生采用了哪些步骤。随时进行的疯狂数学一分钟评分的变化表明学生在**记忆事实性知识**方面的进步。疯狂数学一分钟是围绕单个加数组织的,而每周进行的小测验与此不同,其习题来自加法事实全域,是随机抽取的。与疯狂数学一分钟不同,小测验有更多自由时间安排。结果是学生有充分的时间运用各种方法。不过,重点显然使**记忆事实性知识**。

我们分析的结果显示在表 10-3 上。原先陈述的目标分析用**黑体字**显示,教学活动的分析以**斜体字**呈现。

四、总结性评论

在本节我们根据下列四个问题考虑该教学案例:学习问题、教学问题、评估问题和一致性问题。

(一)学习问题

对于学习问题,我们区分了"集中点"和"重点"这两个术语。集中点明显在于**记忆事实性知识**。这一为期三个星期的单元相当符合期望的学习结果。集中点明显体现在所陈述的目标和评估中。相反,重点在于**理解概念性知识**。除疯狂数学一分钟这种短时教学之外,实际上学生在学习该单元头两周(约三分之二的时间)的活动侧重**理解概念性知识**。这种集中点和重点的差异最好可以用目的与手段的差异来解释。对霍夫曼女士来说,其目的很清楚:学生要记住事实性知识。从知识维度看,**概念性知识**、**程序性知识**和在某种程度上的**反省认知知识**都是达到该目的的手段。同样,从认知过程维度来看,**理解**和**运用**也是手段。因此,该单元的重点反映了将要达到的目标的手段。

(二)教学问题

主要由于疯狂数学一分钟的活动,某些与主要目标(**记忆事实性知识**)有关的活动每天进行。与两个长远目标有关的活动只出现在该单元将要结束时(第 9—13 天)。如表 10-2 所示,呈现在分类表单元格中的大量活动未包括陈述的目标。在其活动描述中,霍夫曼女士提出,他们力图帮助学生发展一个高效记忆的框架。如头两周的活动主要侧重**理解概念性知识**。例如在加法事实表中,固有的结构和联系使记忆变得容易。

同样,霍夫曼女士向学生介绍了多种记忆策略。其目的是有利于学生:(1)选择他们最有用的策略；(2)认识到与其他得到答案的方法相比，记忆是最高效的方法。这些活动具有双重重点：**运用程序性知识**和**理解概念性知识**。

最后，这里有趣的是霍夫曼女士所没有做的。她没有给学生固定不变的"练习和训练"套餐。尽管他们所期望学生的学习只处于一个单元格之中，但她运用了分类表中的五个单元格进行加法教学(见表 10 - 2)。

(三) 评估问题

霍夫曼女士使用正式和非正式评估。她在班上观察学生，并向学生提问，从而收集学生用于记忆加法事实的方法的信息。她用疯狂数学一分钟和每周小测验以便知道学生是否记住了加法事实。因此非正式评估的目的是收集有关过程的信息；正式评估的目的则是收集有关结果的信息。

(四) 一致性问题

如表 10 - 3 所示，评估和与陈述的教学目标有关的教学活动的一致性是相当强的。单元格 A1 和 C3 各包括一个目标、若干活动和评估。如上所述，对 A1(**记忆事实性知识**)的评估是相当正式的；对 C3(**运用程序性知识**)的评估是较为非正式的。

只有少量不一致的例子出现。霍夫曼女士没有正式评估**理解概念性知识**这个类别，尽管她非正式地评估了学生是怎样获得答案和怎样进行推论的过程。学生是否知道，除了运用于加法事实之外，类比能否应用于其他知识。对此，她是否评价(教过)还不清楚。在 B2 单元格(**理解概念性知识**)和 C2 单元格(**理解程序性知识**)中的几个活动没有相关的目标和评估。后者支持了我们讨论学习问题时提出的集中点和重点的区分。

五、遗留的问题

同我们对其他教学案例的分析一样，我们留下了几个未解答的问题。在最后一节，我们提出三个最重要的问题。

1. **理解概念性知识和记忆事实性知识的关系是什么？理解概念性知识**有助于**记忆事实性知识**，这一假定是霍夫曼女士计划和教授这一单元的方法的核心。始终强调记忆策略(如复述策略)，对于产生预期的结果，将表明是同样或更为有效的吗？对这一问题的回答将有助于我们理解**事实性知识**与**概念性知识**之间的关系以及**理解**在**记忆**中的作用。

与我们强调复杂认知过程的重要性相一致,霍夫曼女士向低年级学生较早地介绍了这些过程。而且她帮助学生领会,当复杂认知过程被掌握以后,其应用常常变得自动化。(她在这样做时,偶尔运用有趣的和有激励作用的活动减轻练习带来的单调感。这样的领悟迟早会用于有繁重记忆任务的学科,如外语。)

最后,霍夫曼女士向学生介绍了他们将在以后的年级要遇到的数学概念。当我们侧重该单元水平上的分类表时,我们未考察这个方面。然而分类表既可以运用于年级水平的计划,也可以用于跨年级的计划。事实上,当人们处理需要长期发展的目标时,该表对于考察应从什么时候、从哪里和如何努力发展这些目标,是一种特别有用的工具。

2. **直接评估理解概念性知识有助于将学生理解的和他们所能做的区分开来吗**? 要确认学生是否真正发展了数量关系和数学程序的概念性知识,这是一种困难的任务。他们显然正在学习数量事实,但他们在学习数概念吗? 换言之,不理解"事实家庭"的学生有可能应用"事实家庭"去帮助他们记忆加法事实吗? 专门针对"事实家庭"的一组练习,将允许教师区分理解、但不能运用某策略和不理解、也许能运用该策略的两类学生。这种信息将有助于我们知晓**理解概念性知识**在**运用程序性知识**中的作用。

3. **直接评估学生对反省认知知识的理解,将会得到什么信息呢**? 霍夫曼女士尽管在对学生的观察和提问中获得的信息暗含了一个发展的连续阶段:起初是数手指,然后连续数数,再进一步发展到考察加法事实结构(通常在教师帮助下),最后到记住加法事实。在各个阶段与学生的面谈,提供了有关学生学习进步和**反省认知知识**在这种进步过程中的作用的信息。

第十一章

国会法案教学案例

　　本教学案例由艾蕾辛女士开发和执教，所描述的单元综合了革命战争前的殖民历史和说理的论文写作任务。

　　我已有 17 年教龄，过去 10 个月在一所郊区中学五年级教学。班级学生是异质分组的，我的班级有 26 名学生，男生16 人，女生 10 人。5 名学生有特殊学习需要，并从我的助手那里获得部分时间的支持。其余学生表现出广泛的能力、兴趣和动机差异。

　　说理的论文写作和殖民历史都是学区五年级课程中所需要的课题。从本学年中期至学年末各个时间点，我都在教说理的论文写作。作为我们的写作计划的一部分，我教学生评估自己和别人的写作。1760—1770 年之间的殖民历史是在 4 月份的社会学科中教授的，之前学生学过对新大陆的早期探险。我教这个单元的先前经验和我的班级特点(学生先前的写作经验、被观察到的图书馆技能、注意广度、在集体中工作的能力)指导我的教学目标的数量和选择。我估计该单元将需要 10 至 12 天，每一节课 45 分钟，一周三节课，另外一周两次，每次 90 分钟。如果学生学会了本单元的大多数概念方面的内容，那么教学时间很可能是 10 天；如果学生不能或难以写评论文章，则可能需 12 至14 天。

一、目　标

本单元的总目标是帮助学生获得 1760—1770 年代的殖民历史知识,尤其是乔治国王的各种税收和美国殖民地人民对其反抗的历史知识。要清楚地说明这一总目标的意义,还需要提出较具体的目标:

1. 记住有关国会法案的具体知识(如糖、印花税和汤宪德法);

2. 解释国会法案对不同殖民地群体的后果;

3. 选择一位殖民地人物或团体,并撰写一篇有说服力的评论文章,陈述该人物对法案的主张(论文中必须至少包括一个未专门教过的或未在班级讨论过的支持性理由);

4. 自己与同伴一道对文章进行编辑。

评析　艾蕾辛女士首先提出一个总目标:获得美国历史上一个特殊时期的知识。为了提供计划教学与评估的集中点,她又陈述了四个具体目标。

在第一个具体目标中,动词是"记住",名词短语是"有关国会法案的具体知识"。因此我们将这一目标归如**记忆事实性知识**这个类别。

第二个目标的实质是解释法案对不同殖民地群体的影响。在表 5-1 中,**解释**意味着建构因果模式,是**理解**这个类别中的认知过程。根据知识维度,"对不同殖民地群体的后果"最类似于"理论、模型和结构"。因此我们将第二个目标归入**理解概念性知识**这个类别。

第三个目标更像是一项活动或评估任务。动词词组是"撰写说理的评论文章",名词词组是"殖民地人物或团体"。然而,如果我们假定艾蕾辛女士期望学生就各种当年的课题撰写有说服力的评论文章,那么我们就能将该目标分类。"撰写说理的评论文章"暗示**创造**。各种课题暗示**事实与概念性知识**的联合。因此,可将这一目标置于分类表的 A6 单元格(**创造**[基于]**事实性知识**)B6 单元格(**创造**[基于]**概念性知识**)。

对于第四个目标可以提出类似解释。动词词组是"自我编辑"和"同伴编辑",名词是"评论文章"。我们能以两种方式进行分析(假定艾蕾辛女士希望学生学习编辑,不只是单纯从事编辑活动)。我们能假定,自我编辑,尤其是同伴编辑,是一种评价形式。因此,评价是认知过程。评价要依据标准;因此,我们得到**评价**[基于]**概念性知识**的目标。或者,可以认为,进行编辑是一种**运用**过程,即运用标点和文法规则的过程。这是一个经常出现的分类难题,不很复杂的认知过程即**运用**被包含在较复杂的认知过程即**评价**中。我们武断地将该目标分在较复杂的水平,在这里是**评价**,来解决这个问题。

看待这一编辑问题的另一种方式是把它看成撰写论文的一个步骤。然后我们回到上一个目标:**创造**[基于]**事实性**和**概念性知识**。目前,我们遵循我们的第一反应,把这一目标置于 B5 单元格(**评价**[基于]**概念性知识**)。

表 11-1 呈现这些目标在分类表中的单元格位置。

表 11-1　基于陈述的目标按分类表对国会法案教学案例的分析

知识维度	认 知 过 程 维 度					
	1. 记忆	2. 理解	3. 运用	4. 分析	5. 评价	6. 创造
A. 事实性知识	**目标** 1					**目标** 3
B. 概念性知识		**目标** 2			**目标** 4	**目标** 3
C. 程序性知识						
D. 反省认知知识						

表例
目标 1:记住有关国会法案的具体知识;
目标 2:解释国会法案对不同殖民地群体的后果;
目标 3:选择一位殖民地人物或团体,并撰写一篇有说服力的评论文章,陈述该人物对法案的主张;
目标 4:自己与同伴一道对文章进行编辑。

二、教 学 活 动

第 1 天　我考虑用多种方式来教授我的总目标,包括让学生给英国的亲戚写一封信,描述国会法案对他(或她)家庭的影响,或让学生写反对征税的请愿书。最后我决定让学生从爱国者或亲英国的殖民者的视角,写一篇报纸的社论。为了获得从这两种观点所写的社论,我根据学生姓名的字母总数,随机将学生分成两组,奇数学生为爱国者组(高兴);偶数学生为亲英分子组(抱怨)。将学生随机分组使学生小组的能力得以平衡,为有需要的学生提供同伴支持。然后我重新召集全班学生并告诉他们该单元的性质。将社会学习与说明文写作相结合需要完成若干步骤。我告诉学生,该单元学习将延续至少 10 天。我给学生每人一份我将用来评估论文的检测表。我朗读每一条标准并请学生用自己的话解释每一条标准的含义。

评析　艾蕾辛女士认识到,许多教学活动可以成为这个单元的基础,而她选择一种活动。其认识反映目标与教学活动之间的差异;换言之,这就指出教师在确定具体目标之后,她在计划、教学和评估方面具有灵活性和创造性。

"将社会学习与说明文写作相结合需要完成若干步骤"这个短语暗含**程序性知**

识。因此,我们认为,当完成他们的主要任务即写论文时,他们在运用**程序性知识**。然而目前还没有一项活动与这个目标有关。总体上看,在第一天,艾蕾辛女士给学生提供该单元的概述,包括最终的作品,用于评估作品的标准。因为这套标准构成了**概念性知识**,我们将第1天的活动归入最终与**理解概念性知识**有关的活动。(因为学生必须"用自己的话解释每条标准的含义")。

第2天　在第2天,我从社会科学单元开始上课。我呈现描述有关殖民时期税法的电视录像,并给学生提供殖民地人民对英国的态度的一种情感。接着就各种征税开展班级讨论(各种税赋项目给学生列在黑板上)和不同殖民地人群对税赋的态度(你怎样考虑殖民地人民对交税的感受? 每人的感受相同吗?)家庭作业是学生阅读有关税法的教科书的章节。

评析　头两个目标的教学已开始。电视既提供了有关税法的信息(目标1),也提供了殖民地人民对英国的态度的信息(目标2)。教科书有关章节进一步为前两个目标提供了信息。从知识维度看,主要重点是**事实性知识**。虽然艾蕾辛女士介绍了不同殖民地人民群体,但关键词是介绍。因此,我们认为这些活动主要与第一个目标,即与**记忆事实性知识**有关。

第3天　第3天从复习家庭作业开始。班级讨论各种各样的税法,对他们的反应及其对殖民地人民的影响。告诉学生为第2天的各种税法小测验作好准备。他们要阅读先前一天的章节,复习他们的笔记。我告诉学生,小测验将要求他们将税法的各部分与其名称相匹配。

评析　显然重点仍在**事实性知识**。艾蕾辛女士认为,**事实性知识**为其他目标提供一个支点。她相信,没有关于税法的**事实性知识**,学生难以解释法案的后果和从殖民地人民的观点撰写论文。匹配的小测验与我们把这些活动归入**记忆事实性知识**这个类别相一致。

第4天　第4天从小测验开始,小测验算最后单元等第的五分之一。此后,我开始复习说明文写作。我提醒学生,写说明文要力图使读者同意作者的观点,所以作者必须提供事实和例子来支持自己的观点。否则作者将不能说服读者。要求学生查阅他们的文件夹,以考查他们先前的说明文写作情况。我强调观点(某人相信什么是真的)与事实(用证据能支持什么)的区别。我告诉他们,一篇社论是一类有说服力的写作,并出示了学术杂志上一篇学生论文的例子。我列出了论文的标准:一个强有力和开放的句子陈述一个主张;至少有三个支持性理由来支持该主张;理由基于事实,而不是基于个人意见;有令人信服的结尾(见本章末附件A),我也有学区五年级字、词、句、段的正确写作标准(见本章末附件B),但发现,在没有增加我的评估标准的情形下,它们是不充分的。我提示学生,他们的理由之一必须是原创的,即是他们独自提出的理由,而不是班上或书本上讨论过的。

评析 注意转移到复习说明文写作。很明显,写作一篇论文需要**程序性知识**(即如何写论说文)和**概念性知识**(用于评价论文写作的标准)。第四章曾解释,标准与**程序性知识**有联系(第48—49页)。然而这些标准是特殊的,它们被用于决定特殊**程序性知识**应在什么时候去运用。如同本例中所指出的,用于评估的标准是不同的。它们倾向于分类的(例如此处是"支持性理由"或"适合人物的理由")。由于它们是一些类别,我们认为,它们是**概念性知识**。因为在本学年说明文写作已经介绍和练习过,所以艾蕾辛女士选择从概念上复习说明文写作(前者如使说明文有说服力的原因,后者如三步程序)。她复习了从总体上评价写作的一套标准(也是**概念性知识**)。第4天的活动主要与**理解概念性知识**有关,其次与**运用程序性知识**有关。

第5天 第5天全班就具体税种和殖民地人民对它们的反应举行"头脑风暴"会。我把学生的想法写在黑板上,学生记笔记。为了让学生对他们选择在论文中要描述的人物作好准备,原先的两个大组(爱国者组和亲英分子组)被分成3至5个小组,以便讨论征税和影响殖民地人民不同群体(如商人、农民、银行家、家庭主妇等)的事件。在15分钟小组讨论之后,全班集中听取各小组讨论结果的汇报。

评析 重点转到税法和殖民地人民对征税的反应。在头脑风暴会和小组讨论期间,教师要求学生进行推论。根据表5-1,**推论**意味着从呈现的数据中得出逻辑结论。推论必须基于学生有关爱国者和亲英分子的**概念性知识**(即对两种不同类别的殖民地人民的信念和态度)和他们的税法知识。因此这些活动与**理解概念性知识**和**记忆事实性知识**有关。

第6—7天 重点在于学生选择他们的论文将要写的殖民地人物和识别他们的反应,以支持文章中的人物的主张。我提供社会学科的课文、贸易书籍、课堂百科全书和含有殖民地人民传略和殖民地生活描写的书。材料呈现出一系列阅读水平,内容是与国会法案对不同殖民地人物影响有关的。我分发指导要点,以帮助学生思考并识别人物(见本章末附件C)。在识别人物前,我请学生至少阅读两本描述殖民地人民的短篇传记,传记既反映爱国者又反映亲英分子。

评析 为了"撰写"论文,学生选择人物或团体。这种活动明显与目标有关。在选择人物或团体时,学生有某些选择的自由,但必须就他们的选择提出具体信息。附件C提供了指导学生进行选择的标准,即**概念性知识**。然而暗含在对人物进行选择中的是,分析本单元中的原有信息和第6、7两天的阅读材料。具体地说,要对附件C做出回答,学生必须进行区分(即区分有关与无关、重要与不重要部分——见表5-1。)在分类表中,区分是分析中的认知过程。因此,这些活动分别与**理解概念性知识**和**分析**[基于]**概念性知识**有关。

在第7天结束时,学生要交上他们对所选人物的书面描述,说明为什么选择那个人物,在论文中将要采取的主张以及支持该主张的理由。我阅读学生的描述,而且通常要就他们的选择的适当性或新颖的理由的质量提出建议。我对少数在人物选择方面存在困难的学生提出了建议。

评析　艾蕾辛女士正在对学生的学习进行形成性评估,也许在允许学生开始写论文前,要检查学生的任务完成情况。有些学生难以找到新颖的理由去支持他们所选人物或团体的主张。**举例**是一个新的例子紧跟在一个类别中的成分之后,属于**理解**这个类别中的一个过程(见表5-1)。因此学生的任务被归类于**理解概念性知识**(爱国者和亲英分子代表两个类别)。

第8—10天　在随后三天,学生独立撰写论文,先列提纲,并运用评估表(见附件A)指导自己的写作。在学生写作期间,我巡视教室,回答学生的问题,帮助他们识别初稿中的问题,指导少数学生写作的开头,通过提问使学生集中注意听需要的历史信息,听学生谈他们的想法和问题。我常常通过提示帮助学生加强他们的人物感。例如,如果人物是一名印刷工,我会问:"对这个人物来说,什么税是最重要的?交税对他(或她)会有怎样的影响?"我也要求学生参照识别殖民地人物的指导要点(见附件C)。有些学生几乎能立即开始写初稿,有些学生需要更多的讨论。

评析　在这三天,教师期望学生写出(产生)论文。因为**产生**是创造这个类别中的认知过程,所以我们将这一活动归入**创造**[基于]**事实性知识**(即关于殖民地人民和国会法案的具体知识)和**概念性知识**(即爱国者对亲英分子的知识;评价标准的知识)这个类别。

此时,目标、教学活动和评估是同时在课堂中相互作用的。虽然重点是目标3,即写有说服力的论文,但艾蕾辛女士用了大多数时间帮助学生掌握目标1和目标2。因为这两个目标的掌握为论文提供了原材料。但可惜的是,艾蕾辛女士发现,有些学生仍然对他们所选人物或团体存在疑惑,甚至未做出选择。

正如所预期的,不同学生完成初稿所需时间存在显著差异。有些学生在一节课内完成了初稿,另一些学生需要三节课。当几名学生完成初稿后,我让全班停下来并迅速回顾了评价核对表(见附件A),因为该表要指导学生自我的和同伴间的初稿修改。首先,每名学生运用该表复看自己的草稿。在自查之后,同伴之间也用核对表检查(在此课堂里的学生按惯例相互充当检查伙伴)。当修改和(或)增加部分在同伴和作者之间讨论过后,必要的变化成为第二稿的一部分。接着学生安排与我个别商讨的时间表,以便查看第二稿。我则记录有关内容、写作风格和其他文字方面的问题。我就风格、支持信息的适当性和历史事实的准确性提供建议。我的书面检查记录、口头评论和学生与同伴的审阅共同指导学生独立完成定稿任务。总之,撰写最终的文稿用时一节课。在写作阶段,我连续与学生商讨,主要帮助那些仍在打草稿的学生。当最后一个小组的写作完成,以便检查他们的核对表和

（或）修改稿并进行等地评定时，我又对该组作者进行了一次迅速审阅。

评析　当一组学生完成了论文初稿后，艾蕾辛女士为他们准备了第四个目标，即学生自己和同伴对初稿进行编辑工作。因为学生依赖评价核对表（见附件 A）作为论文编辑的基础，所以在修改中的重点似乎是依据包含在附件 A 中的**概念性知识**，对论文进行**评价**。正如我前面已提到的，编辑也可以被视为**程序性知识**。两者的主要区别在于学生是否自己独立运用标准（**概念性知识**）或在进行回顾时至少运用包括标准的某些步骤（**程序性知识**）。虽然附件 A 是一张核对表，但没有证据表明，学生必须以特殊顺序遵循此表（也没有教他们这样做）。因此，我们把该活动归入**评价**［基于］**概念性知识**似乎是合理的。

艾蕾辛女士对论文进行了第三次形成行评估（自我和同伴评阅是头两次形成行评估）。运用同一标准进行三次评估在三次反馈之间增加了一致的可能性。

表 11-2 呈现了我们根据分类表对教学活动的分析。

表 11-2　基于陈述的目标按分类表对国会法案教学案例的分析

知识维度	认知过程维度					
	1. 记忆	2. 理解	3. 运用	4. 分析	5. 评价	6. 创造
A. 事实性知识	目标1；第2,3,5天的活动					目标3；第8—10天的活动
B. 概念性知识		目标2；第1,4—7天的活动	第6—7天的活动	目标4；第8—10天的活动	目标3；第8—10天的活动	
C. 程序性知识			第4天的活动			
D. 反省认知知识						

表例
目标1：记住有关国会法案的具体知识；
目标2：解释国会法案对不同殖民地群体的后果；
目标3：选择一位殖民地人物或团体，并撰写一篇有说服力的评论文章，陈述该人物对法案的主张；
目标4：自己与同伴一道对文章进行编辑。

三、评　　估

在本单元教学中间和教学末尾,我对学生进行了评估。我们许多评估是非正式的,包括记录学生的问题、帮助的需要和对我的提问的回答。我运用评估的主要目的,是帮助个别学生或小组,确保每一个学生明了所教内容。我也运用个别的和较为正式的评估,例如,我与个别学生商讨论文的第二稿。学生从这两种形式的个别评估中获得的答案和建议有助于理解与改进他们的论文。虽然从这样的商讨中我清晰地知道学生之间理解的深刻程度差异,但我没有在这些"帮助性"评估中评定学生的等级。

评析　这些评估都是形成性的。从艾蕾辛女士的结尾句可见,其重点似乎是**理解**。然而我们不能确定,所涉及的知识的类型。她的评论很可能集中在**概念性知识**(如评价标准)和**事实性知识**(如论文中的具体历史细节)之上。

关于税法的小测验和我给学生完成的论文的最后等第评定构成了较正式的和以小组为基础的评估。为了进行等第评定,我复看了学生的初稿、学生自己和同伴的修改、第二稿和最终的作品。我既对创作过程感兴趣,也对最后作品的质量感兴趣。我认为,学生遵循各种步骤以便他们认识到,要产生最终的论文需要许多活动和产物,是重要的。最后等第的五分之二决定于学生是否完成初稿、同伴和自我修改、修改稿和论文的定稿,也就是他们是否完成了全过程。大多数学生确实完成这一过程。等第的五分之二决定于单元作品即终稿的质量(见附件 A)。我评阅学生所提供的文章,将文章与核对表比较,评定等第并写下字条,给每一名学生解释等第评分的依据(见本章末附件 D)。小测验算作等第评分的五分之一。

评析　小测验集中于具体税法知识,因此与**记忆事实性知识**有关。在评定论文等第时,艾蕾辛女士关注过程(**运用程序性知识**)和产物(**创造**[基于]**事实与概念性知识**)。她希望全体学生遵循如下九步程序:(1)选择人物;(2)阅读有关人物资料;(3)准备提纲;(4)打草稿;(5)自己和同伴评阅草稿;(6)修改草稿;(7)交稿;(8)接受反馈;(9)必要时再修改。艾蕾辛女士不仅要求学生在当前的写作项目中遵循这一程序,而且要求他在今后的写作中遵循同样的程序。这一编辑过程涉及基于附件 A 的标准(**概念性知识**)**评价**论文。

在总体上我对学生的文章感到高兴。除两名学生以外,其余学生在合理的时限内写完了文章。我确信学生有效识别和利用了事实性知识。他们也能很好地识别和选择支持他们的论文中所采取的立场的正当性的理由。大多数学生所支持的理由对于他们所选择的人物而言是准确而且适当的。他们遵循了所需要的程序。

然而,另一点也是明显的,许多学生很难推论出一个未曾教过的或书本上未见过的支持性理由。这一困难明显出现在打草稿和修改文章时。下次教这一单元时我将更重视如理解和推理这样的高级过程的教学。

评析 表11-3呈现了我们依据分类表对评估的分析。

表11-3 基于陈述的目标按分类表对国会法案教学案例的分析

知识维度	认 知 过 程 维 度					
	1 记忆	2 理解	3 运用	4 分析	5 评价	6 创造
A. 事实性知识	**目标1**；*第2、3、5天的活动；*评估B	评估A				**目标3**；*第8—10天的活动；*评估C
B. 概念性知识		**目标2**；*第1、4—7天的活动；*评估A		*第6—7天的活动*	**目标4**；*第8—10天的活动；*	**目标3**；*第8—10天的活动；*评估C
C. 程序性知识			第4天的活动；评估C			
D. 反省认知知识						

表例
目标1:记住有关国会法案的具体知识;
目标2:解释国会法案对不同殖民地群体的后果;
目标3:选择一位殖民地人物或团体,并撰写一篇有说服力的评论文章,陈述该人物对法案的主张;
目标4:自己与同伴一道对文章进行编辑;
评估A:课堂问题与观察;非正式的评估;
评估B:小测验;
评估C:评论(借助附件A的十条评价标准)。
浓阴影表明高度一致——目标、教学活动和评估全都出现在同一单元格中;浅阴影表明三者中的两者出现在同一单元格中。

四、总结性评论

在本节我们根据下列四个问题考虑该教学案例:学习问题、教学问题、评估问题和一致性问题。

（一）学习问题

这一教学单元有两个重点：其一是国会法案，它们是通过各种美国殖民地人民的眼光所看到的。其二是有说服力的论文写作。头两个目标属于第一个重点；后两个目标涉及上述两个重点。通过考察用于评价论文的标准（见附件 A），我们能清楚地看到论文的两个重点。头两个"内容"标准涉及有说服力的论文写作（即陈述一个观点并支持那一观点）。后两个"内容"标准涉及国会法案（即适当的理由、历史上准确的理由和能说明人物是爱国者或亲英分子）。余下的"内容"标准是在论文中除表现记忆之外还表现出理解的一个必要条件。

（二）教学问题

本单元两个重点导致教学活动出现一个有趣的模式。在第 1 天的一般介绍之后，后续两天的时间用于国会法案和殖民地的人民；然后有一天将重点转移到有说服力的论文写作，后续两天，重点又回到国会法案和殖民地的人民。最后三天，重点又转移到有说服力的论文写作。教学活动覆盖了全部六个过程类别（见表11-2）。在第一周，教学活动侧重**记忆、理解**和**运用**。在第二周教学活动侧重**分析、评价**和**创造**。

（三）评估问题

艾蕾辛女士使用了三种不同评估已达到三种不同的目的。第一，她用课堂提问和观察来检查学生对**概念性知识**的**理解**。学生能理解爱国者和亲英分子之间的差异吗？他们能理解用于评价他们的论文的标准吗？第二，小测验完全集中在**记忆事实性知识**之上，学生知道各种国会法案的细节吗？这些都被称为形成行评估。第三，终结性评估是对论文的评论。如前所述，评论性的评估在基于**事实性**和**概念性知识**的**创造**这部分。

（四）一致性问题

在单元格 A1（**记忆事实性知识**）、B2（**理解概念性知识**）和 A6、B6（**创造**［基于］**事实性知识**和**概念性知识**）都存在很强的一致性。每一个单元格包括一个目标、几天教学活动和某种评估。我们发现了某些小的不一致的现象：A2 单元格（**理解事实性知识**）、B4（**分析**［基于］**概念性知识**）、B5（**评论**［基于］**概念性知识**）和 C3（**运用程序性知识**）。这些单元格之一值得评论。在 C3（**运用程序性知识**）中的**程序性知识**可以运用于全部写作，包括收集信息、准备提纲、打草稿、重阅初稿、同伴复阅、修改草稿、将草稿交给教师和准备最终的稿子。所以是一种"超"程序。因为这一程序将在这一学年中一直被强调，所以在本单元，它只被简略提及，无目标陈述，也未进行评估。

五、遗留的问题

同所有案例一样，我们留下了几个未解决的问题，在结束这一节时，我们提出两个最重要问题。

1. **综合的（跨学科的）教学单元有什么利与弊**？本教学单元是一个将历史与语文相结合的很好的例子。这一做法有某些优点。例如，写有说服力的文章能使历史与现实生活相联系；为了写论文，学生必须使自己处于历史人物的地位。同样，综合性的单元帮助学生看到，现实世界的问题常常需要各门学科或领域的知识与技能。

与此同时，这一单元也例示了设计和传递这种单元潜在的问题，教师如何安排与这样的单元的双重重点有关的活动顺序？当需要综合两门学科时，教师如何评分和进行等第评估呢？教师如何根据两个维度，即历史事实与概念，有说服力的写作概念与程序来最适当处理学生的个别差异？为了充分理解最后一个问题，请考虑，综合性单元包括两组**事实性知识**、两组**概念性知识**和两组**程序性知识**。最后，在完全综合的跨学科单元中认知过程类别起什么作用？回答这样的一系列问题将需要长时间来设计综合性学科或跨学科单元。

2. **在评估中运用一般等第评定量表或评分项目会有什么危险**？希望艾蕾辛女士采用学区所用的一套标准去评价学生所写的有说服力的论文。此外，在其评价表中，采用了四条一般写作标准。结果是评价表上出现四套标准：(1)与有说服力的论文写作有关的标准；(2)确保与理解有关而不是与记忆有关的标准；(3)与文章内容有关的标准；(4)与一般写作有关的标准。如何权衡这四套标准以确定文章的质量呢？一般写作标准对评价文章质量有多少价值呢？当运用多元评价标准来评估写作任务时，这些问题（与其他问题）是值得讨论的。

附件 A   关于殖民地的论文评价表

姓名_____   日期_____
阅读论文并决定内容和写作惯例是否满足要求。
同意打勾;不同意留空格。

A. 内容   作者   同伴   教师
1. 在文章开头作者就陈述了一个清晰的观点

2. 作者至少提出三点理由来支持人物的观点

3. 作者提出的一条理由是书本或班级讨论中未提到的

4. 提出的理由与任务相吻合

5. 提出的理由在历史上是准确的

6. 读者能指出描写的人物是爱国者或亲英分子

B. 写作惯例
7. 作者写作的句子完整

8. 作者运用的标点正确

9. 作者的拼写正确

10. 作者的字迹清晰

附件 B　五年级字、词、句、段的写作标准

1. 句子完整(无破句)
2. 写出适当的段落
   a. 第一行缩进两格
   b. 写一个主题句
   c. 写支持性细节
   d. 针对同一主题写所有句子
   e. 写富有感染力的句子
3. 拼写正确
4. 字迹清楚易读

附件 C 鉴别一位殖民地人物

这里的一些问题能帮助你鉴别你论文中的人物：

1. 你是男人、女人、男孩或女孩？

2. 你生长在哪一个殖民地？你住在城市、小镇或农场？

3. 你的家庭有多少人？

4. 你的家庭在殖民地居住多长时间？

5. 你的家庭从事贸易或其他职业吗？

6. 你与英国有什么联系，如作为侄子、祖父、兄弟或伯叔？

7. 国会的收税（如糖、茶、玻璃、纸）对你或你的家庭有什么重要影响？

附件 D　学生的等第评分样例

约翰，你的论文好极了。写作思路清晰。我充分理解，为什么汤姆斯·古德森，这个波士顿银行家，是乔治国王和国会活动的支持者。你已仔细解释了古德森先生的主张和他与在伦敦的家族的联系。这一写作显示了你的文章最后稿子的显著改进。请保持这种良好的工作习惯。

卡恩，我读了你的论文，而且很清楚地知道，为什么琼斯是爱国主义的支持者。这一坎布里奇之窗肯定有理由感到乔治国王的行为是非正义的。你已解释了，为什么邮政法案的通过严重影响她丈夫的印刷商业和她的丈夫为什么如此沮丧。请仔细校对你的文章，以避免出现句子不完整的情况。这是你能够改进的地方。

本，我仍然不明白你在这篇文章中讲的理由。安德鲁斯·丹尼斯作为查尔斯顿的地主和兰开斯特的杜克的侄子，有许多理由支持英国政府的主张。他从成本低的农场把大米用船运到欧洲出售。他与在英国的家族保持紧密联系，而且从家族银行弄到许多贷款。每当你提到这一些事情时，你使他成为一位爱国者，但没提出理由为他的主张辩护。在我们商讨时讨论到这一点。你最后的稿子在我们看来似乎同我们看过的原稿一样。重要的是，你必须对你最后的稿子做出修改。本，你的文章在文字方面尚欠斟酌，仍有许多拼写错误和句法问题。请与我再次会面，以便讨论如何改进你的论文。

第十二章

"火山？在这里？"教学案例

本单元是有关火山教学的案例,由派克先生给宾夕法尼亚一个大的学区的七年级自然科学班来教授(本例由史密斯先生撰写)。

本班男生 15 人,女生 12 人,每周集中 5 次,每次 45 分钟。按自然科学成绩,4 名学生为高成就者,11 名为低成就者,其余 12 人为中等成就者。

我计划该单元用时 8 天,实际延长一倍(16 天),几乎是学年的一个月。

一、目　　标

设计本单元的目的是促进地球科学中的概念重构和有意义的学习。本单元基于地质学的优势研究范围,即地壳板块理论。与记忆有关火山的信息不同,本单元重点是把事实与理论综合在一起的"推论论据"。其主要目的是使学生"在火山方面变得更聪明"。

评析　在分类表的词汇中,"概念重构"可能在意义上类似于**理解概念性知识**。更具体地说,本单元中学生学习**概念性知识**,目的是要"塑造"或"矫正"学生带入本单元的概念框架。如同第五章所使用的,"有意义的学习"一语涵盖了除**记忆**之外的一切认知过程类目。最后,与尾随的具体目标不同,这里陈述的目标("在火山方面变得更聪明")是极为含糊的(大多数目标的陈述都是这样,见第二章)。

更具体地说,学生应达到如下四个目标:

1. 理解地壳板块理论,以此作为对火山的解释;

2. 考察和解释当地地质学的一组数据(地图、油井钻孔记录和岩石样品);

3. 比较本地区与有火山的地区如夏威夷和华盛顿这样的州的地质学;

4. 考虑反映在目标1—3中的学习,向地方专员写一封信,回答他的要求(见本章末附件A)。

评析　这组目标是有趣的。头三个目标中的动词("理解"、"解释"和"比较")都与**理解**这一认知过程类目相联系(见封底表5-1)。名词短语("地壳板块理论"、"当地地质学"、"有火山的地方")是较难分类的。"理论"显然与**概念性知识**有关(见封面表4-1)。第一个目标是**概念性知识**,这一点也由"作为对火山的解释"这一短语来支持。解释需要因果模型的建构(见表5-1)。因此,我们将前三个目标**归入理解概念性知识**这个类目。

第四个目标是一种总结性活动,不是一个目标,所以不予分类。然而在评估的第三节中,我们对评分表的成分进行了分类。

总之,我们把前三个目标置于分类表的单个单元格中,即B2单元格(**理解概念性知识**)。表12-1呈现了它们的位置。

表12-1　基于陈述的目标按分类表对火山教学案例的分析

知识维度	认 知 过 程 维 度					
	1. 记忆	2. 理解	3. 运用	4. 分析	5. 评价	6. 创造
A. 事实性知识						
B. 概念性知识		目标1 目标2 目标3				
C. 程序性知识						
D. 反省认知知识						

表例
目标1:理解地壳板块理论,以此作为对火山的解释;
目标2:考察和解释当地地质学的一组数据;
目标3:比较本地与有火山的地区的地质学。

二、教学活动

第1天 我在开始本单元教学时,首先向学生呈现来自地区专员弗里德的一封信,该信向学生提出了一个需要考虑的问题(见本章末附件A),即万一某一地区发生火山喷发,花大代价开发一个该地区的疏散计划是否明智。该专员正在请求学生帮助以便做出决定。我告诉学生,他们将要在本单元结束时,根据科学思考和证据,提交一份书面建议。我提醒学生,在这方面我们要使用课堂中强调的三条基本标准:清晰、火山各部分间的关系和与证据的一致性。学生要准备有事实、分析、发现和可信陈述的文件来支持自己的建议。而且建议必须建立在未来若干世纪该地区将有火山喷发的可能性分析的基础上。这一介绍占用了第1天的大部分时间。

评析 三条标准相结合为学生提供了用于整个单元的框架。该框架提供了专员的书信和单元中考察的数据之间的联系。因为这是单元的一般介绍,我们不将它按分类表分类。

第2天 在第2天,我请学生回答两个问题:(1)我被雇用来做什么? (2)我需要知道什么? 我请学生默读此信并要他们在不熟悉的单词和词组下划线。当一名学生问,"这里没有任何火山,我们为什么谈论火山?"时,我分发1986年2月1日的一篇报纸上的文章,该文报道了一个附近大城市地区的火山活动。

评析 这两个问题需要学生分析信中的信息。在**分析**这个过程类目中,这里的重点是**区分**——也就是区分有关与无关或重要与不重要的部分(见表5-1)。我们认为,信中呈现的细节知识是**事实性知识**。因此,我们将此活动归入A4单元格中,即**分析事实性知识**。

第3、4天 设计第3、4天的课,目的在于了解学生有关火山如何"活动"的现有观念。我请学生画出在地面和地下的火山像什么的图画,并解释火山为什么会喷发。在学生参与一段时间的工作后,我让学生暂停,以便为下一个任务作铺垫——创建一个与讨论火山有关的词库。我请学生命名包含在词库中的词语。在第3天的课结束时,我请学生阅读所选参考文献中有关火山的资料,并让他们上课时准备讨论他们阅读的资料。

在第4天,学生已开发了一个具有32个项目的词库。他们重新开始突然中止的绘画任务。我鼓励他们使用词库中的词汇来标记他们图画中的成分。他们也必须识别需要加入到这一词库中的词。我检查了他们怎样将三个标准——清晰、火山各部分间的关系和与证据的一致用到他们的图画中去。

我指导学生连同绘画来书写火山怎样活动的解释。在完成此任务时学生之间不要交流。我想知道：学生对火山已经知道了什么。他们的工作揭示了他们关于地下结构和火山喷发原因的观念的多样性。

评析　根据认知过程，这里的重点是**解释**（理解）。**解释**需要建构一个系统（在此例中就是导致火山喷发的系统）的因果模型。模型本身就是**概念性知识**（见表4-1）。因此，我们将图画和写作说明的活动归入**理解概念性知识**这个类目。

为了讨论模型，学生需要词汇。在分类表中，词汇与知识这一术语是相同的。因此，此处的重点是**事实性知识**（见表4-1）。因为术语要连同图画一起使用，我们把这种活动认为是**理解事实性知识**。词库充当记忆工具，因此，**回忆**作用降低，而重点转移到**再认**。

这一活动是一个很好的例子，说明了术语知识（**事实性知识**）和术语表征的类别知识（**概念性知识**）的差别。例如"岩浆"是代表"火山岩"的一个术语，将"岩浆"这个名称置于图画上，使学生有可能谈论他们的图画。没有适当名称标记，将不得不被迫指着图画的各部位，并且要不断说"这个"和"那个"。

第3天和第4天的活动以多种方式起预先评估作用。教师的兴趣在于，在教学实际开始前，了解学生关于火山喷发的原因知道了什么。因为每张图画伴随有许多解释，所以这些书面解释对于获得对学生的理解是必需的。因此我们涉及分类表中两个相关联的单元格：**理解概念性知识**和**记忆事实性知识**。

第5天　在第5天，整节课都是全班讨论学生关于火山喷发原因的观念。在仔细考察学生的工作之后，我挑选了5份不同的高质量作业向同学呈现和辩护。我分发了所选择的学生工作的照片，并告诉学生，讨论的目的是要考虑学生对火山喷发原因的各种可能的解释。结果表明，讨论对我和学生来说，都是难以置信的挑战。即使已有充分计划，但情境还是充满了即兴发挥。

在争论的中间时段，我提醒学生，得出火山喷发原因的一致看法并不是这次讨论的目的。相反，目的在于探讨学生的图画和想法的多样性，以便发现为什么学生理解他们所做的事情。真正的战斗必须是和事实与论据作战。让我们拭目以待。

评析　派克先生此时认识到，个别学生的知识的多样性。虽然这与他的重点（导致火山喷发的各种可能性解释）一致，但与他在第一个目标中所表达的意图不一致（即与地壳板块理论一致的解释）。最终，向共同的理解转移将会基于"事实和论点"。因此虽然第5天所有活动与第一个目标即**理解概念性知识**有少许关系，但第一个目标是仍然达不到的。

第6天　从第6天开始，学生着手他们承担的主要任务：考察他们家乡有关火山的地质学证据。我首先提问，如"什么岩石是火山形成的?""他们像什么样子?""我们这里有任何古老的岩浆吗?"此后6天学生围绕这些任务开展研究工作。

评析 重点转移到第二个目标。集中点是将岩石分类（**理解概念性知识**）。

我介绍了可以用于研究火山活动证据的地图。我拿起地图,将学生的注意力指引到各种不同的颜色（不同类型的岩石颜色）,使他们认识地图的比例并且描述地图图例怎样把颜色和岩石名称相联系。我也告诉他们,地图怎样与他们将要看的当地的地质学录像带相联系。接着,我指导全班一页接一页地浏览学生的研究材料袋和20页课文,其中包含有关地震的背景信息和报纸剪辑。

评析 这些活动的目的在于为学生提供积累的**事实性知识**。从认识上看,重点似乎是**记忆事实性知识**。学生最终可能必须选择相关知识（**分析**）,但我们不得不等着看。

我接着告诉学生有关地震板块理论,运用三维模型和电影胶片讲述该理论的主要成分。在整个呈现过程中都提示学生,思考这些信息对于整个任务的作用。

评析 理论和模型知识是**概念性知识**（见表4-1）。最后派克先生要学生运用这一理论和模型解释火山喷发时所产生的现象。因此,这里隐含的目标仍然是**理解概念性知识**。

最后我播放15分钟有关地震和地质工作的电视录像。录像的第一部分包含新近的地震和当地博物馆的地震图。第二部分显示当地地质工作者谈该国北部岩石的显露情况。他描述地质学家如何收集岩石样品。他也论及怎样将地质图运用于确定岩石的年代。他告诉学生,他所收集的岩石就是他们班级正在考察的岩石。在放映录像时我给予评论,告诉学生与他们的任务有关的重要特征（如考察证据,运用地图,确定岩石年代）。

评析 录像的第一部分包含大量**事实性知识**。然而目的不是让学生记住这些知识,而似乎在于激起学生的学习动机（即让学生面对的任务有正当的理由）。录像的第二部分转移到**程序性知识**（比如如何收集和记录岩石样品,如何确定岩石的年代）。最后希望学生至少将这种知识中的某些知识作为**程序性知识**加以**运用**。但此时重要集中点似乎是**记忆程序性知识**。

第7天 在第7天,我指导学生就该州的地质图进行了较充分的讨论,告诉学生如何使用该图并确保学生知道火成岩是火山活动的关键证据。然后在第7天余下的时间和第8天大部分时间我让学生按小组活动去完成任务,即按岩石种类（火成的、变质的和沉积的）完成数据表,列出该州出现的每一种岩石。

评析 重点转移到**运用程序性知识**（即运用地图）和**记忆事实性知识**（如火成岩是火山活动的关键依据）。当任务完成以后,学生将产生一个岩石的书面分类系统。因此我们回到**理解**（如分类）**概念性知识**。

在学生完成小组任务之后,他们要回答四个问题:

1. 我们家乡发现的主要岩石种类是哪些?

2. 家乡的火成岩有哪些种类(侵入的或喷出的)?

3. 按地质图,最近的火成岩离我们的城市有多远? 他们的年代如何?

4. 根据我们家乡火山活动的可能性,你能得出什么结论?

评析 这些问题引出学生各种知识类型和认知过程类目。第一个问题需要**记忆**(即回忆)**事实性知识**,第二个问题需要**理解概念性知识**,第三个问题需要**运用程序性知识**(即如何使用比例确定地图上的距离)。第四个问题需要学生进行推理。**推理**属于**理解**这个过程类目(见表 5 - 1)。这些推理要基于学生的数据知识(即**事实性知识**)——因此要**理解事实性知识**。

第 8 天 在第 8 天,我指导一次"评估性谈话"。我在每组学生中选择一名自愿者来到黑板前,写下小组对上述四个问题中其中之一的回答。回答完后,我请班上的学生肯定或否定这些回答。对头两个问题的争论很少,但对第三个问题的回答引起了争论。要回答此问题,学生必须测量他们家乡和最近的火成岩之间的距离。各组提出了不同回答,从 120 英里到 250 英里之间变化。为了节省时间,我在地图投影上测量距离并得出答案:距离 57 亿年前的侵入性火成岩为 150 英里。

评析 基于这种"谈估性谈话",派克先生知道学生能**记住**相关**事实性知识**(问题 1),而且**理解**了重要的**概念性知识**(问题 2),问题存在于**运用程序性知识**(问题 3)。

此时我已为引导学生回答第四个问题做好了准备。很快得出一致意见,即家乡火山活动的可能性很小。但他们同意我的意见:不能完全排除这种可能性。然后我向学生介绍下一个任务:把在他们家乡收集的岩石与在圣海伦斯火山(Mt. St. Helens)收集的岩石进行比较。

评析 在讲解了**运用程序性知识**这个问题之后,学生能够作出他们家乡火山喷发的可能性的适当推论(这里是他们**理解概念性知识**的证据)。

我将 10 块岩石样品分发给学生小组,5 块来自火山地区,5 块是在当地收集的。我请学生将石头样品与岩石不同种类的描述相匹配。学生在 15 分钟内完成了此任务。但当我巡视教室时,看到许多学生将轻石与沙岩相混淆。关键的误解,是因为轻石是火成岩,并且不是在他们家乡找到的。因此,我决定引导一次简短的"评估性谈话",以达到石头样品的身份与这些"发现"所表明的当地地质学的情况相一致。

评析 这一活动涉及**分类**——因而是**理解**(见表 5 - 1)。分类涉及岩石样品和岩石"种类"(即类目)。类别和类目都表明**概念性知识**(见表 4 - 1)。

第 9—12 天 随后四天对我和学生都提出了最大的挑战。学生要在围绕他们州的 5 个州的地质图上寻找火成岩的证据,将火成岩的位置移到六个州的范围的基础地图上,测量最近的火成岩距离,并且确定这对影响他们家乡的火山活动有什么含义。

评析 这 4 天的活动是在一个更大的地理环境中对第 7 天和第 8 天活动的重复。集中点是将家乡扩大到多个州,包括新近有火山活动的一个州。因此我们根据分类表对活动的先前分析在这里仍然适用。

在第 9 天,我首先让学生思考火山喷发的广泛性和如下事实:他们的家离其他三个州仅 30 英里远,而他们只看过他们州的地质图。当学生的反应表明,他们似乎尚未理解火山喷发的规模时,我提醒学生,当圣海伦斯火山喷发时,100 英里远的城市都被火山灰覆盖。一旦相信学生已理解了他们为什么要完成此任务,我便给予他们如何完成任务的具体指导,包括注意不同州的地图上使用的不同颜色和不同比例尺度,及建议如何在基础地图上测量距离,并提示他们所绘制的主要岩石种类表应被用作决定某一特定石头是不是火成岩的关键。

评析 给予学生的指导联合了**事实性知识**(注意)、**程序性知识**(如何)和**概念性知识**(岩石种类表)。期望学生**记住事实性知识、运用程序性知识和理解概念性知识**。

接下来的三天(第 10—12 天),我几乎花了全部时间来巡视小组,帮助有困难的学生。我记录下来的主要困难是:

1. 要收集大量资料;
2. 确定变形的火成岩"状态";
3. 州与州之间的地图图例的差异;
4. 地图比例尺度差异;
5. 在基础地图上绘制数据的多种方法;
6. 测量最近的火成岩距离的多种方法。

评析 这些困难加在一起表明问题在于要同时处理**事实性知识**(如数据的绝对数量)、**概念性知识**(如岩石的种类、地图比例尺度)和**程序性知识**(如测量数据和测量不同地图上距离的方法)。这些困难之一或全部都很可能干扰主要单元的目的即**理解概念性知识**。

第 13 天 作为"评估性谈话"的一部分,我挑选了由学生准备的几张基础地图中的一张,并用不透明投影机投射在墙壁上。当我投影每张地图时,我请准备地图的小组中的一名学生描述地图。我用了大部分时间来帮助学生解决岩石种类和年代及从他们家乡到最近火成岩的距离的差异问题和争执问题。可惜的是,要评价和改进每一张地图,就需要时间和精力,这些都妨碍我帮助学生认识到他们正在考察的证据中存在的局限性。

评析 学生中的矛盾似乎与**概念性知识**(岩石种类)和**程序性知识**(如何确定石头的年代,如何确定岩石与家乡的距离)领域有关。可惜的是,岩石种类、年代和离家乡的距离的数据也许是确定家乡火山活动的可能性的关键因素。

现在要求学生就他们家乡火山出现的可能性提出他们所考虑的新证据。八名学生中有一名学生说,他们没有足够的证据来确定火山活动的潜能。其余学生准备这样做。约有一半学生说,火山有可能影响当地,并引用了远处古老的火成岩作为支持结论的证据。另外一半学生说不可能有火山,因为过去的火成岩距离现在太遥远,而难以影响他们。

评析　第9—12天活动的结果是:学生从意见一致(**理解概念性知识**)到不一致和分歧。

第14天　至第14天,我感到教学时间太紧。我催促学生通过考察城市位置的文件项目与地壳板块之间的边界相联系。他们考察从太平洋到大西洋跨时区的地球外壳和覆盖物。圣海伦斯火山山峰紧靠一个板块边缘,他们的家乡离最近的板块边缘大至2 000英里。

评析　至单元此处,派克先生重新介绍了考查与讨论证据的理论基础:地壳板块理论(**概念性知识**)。此外,他提供了**事实性知识**的一个关键部分:学生的家乡现在靠近一个板块的边缘。因此,他使得学生集中注意主要目标:理解**概念性知识**。

表12-2　基于陈述的目标按分类表对火山教学案例的分析

知识维度	认 知 过 程 维 度					
	1. 记忆	2. 理解	3. 运用	4. 分析	5. 评价	6. 创造
A. 事实性知识	*第3、4、6—14天的活动*	*第3、4、7天的活动*		*第2天的活动*		
B. 概念性知识		**目标1;目标2;目标3**;*第3—14天的活动*				
C. 程序性知识	*第6天的活动*		*第7—13天的活动*			
D. 反省认知知识						

表例
目标1:理解地壳板块理论,以此作为对火山的解释;
目标2:考察和解释当地地质学的一组数据;
目标3:比较本地与有火山的地区的地质学。

我设法指引学生注意一个事实,即美国大陆的两个火山区即圣海伦斯与黄石有某些共同点:升起的岩浆。我也指引学生注意研究材料包的第1页,在该页上显现出世界板块图和跨时区地表和覆盖物,它表明岩浆怎样在靠近板块边缘升起。有了这种材料,学生便开始回答有关地壳板块理论的含义,以作为他们将要建构的论据。

评析 这里有较多**事实性知识**(火山区正在升起的岩浆,岩浆在靠近板块边缘升起),**事实性知识**有助于学生弄清关键问题,从而提高对**概念性知识**的**理解**。

表12-2呈现了我们根据分类表对教学活动分析的总结

三、评 估

在第15天,我意识到,这个班级仍然把火山的可能性与影响的区域分离。有些学生深信,位于150英里远的古代火成岩,现在仍有威胁的可能性。然而,我已准备让学生开始给地区专员写信:我对班级的指导强调每个小组得到一致意见并有说服力地为自己所采取的主张进行辩护的重要性。

我按评分表评价了学生写给弗里德先生的每一封草拟信件(见本章末附件B)。在运用这一评分表之前,我请学生和其他小组一道分享他们的信件。这些小组的学生运用评分表评估他们读到的每一封信。在这种练习之后,有些学生小组要求修改他们的信件并被允许这样做。尽管这些信代表有关中心问题的广泛意见,而且包含了多种多样的和有分歧的建议,我还是为它们所反映的高水平思维和理解而感到高兴。

评析 评分表包括四条标准。第一条是"概要中信息的准确性",这主要属于**记忆事实性知识**;第二条是"与证据的一致性",这就需要**理解概念性知识**。建议只能与以某种方式解释的证据一致。地壳板块理论为那一解释提供了概念框架。第三、四条标准很难分类。第三条是"认可多种解释"。如上所述,解释需要建构因果关系模型。建构的模型就是**概念性知识**的一种形式。"可供选择的"这个词暗示可能建构出多种模型,而且学生能从多种模型中生成其可供选择的变式。如果情形是这样,那么动词将会是"生成"(**创造**),名词是"多种模型"(**概念性知识**)。然而,与板块理论不同,模型的生成与第一个目标相冲突。最后,第四条标准同样是具有挑战性的。如果我们假定写作程序(如写信)是预先教给学生的,那么这一标准需要**运用程序性知识**。然而,如果学生需要自己构想出来,那么涉的认知过程很可能是**计划**和**产生**。在此情形下,第四个目标需要**创造**[基于]本单元包括的大量**事**

实性知识、**概念性知识**和**程序性知识。**

除了这种正式评估之外，在单元教学中我还从事了两次"评估性谈话"。第一次在第 8 天进行，紧跟在学生回答有关岩石种类和火山活动的四个问题作业之后。第二次在第 13 天进行，涉及学生基础地图作业的班级讨论。

评析　如同我们在教学活动分析中提到的，包含在第一次"评估性谈话"中的提问可以分类为：(1)**记忆事实性知识**；(2)**理解概念性知识**；(3)**运用程序性知识**。此外，基础地图讨论集中在：(1)**理解概念性知识**；(2)**运用程序性知识**。

表 12－3 呈现了我们根据分类表所作的分析的总结。

表 12－3　基于评估按分类表对火山教学案例的分析

知识维度	认 知 过 程 维 度					
	1. 记忆	2. 理解	3. 运用	4. 分析	5. 评价	6. 创造
A. 事实性知识	第 3、4、6—14 天的活动；评估 A1；评估 B(1)	第 3、4、7 天的活动		第 2 天的活动		评估 B (4)
B. 概念性知识		**目标 1；目标 2；目标 3；第 3—14 天的活动；评估 A1,2；评估(B)；**				评估 B (3,4)
C. 程序性知识	第 6 天的活动		第 7—13 天的活动；评估 A1,2			评估 B (4)
D. 反省认知知识						

表例
目标 1：理解地壳板块理论，以此作为对火山的解释；
目标 2：考察和解释当地地质学的一组数据；
目标 3：比较本地与有火山的地区的地质学；
评估 A＝评估谈话 1,2；
评估 B＝给专员的信的评分表；标准 1、2、3、4。
浓阴影表明了高度一致——目标、教学活动和评估全都出现在同一单元格中，浅阴影表明三者中的两者出现在同一单元格中。

四、总结性评论

在此我们要根据四个基本问题即学习问题、教学问题、评价问题和一致性问题考察这一教学案例。

（一）学习问题

本单元的实际重点是最后的活动即给地区专员写信。学生要在信中提供有关"火山急救"计划的建议。目标 1 是为该建议提供理论基础；目标 2 和 3 旨在为建议提供经验的支持。然而数据能否提供支持，学生必须解释数据。解释需将**概念性知识**（即岩石的种类）、**程序性知识**（即如何阅读地质图）和**事实性知识**（即火成岩是火山活动的关键证据）加以整合。

（二）教学问题

在最初几节课之后，派克先生充分依赖投影活动。单元最后一半或大约最后 7 天，学生同时**记忆事实性知识**、**理解概念性知识**和**运用程序性知识**。遗憾的是，这些活动费时太长，以致派克先生不得不在单元快要结束时，采用讲演形式（第 14 天），而学生仅有两课时去完成他们的作业（第 15、16 天）。

（三）评估问题

派克先生运用他所谓的"评估性谈话"来确定他的学生是否朝向实现单元目标获得进步。两次评估性谈话所包含的问题涉及**记忆事实性知识**、**理解概念性知识**和**运用程序性知识**。这些问题起形成性评估作用。

主要单元评估是小组设计，每小组必须准备一封给地区专员的信，陈述应不应该为一疏散计划提供资金，并为具体建议提供理由。每组的设计要根据一套标准来评价。这些标准处于分类表的 5 个单元格：A1（**记忆事实性知识**），B2（**理解概念性知识**），A6（创造［基于］事实性知识），B6（创造［基于］概念性知识），C6（创造［基于］程序性知识）。

（四）一致性问题

正如我们原先对目标陈述的分析所表明的，如果三个目标都与**理解概念性知识**有关，那么本单元就会明显出现几个一致性问题（见表 12-3）。重新将第二和第三个目标进行分类，将会产生较好的一致性。这两个目标都可改写成**如何**的形式。

学生将学会**如何**考察和解释当地的地质学数据。学生将学会**如何**比较当地和发生过火山的地区的地质。事实上,当我们考察教学活动本身时,"如何"就是期望学生学习的东西。当重新陈述后,这些目标将处于 C3 单元格(**运用程序性知识**)。如果是这样,二者都与第 7—13 天的活动以及评估性谈话一致。

然而,尽管有这些变化,在表 12 - 3 中,其他一致性问题还是明显的。例如,在评分要点中只有一条标准直接与"理论的"目标(目标 1)相关联。其他标准与**记忆事实性知识和创造**[基于]**事实、概念和程序性知识**相联系。

类似的,如果学生花更多课堂时间齐心协力准备小组设计,那么一致性会提高。显然,设计的完成很少受教师的指导影响。如果是这样,学生学习的评估明显不依赖于教师的指导和帮助,这与其他教学案例中的许多设计不同。

五、遗留的问题

同分析所有案例一样,我们留下一些未解答的问题。在结束这一节时,我们提出三个最重要的问题。

1. **在整个教学传递中,准备教学的适当作用是什么?** 派克先生计划一个教学单元,原先打算连续教 8 天。在头 4 天结束时,即在原先计划的单元的一半时间,他为学生提供了单元的方向,让学生决定他们的任务,并请他们画图表示他们关于火山的想法(用符号适当标识和解释它如何"活动")。这些活动虽然重要,但不是真正的教学活动。我们认为,它们是"预备性教学活动";也就是说,它们是教学的"出发点"。从派克先生所觉察的对这些活动的需要来看,他将会延长该单元的原先的时间。这一延长将很可能降低该单元后期他认为的时间限制。最后,当后期评估时,未请学生重新用图画表示他们关于火山的想法,这多少有点令人惊讶。那样将是对原先的单元目标有关的学习的直接评估。

2. **教学单元主要是依据目标的达成进行计划还是依据活动的完成进行计划?** 所有可以利用的资料表明,在 8 天当中时段,学生同意在他们家乡火山出现的可能性很小。在此基础上,他们能够开始写信给地区专员。然而派克先生为学生计划了更多活动,需要学生超越地区界限扩大研究范围。这肯定是有价值的活动,但从其达到整个单元的目标来看,结果是消极的。在第 8 天结束时达到的一致意见被第 12 天结束时的多种意见所替代。附加的活动干扰了一致的理解,这种理解是给地区专员写信所需要的。这一例子提出了目标与计划中的教学活动,也许更重要的是传递教学单元中的教学活动这两者之间的适当关系问题。

3. **在诊断学生的学习中,分类表能起什么作用?** 在第 7 天,派克先生向学生提出四个问题,第一个问题涉及**记忆事实性知识**;第二和第四个问题涉及**理解概念性知识**;第三个问题请学生**运用程序性知识**。第二天派克先生根据对这四个问题的回答对学生进行"评估性谈话"。在谈话中他知道,学生已**记住了事实性知识**,而且达到了**理解概念性知识**的某种程度。但在**运用程序性知识**方面明显存在困难。一旦这些问题被提出,而且学生达到了派克所追求的理解水平。这一例子指出了运用分类表诊断学生学习缺陷的可能性。当学生的缺陷被鉴别出来以后,我们可以改变未来的教学以帮助学生克服他们的缺陷。

附件 A 来自专员 F. Luckino 的信

工程与公共安全部

国土专员办公室 4 月 10 日

回复:关于我区地震和火山灾害的研究

大家充分了解,地震和火山会破坏财富和伤害人民或者甚至夺走人的生命。在一月份,一次大地震摇撼了加利福尼亚的洛杉矶。地震夺走许多人命,造成估计 3 000 万美元的损失。损失遍及家庭、商业、道路和桥梁。在 1980 年 5 月,华盛顿地区的 Mt. St. Helens 火山强烈喷发,火山爆发的威力摧毁地面 15 英里远的树木。接近震源区,一月份的两次地震打击了离我们 100 英里的一个城市,而且 1980 年的一次地震打击了大都市。一次地震能强烈到足以摧毁我国的桥梁和建筑物吗? 我们需要关注火山吗?

我们需要你们研究我们所在地区的地质,并告诉我们,这里是否有发生破坏性地震或火山的可能性。你们的研究结果将有助于我们决定,我国是否应准备地质灾害应对计划,这种计划应涉及人员疏散的准备和作出紧急的医疗计划。

这一挑战和重要的问题将需要努力和创造性地解决。为了支持你们完成此任务,我们收集了来自联邦和州政府的地质数据。这一信息包括地质图、横断面、油井钻孔纪录和岩石样品。我们也需要把研究材料包送给你们。我们认为,它将有助于你们理解地质证据。包里有关于板块理论的概要,将帮助你们理解地震和火山形成的原因。也包括关于最近地震和火山的剪报以及频繁产生地震和火山的地区的地质信息。

你们的任务是运用这些信息去解释我们地区的地质学,将我们所在地区与经常产生地震(加利福尼亚)和火山的地区进行比较,并确定我们家乡是否需要一个安全和人员疏散计划。

你们提交给我们办公室的最后报告应包括:

A. 你们关于破坏性地震和(或)火山将影响我们家乡的可能性所作的决定。

B. 对你们这一决定的解释,这一解释是通过将你们的研究证据与有关地震和火山原因的科学理论相比较而得到支持的。

C. 显示我们所在地区任何火山岩图和过去的地震图。

D. 通过我们地区的地质横截面图显示地下岩石结构。

E. 你们认为能支持你们的决定的任何其他项目和解释。

在以后几周,专业地质学家可能访问你们的课堂,视察你们的工作。这些科学家可能请你们谈谈你们的想法和对这一问题的推理。这些科学家将参与评阅你们的最后报告。

谢谢你们对这一重要问题的关注。祝好运!

你们真诚的地区专员
Fred Luckino

附件 B　关于地震单元终点任务的
作业评分标准

任务定义：像一名理解火山成因及其地理分布理论的科学家一样，考察我们所在地区的地质资料，并将它们与来自加利福尼亚的相应资料进行比较。根据你们的发现，给我们的地区专员写一封信，信中包括一份有关你们发现的准确总结和建议。建议涉及为我们的地区准备一个地震疏散计划的投资需要。建议应与收集的证据相一致，而且应认可多种可能的解释。

标　准	作　业　水　平
总结中的信息的准确性	3——总结中的信息完全和准确 2——总结中有些信息遗漏，组织与表达有误 1——总结的重要部分不准确和(或)重要资料有遗漏
与证据的一致性	3——建议与可利用的证据一致 2——建议大体与可利用的证据一致，信中较小的不一致被忽视 1——建议中的大部分与证据不一致
可能解释的认可性	3——就研究发现的竞争解释来看，建议质量是高的 2——建议是先进的，在认可多种解释时附带防止误解说明，但后者似乎有些牵强 1——建议似乎牵强和单一，只少许(或没有)承认多种解释
清晰性	3——建议陈述简明，合乎逻辑顺序，图画标记易于理解 2——在图画与解说之间的联系困难，建议含糊 1——建议与任务不对应，未得到证据支持
满分＝12	

第十三章

报告写作教学案例

本教学案例是由克里斯汀女士和迪安娜女士开发并执教的,它描述了一个报告写作的教学单元。案例中的教师柯林女士讲述了她们的经验。

本单元是在早春教给四年级学生的。他们已学会了彼此一起工作,大多数人学习并掌握了某些基本写作标准。该班共有 28 名学生,男生 13 人,女生 15 人,一半是少数族裔——亚裔、非洲裔、拉美裔。班级学生能力差异大,但没有发现需要特殊教育服务的学生。

该州的人们有很强的教育责任心。学生、教师和家长都明确意识到州的内容标准和达不到那些标准的后果。因此,我仔细选择了本单元的目标,使之与州的英语内容标准相一致。事实上,陈述目标的语言反映了这些标准。我的学生将在五年级结束时,根据这样的标准进行考核,不能达标的学生将要进入夏季学校和(或)留在五年级继续学习这些内容,直到他们达标为止。因此,我所关心的是,为所有学生做好高风险评估的准备。最后,由于州强调教学在主题上多学科结合,本单元在强调语言艺术课题的同时,整合了四年级的重要社会科学课题。

基于我对本单元的先前经验,我安排 6 周完成该单元。每天在该单元上花 90 分钟时间。

一、目　　标

这里有四个主要目标。学生应学会：

1. 识别、寻找、选择与撰写一位美国历史名人有关的信息源；

2. 选择有关美国历史名人的信息，这些信息应与学生口头和书面报告的目标相关联；

3. 撰写一篇内容丰富的报告，向全班和学校其他听众传递美国历史上名人的人生重要方面，而且要包括学生对该名人的贡献怎样影响社会的看法；

4. 就书面报告的一部分向班级演讲(演讲应包括名人部分生活的重要信息，这些信息是学生选择分享的，并且其组织良好，传递方式有效)。

评析　目标1包括三个动词："识别"、"寻找"、"选择"。该目标分类的关键是动词"选择"。在封底的表5-1中，选择是"**区分**"的替代名称，后者是"**分析**"这个类目的认知过程。从所有可以利用的材料来看，学生要区分那些与书写一篇美国历史名人的报告有关和无关的信息。在目标1中名词短语是"信息源"。如在前一案例中所指出的，信息源是材料。因此，名词短语对我们区分知识的适当类型提供的帮助很少。一个情形是学生将要学习(或已学习)区分有关与无关材料的标准。这便暗示了**概念性知识**(如什么使得有关材料是适当的)。第二个情形是要教给学生识别、寻找和选择有关材料的步骤。这种情况涉及**程序性知识**。如果此处**程序性知识**仍存在争议，那么将期望学生**运用程序性知识**(即执行一些步骤)。如果我们着眼**分析**，那么目标在分类表中最适当的位置是在B4单元格中，即**分析**[基于]**概念性知识**(虽然另一种推论，即**运用程序性知识**，不是没有道理的)。

第二个目标只有一个动词即"选择"。我们再一次涉及**区分**(**分析**)。名词是"信息"(而不是"信息源")。目标的陈述包含从我们的信息源中选择出来的信息的修饰词。信息必须是：(1)关于美国历史名人的；(2)与准备书面或口头报告有关的。第一个修饰语只是第一个目标中已有东西的重复。第二个修饰语是独特的。在所有可以利用的美国名人的信息中，学生必须选择与准备口头或书面报告有关的最适当的信息。所有线索整合起来都支持把目标2连同目标1置于同一单元格中，即B4中(**分析**[基于]**概念性知识**)。

对于后面两个目标，柯林女士的兴趣在于使她的学生去建构产品：对于目标3而言是一份草稿(非正式的文本)，对于目标4而言是一篇谈话(基于书面文本)。因此，在整个目标的背景中，两个含糊动词"撰写"和"传递"的意义便清晰了。它们都表明"建构"的意义。"建构"的一种替代说法是**产生**,是**创造**这个类目中的认知过程。

这两个目标中的信息大多数属于用以评价产品的标准。草稿将按下列标准评价:(1)与一定的听众交流;(2)人生的重要方面;(3)作者对人物影响社会的贡献的看法。口头谈话按它是否(1)包含必要的信息,(2)组织良好,(3)传递方式效果良好这三个方面来评价。由于这些标准是用于评价,它们的知识属于**概念性知识**。除此之外,学生也需要所写或所谈的人物的具体细节知识(即**事实性知识**)。因此后两个目标被置于分类表的A6(**创造**[基于]**事实性知识**)和B6(**创造**[基于]**概念性知识**)的单元格中。

表13-1提供了按分类表对目标分析的总结。

表13-1　基于陈述的目标按分类表对报告写作教学案例的分析

知识维度	认 知 过 程 维 度					
	1. 记忆	2. 理解	3. 运用	4. 分析	5. 评价	6. 创造
A. 事实性知识						**目标3** **目标4**
B. 概念性知识				**目标1** **目标2**		**目标3** **目标4**
C. 程序性知识						
D. 反省认知知识						

表例
目标1:选择与撰写一位美国历史名人有关的信息源;
目标2:选择有关美国历史名人的信息,这些信息应与学生口头和书面报告的目标相关联;
目标3:撰写一篇内容丰富的报告,向全班和学校其他听众传递美国历史上名人的重要人生方面,而且要包括学生对该名人的贡献怎样影响社会的看法;
目标4:就书面报告的一部分向班级演讲。

二、教 学 活 动

第1课　我在向学生介绍该单元时,用相当长的时间给学生描述了构成书面和口头报告的形式是什么样的。通过班级讨论,并在黑板上记下学生提出的有关要点,我把重点放在目的、听众、信息源和来自州标准公文及别处的其他成分上。总之,这些标准来自州的写作大纲。在结束讨论时,我为学生的书面报告展示了一个对"儿童—友好"的标准(见本章末附件 A)和一套评定口头报告的等级评定量表(见本章末附件 B)。这两个附件被学生用来计划他们的报告,被我用来评估学生的写作质量。

评析　如本章末的附件 A 所示,标准包括指导和评定书面报告的五条要求:展开、组织、遣词、造句和书写规则。班级讨论指导要点还包括其他要求:目的、听众和信息来源。最后,附件 B 中的等级评定量表(见本章末)提供了第三套标准。在我们的框架中,标准的知识是与**概念性知识**相联系的。在此我们还不能确定用于**概念性知识**的适当认知过程。然而似乎可以认为,因为第 1 课是一堂初步介绍课,所以教师的目的只是对标准作一次大致介绍。因此,从这样的活动推论出来的目标被归入**记忆**这一过程类别中。也就是说,学生应**记忆概念性知识**。

第 2 课　第 2 课涉及"记笔记"和识别主题。上课一开始我就给学生看录像片,要求学生把一张大纸分成四份,在其上面记笔记(我相信运用视像代替书本上的文段作为提示手段,降低了学生决定直接从课文的段落中抄录的几率)。该计划是要把学生记下的笔记公布在黑板上,便于全班能看见并对它们作出评论。学生共享这些笔记,当我把它们移到黑板上时,全班讨论了这样一个事实:即有些笔记可以根据同一主题或标题分组。我按全班成员方向,在黑板上移动笔记直到笔记分成了几组。然后请学生为每组确立一个标题。

评析　看来很清楚,认知过程强调**分类(理解)**。由于学生要将特定笔记置于主题类目中,然后给予命名,这里涉及两类知识:**概念性知识**和**事实性知识**。**概念性知识**要求学生**理解**;**事实性知识**要求学生**记忆**。

柯林女士实施了常用于产生(**创造**)产品有关的一系列活动。操作程序例示如何提供支架和示范。当学生在从事全班设计时,可以看到如何提供支架作用,即降低任务从研究材料的较简单形式到"真实的思维"。柯林女士的示范程序告诉学生如何进行工作和如何用"出声思维"的行为来提醒自己。

第 3 课　在下一课,我大声读书并示范我如何根据阅读的文段来作笔记。我阅读时,学生也作笔记。同先前一样,笔记呈现在黑板上,而且分组呈现,每组都有标题。学生一起读投影机呈现的文段。他们看我作笔记和将笔记分类。当我把我的笔记摘录张贴在黑板上时,我用"出声思维"的方式提醒学生关于我所做出的将笔记分组并给出标题的决定。

在经过一阵问题和回答之后,我要求学生围绕另一段共同阅读的文段作笔记。这一段材料明显比投影的文段要长。每位学生有一份 4 页关于华盛顿的复印材料,并要求他们根据材料作笔记。学生们以小组的形式合作,每个小组大约四个人,他们把记下的笔记登入一些纸条中,并在一张大招贴纸上将它们分组。学生按小组将自己的笔记分组,并尝试给分好的组命名。

当看到学生在这方面的进步时,我觉得学生需要在记笔记方面补充教学。我要求全班一起退回去,我再一次示范如何记笔记。学生回到原来的小组进行学习。在本课结束时,各组向全班报告了他们学习的结果。在接下来的讨论中,班级确认在学习有关华盛顿时似乎最有效益的小组。

评析　在本课,教师借助示范进行教学。问题是:期望学生从这种教学方式中习得什么? 他们要发展**程序性知识**吗? 这些知识是他们要用于"记笔记——笔记分组——命名"这一种程序中去的。他们要发展完成任务的**反省认知知识**(即他们自己的独特策略)吗? 为了使事情进一步复杂化,这一程序的第二步涉及**分析**这个类目中的认知过程。现在我们选择两个目标:**运用程序性知识**,和**分析概念性知识**。**运用反省认知知识**虽然不是一个独立目标,但它也许是**分析概念性知识**活动的一部分。

第4课　在下一课,学生仍按小组学习,我请学生读一本侧重于描述一位著名美国人即汉森的生活的书。希望班上全体学生读同一本书。不能照年级水平阅读的学生与同伴配对,听这一本书的录音。要求每一小组成员作为一个整体选择要向全班强调和描述该人物人生的一个方面。每组要选择汉森人生的一个方面——童年期、成年期、获奖和对社会的贡献等。每组运用"纪录——分组——命名"法进行记录和组织与汉森人生有关的每个方面的事实。我将每一小组"最终"的产品制成投影片,笔记和带标题的分类供全班分享和批评。我评论了那些与我的良好笔记的标准相一致的小组的工作的成分。

评析　这里至少有四个动词有助于我们确认教师所要寻求的认知过程:"选择"(**分析**)、"使用"(**运用**)、"组织"(**分析**)和"批评"(**评价**)。头三个动词表明:第4课是第3课的继续。因此,我们继续**分析概念性知识**,**运用程序性知识**。我们再加上**评价**[基于]**概念性知识**。基于类目(概念),而不是基于学生用来达到类目的过程(程序)来评价学生。

第5—8课　在下面几课,重点转移到让学生识别小组要作为集中研究对象的著名人物。我给学生一串美国著名人物的名单,学生可从中作出选择。名单中有男性、女性、白人、非洲裔、亚裔、当地土著人、拉美裔、总统、发明家、民权工作者等。除了努力允许学生作出选择以反映美国文化和种族差异之外,我仔细考虑名单,使学校图书都有适当的书来对应名单上列出的每个人物。

学生将有时间去探究他们可以利用的选择。有些学生从未听说过名单上的名人,有些学生从互联网上或图书馆查找这些人物,或向我询问有关人物的情况。

在几节课探究之后,学生对他们将要研究的人物做出分组的过程已有所准备。有趣的是,有些男生选择报道妇女,有些女生选择报道男人。黑人和白人学生选择研究不同种族的著名美国人。虽然我不清楚他们的理由,我还是为学生选择的多样性感到高兴。每组学生运用民主程序,选择一位著名美国人进行研究,已达到完成这一单元的目标。

评析　在这 4 天选择一个人进行研究的过程与单元的目标并无直接联系。虽然学会集中工作,学会考虑别人的观点和学习尊重民主过程是学校教育的重要结果。事实上,教学可以有一门课或长年的目标来处理这些想要的结果。关键在于我们并不想为这单元根据分类表对这些活动分类。

第 9 课　下一课涉及准备文献目录。鼓励学生去家庭图书馆、学校图书馆、互联网和其他地方去搜寻与他们选定的著名美国人有关的书籍和文章。我在开始教这门课时,先介绍有关华盛顿的几本书,描述这些首先收集的书籍如何根据其用途进行分类,而且告诉他们如何把书编成目录。其中有一两本书对于四年级学生来说,明显太难,其中包含学生不能读懂的信息。另一本是图画书,为小学生写的,有关华盛顿的文字内容太少。有四、五本书,按他们与人物的适合性来看,是针对目标的。学生看着我将这些书分类并讨论为什么有些资源比另一些更为有用。然后,我说明如何为你认为最有用的资源准备一张文献目录表。

评析　这里有两个目标似乎很重要。第一是根据研究项目的用途(区分书的标准)区分书籍(即信息源)。这一目标属于**分析**[基于]**概念性知识**。第二个目标是学会如何准备文献目录表。没有更多信息,我们将此目标归属于**运用程序性知识**。如果这一知识是作为一般策略来教的,而不是只能用于社会学科的,那么该活动就是**运用反省认知知识**。

第 10—16 课　从第 10 课开始和随后 5 天,学生开始研究小组所选定要从事研究的著名美国人。学生去图书馆、上网去寻找资源。为了与学校的媒体专家密切接触一起工作,我安排班级在图书馆渡过了许多时间。学生仔细阅读在图书馆可以找到的资源,确定这些资源是否能提供与美国名人有关的信息。

我的意图是:学生开始研究过程时,要像"真正"的研究者那样行动并且决定研究课题。头两天(第 10 课和第 11 课),学生只浏览书本并对张贴出的笔记作笔记。对于每个学生来说,阅读和作笔记是一件很安静的工作。每天工作结束时,小组成员只是把自己的笔记粘贴在广告板上。在每天结束时,小组成员开始回顾自己的笔记,并移动这些笔记,以确定小组成员可能要描述的主题。我强调小组工作时合作的重要性,保证所有小组成员都能参与工作。包括若干观点的文章摘录常常需要重写,这样才能使摘录材料适合一个类目。这些分类活动延续到后面的三天(第 12—14 课)。

在监督学生的工作时,我发现,有些学生小组不能找到主题——甚至在准备好了 50 份之多的张贴笔记之后也是如此。当学生尝试把卡片整理成主题时,他们似乎找不到头绪。当学生努力"发现主题"而连续两天不成功后,我决定帮助学生。我要么向学生建议一个或两个在我看来它们能反映学生的笔记的主题,要么督促学生重新阅读他们找到的书本的某些特殊文段。

评析　这七课的重点在于学生应用他们在第3、4课中学过的三步程序:(1)作笔记,(2)将笔记资料按主题分类,(3)给主题命名。这里有嵌入**程序性知识**中的分析;即该程序的第二步需要学生从事区分过程。由于这一步是运用过程的一部分,我们将这里的目标归属于**运用程序性知识**。

在学生做了几天的笔记,能更深入阅读并深入研究从做笔记过程获得的主题时,小组成员的阅读和研究越来越集中了。到第15课时,我请每个小组确定如何在成员之间分开准备自己的报告。给每个小组成员布置了一个独特的主题,这样每个学生的报告在内容上很少重复,每篇报告可以做到颇为不同。

在审阅了与所选主题有关的资源之后,如同前面所教过的(第15—16课),每个学生准备一张仔细斟酌过的文献目录表,该表在16课结束时交给我。我发现,有些学生作业马虎,只列出一两个资源。我努力帮助这些学生找到更多材料,或者帮他们选择另一个名人。其他学生找到的书和材料超越了他们的阅读能力。我帮助这些学生另找更适合的资源。

评析　"如同前面所教过的"这一短语有助于我们将这种活动分类。交给了学生特定程序以便他们用来准备文献目标表,并希望他们遵循该表。因此,我们将该活动置于分类表的C3单元格中(**运用程序性知识**)。

在第15课,学生确定如何将主题分派到小组每一个成员。这一活动同第5—8课的活动一样,属于同类别。所以这里不再赘述(见第179—180页的讨论)。

第17—20课　从第17—20课起,我们以"作家研讨会"形式开始写作活动。学生撰写报告的草稿,以反映他们所选定的名人的生活。我就学生所写报告的内容与组织同学生商量。有几位学生需要较多帮助,其他同学阅读他们的初稿并在与同伴商量中提供如何修改的建议。为了指导学生的评论与建议,在本单元的第1天,我向学生介绍了对"儿童—友好"的写作要点,学生在阅读初稿时用这些要点进行评论。这些要点有时对某些学生产生混淆,所以我把他们集中一个小组,清晰地告诉他们用于指导写作的标准和主题词。此外学生可以修改和编辑核对单(见本章末附件C),这一核对单常用于班级先前的写作活动中。在紧张的班级(和家庭)练习之后,作业按时交卷。

评析　这四课的活动侧重于产生(**创造**)书面报告并评论初稿(**评价**)。"产生"既需要**事实性知识**(具体事实),也需要**概念性知识**(主题)。"评论"主要需要**概念性知识**(即评分要点和修改与编辑核对单)。因此,我们把这些活动置于A6单元格(**创造**[基于**事实性知识**)和B6(**创造**[基于**概念性知识**)以及B5(**评价**[基于**概**

念性知识）。

表 13-2　基于教学活动根据分类表对报告写作教学案例的分析

知识维度	认知过程维度					
	1. 记忆	2. 理解	3. 运用	4. 分析	5. 评价	6. 创造
A. 事实性知识	第2课活动					**目标 3；目标 4；**第 17—20 课活动；第 21—30 课活动
B. 概念性知识	第1课活动	第2课活动		**目标1；目标2**第 3、4、9 课活动	第 4 课活动；第 17—20 课活动	**目标 3；目标 4；**第 17—20 课活动；第 21—30 课活动
C. 程序性知识			第 3、4 课活动；第 9—14 课活动；第 16 课活动			
D. 反省认知知识						

表例

目标 1：选择与撰写一位美国历史名人有关的信息源；

目标 2：选择有关美国历史名人的信息，这些信息应与学生口头和书面报告的目标相关联；

目标 3：撰写一篇内容丰富的报告，向全班和学校其他听众传递美国历史上名人的人生重要方面，而且要包括学生对该名人的贡献怎样影响社会的看法；

目标 4：就书面报告的一部分向班级演讲。

注：如正文中提到，与 5—8 课和 15 课有关的活动未根据分类表进行分析。

第 21—30 课　当书面报告交卷之后，教学单元还未完成。余下的任务是口头报告。此时，要求学生看评价口头报告的等级评定量表（见本章末附件 B）。要求学生选择并与小组成员分享他们打算介绍的名人的生活。小组倾听其每一成员的计划以及他们如何使口头报告富有信息和有趣。有的学生打算穿代表他们写的人物的化装服,有的学生打算分享可能提供某些具体例子的各种人造物,还有一些学生准备展览。每个学生都懂得,他们的报告不能超过 5 分钟。我在 10 天内每天安排 25 分钟进行口头报告——给予学生短时回答就口头报告的提问或评论(第 21—30 课)。这一活动在单元教学的 6 周内完成。

评析　据分类表分析这一活动,我们必须依赖用于评价口头报告的等级评定量表(附件 B)。由于等级评定量表属于标准,我们认为,它们代表**概念性知识**。报告的呈现以**事实性知识**为基础,我们进一步认为,期望学生运用等级评定量表去计划他们的口头呈现。因此,我们相信,适当的认知过程是**创造**。那么所推论的目标是:**创造**[基于]**概念性知识**和**事实性知识**(因为事实性知识是构成书面报告的原材料)。

表 13-2 显示我们根据分类表对全部教学活动分析的总结。

三、评　　估

我评估与评价我的学生学习该单元的成绩。具体地说,我要在他们运用研究程序、评价材料、选择主体、撰写作业四方面评估和帮助他们。当学生需要更多个别指导时,我给他们提供清晰教学,以改进他们的理解。简而言之,我依赖同事即媒体专家的判断,因为他也仔细观察学生正在取得的进步。

当学生在查找与选择他们要研究美国名人的信息时,我的工作与学生密切联系。有些学生能熟练运用图书馆和计算机查找信息。另外一些学生则存在困难。我连续帮助那些有困难的学生,并请成绩较好的学生帮助同组有困难的同伴。在征询了媒体专家的意见并考虑了我自己关于我的日记的摘录之后,我深信,至单元结束时,几乎每一位学生都有进步。

媒体专家和我一起密切注意学生在选择用于他们的报告的资料时所做的判断。正如在大多数领域一样,有些学生比其他学生需要更多帮助。选择过程的混淆不仅受"适当性"这一因素的影响,而且也受"可获取性"这一因素的影响。有些学生能选择适当的资源,但是阅读水平太低。此时的个别帮助变得十分重要。然而,至单元结束时,我相信,大多数学生已掌握了选择材料时的"适当性"观念。

为了评价第三个和第四个目标,我能分别运用《初级品质评分指导》(见附件 D)和用于评价口头报告的等级评定量表(附件 B)。结果表明,大多数学生似乎满足了为这两个目标所设立的标准,有些学生却未达到标准。我仔细研究了那些未达标准的学生的努力情况,以识别他们的薄弱领域。因为本单元只是在三月初教的,所以在后续的单元中,还有时间重教其中的某些重要技能。

表 13-3　基于评估按分类表对报告写作教学案例的分析

知识维度	认 知 过 程 维 度					
	1. 记忆	2. 理解	3. 运用	4. 分析	5. 评价	6. 创造
A. 事实性知识	第2课活动					目标3;目标4;第17—20课活动;第21—30课活动;评估F1、F2
B. 概念性知识	第1课活动	第2课活动		目标1;目标2;第3、4、9课活动;评估In2、In3	第4课活动;第17—20课活动	目标3;目标4;第17—20课活动;第21—30课活动;评估F1、F2
C. 程序性知识			第3—4课活动;第9—14课活动;第16课活动;评估In1、In3			
D. 反省认知知识						

表例

目标1:选择与撰写一位美国历史名人有关的信息源;

目标2:选择有关美国历史名人的信息,这些信息应与学生口头和书面报告的目标相关联;

目标3:撰写一篇内容丰富的报告,向全班和学校其他听众传递美国历史上名人的人生重要方面,而且要包括学生对该名人的贡献怎样影响社会的看法;

目标4:就书面报告的一部分向班级演讲。

评估 In1,In2,In3 分别指三次非正式评估;评估 F1(书面报告)和 F2(口头报告)指两次正式评估。

注:如正文中提到,与5—8和15课有关的活动未根据分类表分析。

浓阴影表明了高度一致——目标、教学活动和评估全都出现在同一单元格中,浅阴影表明三者中的两者出现在同一单元格中。

评论　已对学生的学习进行了正式和非正式的评估。非正式的评估是在第3、10、11 和 16 课进行的。在第 3 课，评估的重点是学生作笔记的技能（即如何记笔记、做摘录）。这表明**运用程序性知识**。第 10、11 课评估的重点是学生确定主题的能力（即对张贴笔记的信息做分析）。这代表**分析概念性知识**（运用于学生所形成的主题或类别中的**概念性知识**）。最后，第 16 课评估的重点是学生准备文献目录。教师的关注点是：项目的数目和包括的材料的阅读水平。因为这种评估明显与头两个目标有关，我将它归属于**分析概括性知识**（虽然，如同在讨论这些目标时提及的，这里也有**运用程序性知识**成分）。

两个正式的评估是对书面报告和口头呈现的评估。为了分析这些评估，我们先侧重"基本品质评分指导"（附件 D）和评估口头报告的等级评定量表（附件 B）。两者是我们能够用来评价学生写成的作品的概念框架。重要的是要指出，"评价"这个动词适用于教师，而不是用于学生。对我们的问题是：评价什么？简而言之，是学生创作的产品。该产品包含**事实性知识**（细节）和**概念性知识**（主题）。因此，我们认为我们正在论及**创造**［基于］**事实性知识**和**概念性知识**。因此，将我们推论的目标置于 A6（**创造**［基于］**事实性知识**）和 B6（**创造**［基于］**概念性知识**）这两个单元格中。

表 13－3 呈现了我们根据分类表对正式和非正式评估分析的总结。

四、总结性评论

在此我们要根据四个基本问题即学习问题、教学问题、评价问题和一致性问题考察这一教学案例。

（一）学习问题

正如本案例标题所表明的，本单元为报告的写作。对学生来说，本单元的目的是学习写研究报告，并学习口头传递文章的部分内容。目标 3、4 极好地体现了这一目的（见表 13－1）。据分类表，这一主要目的可以表达为**创造**［基于］**事实性知识和概念性知识**（书面报告和口头呈现）。从整个单元来看，最好是把目标 1、2 看作促成目标 3、4 的先决条件。它们是重要的前提条件或促进者。当学生达到头两个目标之后，他们就获得达到第三个和第四个目标的"原材料"。然而，达到一、二两个目标，需要学生能依据适当性、重要性和四年级学生水平的可读性来分析材料。要做到这一点，他们需要理解"适当性"、"重要性"和"可读性"的意义，而理解需要**概念性知识**。

（二）教学问题

早先的活动（第 1、2 课）已向学生介绍该学习单元（见表 13 - 2）。柯林女士告诉学生用于评价他们最终作品的标准，学生开始探索如何选择将要写成最后作品的信息。

如表 13 - 2 所示，许多课都是为教授运用程序性知识服务的。教师期望学生运用三个步骤去找资料和为写报告做准备。三个步骤是：(1)做笔记；(2)按主题将笔记摘录分组；(3)给每一个主题命名。在这些课中，教师为运用这些步骤进行示范。此外，对不能运用这些步骤的学生，她给予个别帮助例如"辅导"。这里需要指出，三个步骤的运用假定适当的材料已选好。但当教师在描述第 15 课和第 16 课时，这个假定的效度成了疑问。许多学生明显没有找到足够数量的资源。

大约进入单元的一半时间（第 17—20 课），重点转移到更复杂的目标：**评价**[基于]**概念性知识**和**创造**[基于]**事实性知识**。这些课的进行方式是一种"作者研讨会"。学生修改自己的书面报告并评价别人的初稿。

单元的最后 10 天安排口头呈现。学生有一套等级评定量表，以便于计划自己的口头呈现（见附件 B）。**计划**是**创造**这个类目中的一种认知过程。等级评定量表代表标准（**概念性知识**）。而且，学生拥有他们要研究的美国名人的**事实性知识**，这些知识是按学生鉴别出来的主题（**概念性知识**）组织的。因此，我把这两周的活动归属于**创造**[基于]**事实性知识和概念性知识**。

（三）评估问题

使用正式和非正式评估。如表 13 - 3 所示，非正式评估将**分析概念性知识**和**运用程序性知识**进行了某种联合。有趣的是：**分析概念性知识**成了教给学生运用的**程序性知识**的组成部分。在这种情形下，目标之一（**分析概念性知识**）被嵌套进另一目标（**应用程序性知识**）中。表 13 - 3 表明，非正式评估为教师提供了学生在前两个目标上的信息。

与非正式评估相反，正式评估集中在后两个目标上。有趣的是：运用普遍公平等级评定量表和评分要点评估目标 3 和目标 4。在一般方法中损失的是体现在目标陈述中（如在目标 3 中"美国名人的贡献怎样影响社会"和目标 4 中"学生选择与大家分享的美国名人生活片断的必要信息"）的具体标准。

（四）一致性问题

表 13 - 3 所提供了我们需要讨论一致性问题的信息。事实上，在我们前面的问题讨论中，我们已经讨论或间接提到一致性问题。例如在我们论述教学问题时，我

们提到,初期的教学活动为学生提供了该单元的概括介绍。那么毫不奇怪的是,它们并没有与任何具体目标或评估相一致。同样,在我们讨论评估问题时,我们指出,非正式评估与目标1和目标2相一致,然而正式评估与目标3和目标4相一致。

在单元格 A6(**创造**[基于]**事实性知识**)、B4(**分析**[基于]**概念性知识**)明显有很强的一致性。在这三个单元格中的每一格,至少有一个项目从目标到教学和评估是一致的。相反,在单元格 C3(**运用程序性知识**),尤其在 B5(**评价**[基于]**概念性知识**)中,不一致是明显的。尽管 C3 包括 9 节活动课,并无清晰的目标,有上述两个非正式评估,但该单元格是与 B4 密切相关的。同样,B5 与 5 节课有关,却无明晰目标,也无正式和非正式评估,但与 A6 和 B6 中的活动密切相关。

五、遗留的问题

同分析所有案例一样,我们留下一些未解答的问题。在结束这一节时,我们提出两个最重要的问题。

1. 如何促进涉及更复杂认知过程的程序性知识的学习,对此我们能做什么呢? 本单元的重点之一是教学生遵循三步步骤,使之从原信息过渡到为写报告而组织好的信息。这里的步骤是:作笔记、围绕主题组织笔记摘录和给主题命名。做笔记涉及**区分**材料的有关部分与无关部分。组织涉及如何确定将各元素(如笔记)整合在一个结构中。因此三步中的这两步涉及与**分析**有关的认知过程。在教师讨论的几点上,柯林女士表示:学生难以运用该程序。基于我们的分析,困难最大可能来源于**分析**,而不是**运用**。如果希望学生成功地**运用程序性知识**,我们能做什么才能帮助学生发展这些认知过程呢?

2. 在评估与创造这个认知过程类目相适合的目标中,使评价标准具体针对目标中的内容知识成分,其重要性如何? 我们前面已提到等级评定量表和评分要点包括公平通用标准。当学生在研究他们书面报告或口头呈现时,他们很可能得益于这些标准的知识。在我们的框架内,用于评价的标准知识是**概念性知识**。用来评价的标准知识不应与确定何时运用适当程序这一标准知识相混淆,后者是**程序性知识**的构成成分(见第49页)。而这里还有另一类**概念性知识**也是有关的。在组织来自阅读有关美国名人的信息时,学生也将有关信息置于所谓主题的类目中。这些类目的知识也**是概念性知识**。等级评定量表和评分要点包括了仅与评价标准有关的知识,而不包括与内容类目有关的知识。这些主题与它们是一体的吗? 标题精确和恰当地代表了潜在的信息吗? 等级评定量表和评分要点至少包括与第二类**概念性知识**——原理和概括的知识有关的某些标准,其重要性如何呢?

附件 A　Brandywine 学区中级写作标准

	展　开	组　织	用　词	造　句	书写规则
4	1. 有良好细节 2. 细节解释清晰 3. 细节紧扣主题	1. 有引言、主体和结论 2. 有过渡语连接开头、中间和结尾，逻辑清晰	1. 改变用词 2. 运用描述性的形容词、动词和副词	1. 句子完整 2. 句子开头有变化 3. 句子有意义	能正确运用： 1. 大写 2. 标点符号：句号、逗号、省略号、问号 3. 主语、动词和代词一致 4. 拼写
3	1. 有特殊细节 2. 细节常得到清晰解释 3. 细节常常紧扣主题	1. 有引言、主体和结尾 2. 细节有序，有意义	1. 用词有变化 2. 使用了某些描述性的形容词、动作词和副词	1. 句子较完整 2. 句子开头常变化 3. 句子总是有意义	经常正确运用： 1. 大写 2. 标点符号：句号、逗号、省略号、问号 3. 主语、动词和代词一致 4. 拼写
2	1. 有一些细节 2. 有些细节可能缺失 3. 有些细节需要更多的解释 4. 有时切合主题	1. 可能漏了开头、中间或结尾 2. 有些细节有序	1. 有时重复使用了某一个词或观念 2. 需要更多描述性的词和动词	1. 句子有时完整 2. 句子经常以同样方式开头	有时正确运用： 1. 大写 2. 标点符号：句号、逗号、省略号、问号 3. 主语、动词和代词一致 4. 拼写
1	1. 很少或无细节 2. 文章很短 3. 未紧扣主题	1. 开头、中间和结尾不清晰 2. 写作无序	1. 常重复用同一个词 2. 不考虑用词 3. 需要描述性的词和动词	1. 句子不完整	忘记正确运用： 1. 大写 2. 标点符号：句号、逗号、省略号、问号 3. 主语、动词和代词一致 4. 拼写

附件 B　谈话

学生姓名＿＿＿＿＿＿＿＿＿＿　　**评估背景**＿＿＿＿＿＿＿＿＿＿

指导语：按1—4级评分标准评定学生的讲演技能。

请在本表底部加上评语。

演　说　技　能	需要改进	一般	良	优
讲话时注视听众	1	2	3	4
保持良好姿态	1	2	3	4
口齿清楚	1	2	3	4
适当改变语音语调	1	2	3	4
代词清晰	1	2	3	4
有效运用停顿和手势	1	2	3	4
讲话时无坐立不安	1	2	3	4
避免口吃	1	2	3	4
讲话有序	1	2	3	4
为特殊目的发言：				
提供信息	1	2	3	4
提供欢乐	1	2	3	4
指引方向	1	2	3	4
说服	1	2	3	4
表达个人感情和意见	1	2	3	4
口头作文策略				
选择适当题目和材料	1	2	3	4
准备有效的呈现	1	2	3	4
有效组织信息	1	2	3	4
适当运用视觉辅助手段	1	2	3	4
达到了呈现目的	1	2	3	4
用词适当	1	2	3	4
说话与目的和听众相适应	1	2	3	4
有效的表现自我	1	2	3	4
评论				

附件 C   修改与编辑核对要点

我在写这个**主题**吗？

我**扣紧**我要写的**题目**了吗？

在我的写作中运用**细节**了吗？

我为我的细节提供**例子**或**观点**了吗？

我**组织**我的写作了吗？

别人能**清晰**地知道我**写**的东西的观点吗？

我**仔细选词**来表达我想要说的了吗？

我的**句子完整**吗？

我的**拼写**、**文法**、**大写**和**标点正确**吗？

"修改与编辑核对要点"来自特拉华教育部门。版权归特拉华教育部门。经过允许而重印。

附件 D　主要特征评分：报告的写作

姓名_____　　　**日期**_____

可能的分数	评分：内容：	形式：
4＝总是	40－37＝优	48－45＝优
3＝经常	36－34＝良	44－41＝良
2＝优势	33－31＝中	40－37＝中
1＝很少	30－28＝需要改进	36－34＝需要改进
0＝从没有	27－0＝不令人满意	33－0＝不令人满意

内　容
1. 主题是否集中？　　　　　　　　　　　　　　　　　　　　____
2. 听众对报告是否感兴趣？　　　　　　　　　　　　　　　　____
3. 报告是否有组织(开头语、主体、结论)？　　　　　　　　　____
4. 开头语点题吗？　　　　　　　　　　　　　　　　　　　　____
5. 主题的事实与题目贴切吗？　　　　　　　　　　　　　　　____
6. 结论部分总结、解决问题或回答问题吗？　　　　　　　　　____
7. 作者的意图是明白的吗？　　　　　　　　　　　　　　　　____
8. 报告有意义吗？　　　　　　　　　　　　　　　　　　　　____
9. 有研究证据吗(引用资源、调查访问)？　　　　　　　　　　____
10. 包括了作者的经验或原有知识吗？　　　　　　　　　　　　____
　　　　　　　　　　　　　　　　　　　　　　　　总分　　____

形　式
1. 报告有标题吗？　　　　　　　　　　　　　　　　　　　　____
2. 每段第一项缩进吗？　　　　　　　　　　　　　　　　　　____
3. 每个动词形式正确吗？　　　　　　　　　　　　　　　　　____
4. 每个代词使用正确吗？　　　　　　　　　　　　　　　　　____
5. 标题中所有重要词语以大写开头吗？　　　　　　　　　　　____
6. 每个句子以大写开头吗？　　　　　　　　　　　　　　　　____
7. 每个专有名词以大写开头吗？　　　　　　　　　　　　　　____
8. 每句以句号结尾吗？　　　　　　　　　　　　　　　　　　____
9. 在需要的地方都有标点符号吗？　　　　　　　　　　　　　____
10. 每个词拼写正确吗？　　　　　　　　　　　　　　　　　　____
11. 遵循正确的版式吗？　　　　　　　　　　　　　　　　　　____
12. 图解辅助包括吗？(是否恰当,是否不恰当)　　　　　　　　____
　　　　　　　　　　　　　　　　　　　　　　　　总分　　____

第十四章

对课堂教学中长期存在的问题的探讨

在第一章我们曾提出过四个基本问题,相信修订的目标分类学对于这几个问题的讨论会大有裨益。

- 学生在学校和课堂的时间有限,那么对于他们来说学什么才是重要的?(学习问题)
- 要使学生达到较高水平的学习,教师应如何备课和授课?(教学问题)
- 要获得学生的学习达到何种程度的准确信息,应该如何选择和设计评估工具及评估程序?(评估问题)
- 怎样才能确保目标、教学活动和评估三者间的相互一致?(一致性问题)

在六个教学案例中,每一个教学案例的末尾,我们对这四个问题都逐一做了简要的讨论。根据对这一整套案例的分析,以及在过去几年召开的集会上所做的大量讨论,我们归纳出了有关这四个问题的一组结论。这一章我们将把重点放在其中的九个结论上。

与学习问题相关的结论有两个。

- 迁移和保持是教学的重要目标。在这一点上,较为复杂的认知过程是很有用的。它们从习得情境迁移到其他情境;一旦形成,它们将会在长时记忆中保持相当长的时间。对于那些包含复杂程度较低的认知过程的教育目标,可把较复杂的认知过程用作教学活动,以便于使此目标更易掌握。在后一种情况下,复杂认知过程的学习是达到目的的一种手段,而非目的本身。
- 正是由于存在不同的认知过程,也就有不同的知识类型。知识和认知过程共同界定了学生实际上习得了什么。选择某一知识类型通常间接表明了与之相随的一个或几个认知过程。同样，选择某一个认知过程通常间接表明了与之相随的知识类型。

与教学问题相关的结论有两个。

- 特定的知识类型有规律地伴随着特定的知识过程。特别是**记忆**和**事实性知识**、**理解**和**概念性知识**以及**运用**和**程序性知识**，它们往往相互联系在一起。知晓并依据这些规律进行教学能使教师们更好地备课并更有效地授课。

- 如果不能把教学活动从教育目标中区分出来，这将会对学生的学习造成负面影响。当把重点放在教学活动上时，学生们的兴趣可能更多的是来自于**交流**活动而不是从活动中**学习**。因为经验是重要的老师，所以学生必须从其经验中学习。

与评估问题相关的结论有两个。

- 评估的目的多种多样，其中两个主要目的是：改善学生的学习（形成性评估）和给学生评分以反映其学习所达的程度（总结性评估）。这两种评估对改善教学和学习都是重要且有助益的。

- 外部评估（例如州的考试、地区性的评分指导）会以不同的方式影响课堂教学，这种影响可能是正面的，也可能是负面的。教师需要寻求某些积极且具建设性的方式，以便将这些外部评估纳入课堂教学中。

最后，有三个结论与一致性问题有关。

- 如果评估与目标不一致，那么此评估就不能提供清晰的证据以表明学生达到了预期的学习目标。所以教师应该确保评估与目标的一致性。

- 如果教学活动与评估不一致，那么评估结果可能会低估教学的效用。一名教师的教学质量可能很高，他的学生学得也可能同样很好，但与之不相一致的评估却没法获得能准确描述这种学习的证据。学生没有学习有助于他们通过评估的东西。的确，我们或许该让学生知道，学那些要被评估的内容比去全盘接受课堂上所教授的更加重要。

- 如果教学活动与目标不一致，那么学生可能积极参与了教学活动，但却可能没有达到预期的学习结果。目标能赋予教学活动以明确的意图。

在接下来的部分中，我们要对各个结论的某些细节进行讨论。对每一结论所作讨论的组织结构本质上都相同。在每次讨论的开始，我们都会引用教学案例中的实例，以便于将教学实践作为每一结论的基础。而后我们会简要地说明为什么结论对于教师是重要的。最后，我们会对"分类表"在运用这些结论所含知识的过程中应有的价值提出建议。

一、与学习问题有关的结论

（一）利用复杂的认知过程促进简单目标的掌握

在国会法案教学案例中（第十一章），教师选择了将论说文的写作纳入这样一个单元，此单元涉及 18 世纪六七十年代乔治国王的税收政策对美国殖民者的影响。她为什么选择这样做呢？因为她相信如果学生将自己置于历史情境中，并以一个爱国者或是亲英分子的立场撰写一篇论说性评论文章的话，他们会对税收政策的影响有更深的理解。撰写评论除了要求学生具备与论说文写作相关的**概念性知识**和**程序性知识**外，还要求学生在本单元已有材料的基础上进行**分析**、**评价**和**创造**。尽管如此，我们无意将那些包含有更为复杂的认知过程类型的教学活动作为目标。相反，它们是手段，学生借助它们就会更有可能达到这个单元的主要目标——理解乔治国王的税收政策对美国殖民者的影响。换言之，采用**分析**、**评价**和**创造**活动的意图是增进学生的理解。

其他的教学案例里有类似的例子。"火山？在这里？"教学案例（第十二章）的焦点是"概念重构和有意义的学习"。在本单元教学的开始，教师让学生画一幅火山图。这些图画本身就包含着学生关于火山的原初概念。教师让学生阅读了涉及各个方面的课文，分析考察各种资料并与其他同学讨论，期望通过这些活动他们能修正其原初的概念，使之更符合火山的实际结构。更进一步说，这种"概念重构"使学生能够去探讨他们社区里火山爆发的几率，并写信建议政府专员为他们提出的撤离方案提供资金。随后进行本单元的主要任务，即要求学生去**分析**（例如分析资料）、**评价**（例如评判他们一开始画的火山图与新获得信息的一致程度）以及**创造**（例如统合多种来源的信息）。我们再一次看到，尽管在教学活动中利用了这些较复杂的认知过程，但这并没有改变本单元主要目标的性质，它依然是**理解概念性知识**。

1. 利用复杂认知过程类目的重要性

尽管**记忆**、**理解**和**运用**经常与特定类型的知识相联系，但**分析**、**评价**和**创造**往往是更可概括的认知过程类目。也就是说，它们往往用于各种知识类型。作为活动，它们还可用于促进**记忆**、**理解**和**运用**。教学案例中有各种运用的实例。

在学习中利用较复杂的认知过程并不是一个新观念。在原《手册》中，一段有关**评价**的文字这样写道：

由于我们认为评价在某种程度上有赖于所有其他类目的行为,因而在认知领域我们把评价放在了最后。尽管如此,评价并不一定是思维和问题解决的最后一步。相反,在某些情况下,评价过程则很可能是获得新知的前奏,尝试新一轮领会和运用的开端,或作进一步分析和综合的序幕。(布卢姆等,1956,p. 185)

相信以上推论同样也适用于**分析**和**创造**。

进一步说,由于这些较为复杂的认知过程的普遍适用性,它们支配着学习和问题解决的迁移。但这并不是说学习和问题解决的迁移与知识无关。相反,我们认为在利用涉及诸如**分析**、**评价**和**创造**这些较为复杂的过程的活动时,学生反而愈加可能在知识的各元素间建立联系。

一个直接教授这些较复杂、更可概括的过程类目的方式,就是将之纳入学生的**反省认知知识**中。就如我们在第四章中提到的,**反省认知知识**比其他类型的知识更具策略性。分析策略、评价策略和创造策略是**反省认知知识**的核心。起初,这些策略可能需要从外部教授给学生,也就是直接由教师教授。火山教学案例中的评分规则、营养教学案例中的评分指导、国会法案教学案例中的地区性写作指导以及《麦克白斯》教学案例的图表中都包含由外部施加的策略。为使策略更易于转化为**反省认知知识**,教师一般应帮助学生反思这些策略与其自身学习的关系。在学生对这些策略的提炼和学习达到一定程度后,它们便会成为其**反省认知知识**的组成部分。

《麦克白斯》教学案例中的图表是一个值得注意的例子,这种形式可以用来作为一个旨在促进反省认知学习的讨论基础。除去具体的教学材料不论,表的左边一列包含了做比较的标准。顶端的一行包含了比较的对象(这个例子中是有关《麦克白斯》的影片)。这个样式几乎可以用于任何一种对象和比较标准。

需要强调的是,外加策略的学习需要大量时间和练习的机会。在这点上,火山教学案例中派克先生的评论值得我们注意,他很有兴趣帮助学生"养成这样一种习惯:把他们及其同学的反应与可利用的证据进行比较"。

2. 分类表的价值

分类表的价值远不止在于让我们意识到有将复杂认知过程纳入课堂教学的可能性及其合理性。这个二维表清楚地表明,较复杂的认知过程类目既可以直接作为达到"较高级"目标的基础而教授给学生;也可以用作某些教学活动,以促进包含较低级过程的类目的学习。较复杂的认知过程的多种用途给教师的教学技能库增添了新工具。

另外,分类表还指出,有必要从知识这个方面来考虑复杂的认知过程。尽管在我们的框架中我们不得以只讨论认知过程,而不讨论与之相应的知识类型,但是复杂的过程从来不会作为结果而教授。要成为"结果",它们必须与某种类型的知识相结合以形成一个目标。

最后,"什么值得去学习?"这是所有有关课程的问题中最基本的一个。由于分类表的所有单元格都为此问题提供了可能的答案,因而分类表能鼓励教育者们去考虑多种教育的可能性,而不是受制于学校和课堂生活的约束,经常被牵着走。

(二)选择多种多样的知识

在教学案例中,我们举例说明了四种主要知识类型,它们都是我们期望学生获得或建构的。在第八章的营养教学案例中,我们期望学生学会广告设计者使用的六种"吸引力"的名字。在第十二章的火山教学案例中,学生要记住"火成岩是火山活动的关键性证据"。在第十一章的国会法案教学案例中,我们期望学生知晓有关糖税法案、印花税法案和汤宪德法案的具体知识。在第九章的《麦克白斯》教学案例中,我们期望学生能记住这出剧目的重要细节(例如,在邓肯被谋杀前,麦克白斯认为他看到了什么)。在第十章的加法事实教学案例中,学生要学会 18 以内的加法事实。最后,在第十三章的报告写作教学案例中,学生们要学会与美国名人相关的细节信息。这些都是**事实性知识**的例子。

教学案例中我们也强调了**概念性知识**。在营养教学案例中,每种吸引力(例如,爱慕和钦佩,舒适和愉悦)事实上都是吸引力的一个**类目**,每个类目中都包含有多种实例和典范。每个类目都是由一些共同属性界定,这些属性明确限定了包括和排除的规则(例如,是什么使得一种具体的吸引力成为对爱慕和钦佩的吸引力?对爱慕和钦佩的吸引力又都是怎样区别于对舒适和愉悦的吸引力)。学生不仅要能给吸引力**命名**(这是**事实性知识**),**概念性知识**还要求他们知道其潜在所属的**类目**,这是最低限度的要求。下面是教学案例中的其他一些**概念性知识**的例子:

- 火成岩和板块构造理论(火山教学案例)
- 爱国者和亲英份子(国会法案教学案例)
- 悲剧性英雄、动机[①]和讽刺(《麦克白斯》教学案例)
- 加法的可交换性——虽然未出现这些名称(加法事实教学案例)
- 主题(报告写作教学案例)

这些例子大部分都是不言自明的;尽管如此,对可交换性和板块构造理论做一下解释则更为妥当。属性和理论包含多个概念。可交换性中包含"顺序"和"等价"的概念。与板块构造理论相联系的概念有"大陆漂移"、"岩石圈"、"软流层"、"断

---

① 译者注:英文的对应词是 motif,是指在文学作品或音乐中有规律地反复出现并逐步发展的一个意象、主题或模式,在此暂译为"动机"。

层"、"地震"和"火山"。因而原理和理论是建立在概念及其联系的基础之上的。

教学案例中还包括**程序性知识**。国会法案教学案例中的**程序性知识**是有关怎样写论说文的。需要重点注意的是,学生可能掌握了论说文写作的**概念性知识**,但他仍然不能使自己的写作有说服力(即是说,他缺乏相应的**程序性知识**)。下面是其他教学案例中一些**程序性知识**的例子:

- 知道怎样利用地质图去确定岩石的年代(火山教学案例)
- 知道怎样使用"凑 10"技术(加法事实教学案例)
- 知道怎样设计一个广告(营养教学案例)
- 知道怎样完成一个填充表(《麦克白斯》教学案例)

最后,教学案例中还包括**反省认知知识**(尽管较之于其余三种类型的知识,它出现的频率要低一些)。在火山教学案例中,**反省认知知识**就存于我们期望学生用于核查他们所完成作业的适当性的标准中(即准确性、与证据的一致性、对其他可能解释的承认、明晰程度)。教师希望学生学会这些标准,并将之应用于整个教程以及其外的领域。下面是其他教学案例中一些**反省认知知识**的例子:

- 学生考察广告对他们自己做决定造成的影响(营养教学案例)
- 学生在把评论文章交给教师之前对其进行检查(国会法案教学案例)
- 学生获得记忆策略的帮助(加法事实教学案例)

1. 使用不同类型知识的重要性

四种知识的差异远不止语义上的不同。有证据表明,针对不同类型的知识应该采取不同的教学策略(安德森,1995)。**事实性知识**通常是通过重复和复述来教授。与之不同的是,有些种类的**概念性知识**最好利用类目的正、反例来教授。当像流程图那样的视觉展示可以被学生开发或利用时,教授**程序性知识**往往更有效。最后,**反省认知知识**的教授往往要依靠策略上的强调,而且通常是强调自我调节。另外,**反省认知知识**的发展形成一般要经历一段较长的时期,而通常不止一个教程或一个学期。

从用于一种知识类型的教学方法转换到用于另一种知识类型的教学方法对于学生发展较复杂的认知过程或许是有助益的。比如说,教给学生论说文的**概念**可以帮助他们理解它,这种**理解**或许可以使学生能够使自己的写作有说服力,但也可能起不到此作用。在学生**运用**其所学之前,我们需要的或许是把论说文写作的**程序**教给他们。同样地,学生或许能**记住**词典或课本上对讽刺下的定义(**事实性知识**),但他们仍然不理解讽刺的意义(**概念性知识**)。

为说明这一点,**讽刺**可被定义为"以表面含义与实际含义蓄意形成反差相反为特征的表达或措词"(《美国传统英语词典[双解]》,1992)。这行字的知识就构成了

事实性知识，学生是能记住的。为帮助学生更好地**理解概念性知识**，教师或许要强调一下讽刺的定义性特征(例如，"形成反差"、"表面含义与实际含义")，举例子(比如，"首相先生正极力主张抵制美国文化的影响，但此时此刻，他竟浑然不觉自己穿着美国牛仔裤")。把讽刺作为一个概念来教授，其中包括定义性特征和正例与反例，这样会更有可能促进学生的理解。

2. 分类表的价值

从前述的讨论中显然可以看出，在要学生获得或利用的知识的类型上，教师们还是大有文章可做的。对于那些教师认为最重要的知识，仔细考虑分类表的每一行使得他们能对这些知识的类型作出选择。确定了类型，再结合此种类型知识所连带的认知过程，教师们就能更有效地设计教学和评估。

这样一来，教师所面临的关键问题就是，对知识的各种类型进行区分，并帮助学生获得或利用此种类型的知识，从而使他们最大可能地掌握预期的目标。

二、与教学有关的结论

(一)认识知识类型与认知过程间的联系

在几个教学案例中(特别是火山教学案例，还有《麦克白斯》教学案例、加法事实教学案例以及国会法案教学案例)，在分类表的前三行(**事实性**、**概念性**和**程序性知识**)和前三列(**记忆**、**理解**和**运用**)之间存在一种平行关系。通常情况下，我们要去**记忆事实性知识**，**理解概念性知识**以及**运用程序性知识**。因而，当教师开始用知识维度的这些部分制订教学计划时(例如，"我应教给学生什么事实、概念和程序?")，他们自然会想到与之相关联的认知过程。

比如说，在加法事实教学案例中，**事实性知识**包括 18 以内的加法事实。与之相关的认知过程是记忆，于是目标就变成了"学生能记住加法事实。"同样地，在《麦克白斯》教学案例中，强调的**概念性知识**是："悲剧性英雄"、"性格缺陷"、"动机"和"讽刺手法"。此处相关的认知过程是**理解**，于是目标就变成了"学生能在自己的生活中理解《麦克白斯》的含义"(利用"悲剧性英雄"、"性格缺陷"、"动机"和"讽刺手法"这些概念建立这种联系)。最后，在火山教学案例中，要教给学生地质学家**怎样**收集岩石标本并做记录，以及他们**怎样**利用地质图来确定所收集岩石的年代。因而**程序性知识**是焦点所在。那么就不难设想教师会让学生**运用**此**程序性知识**去收集岩石标本和利用课上发的地质图了。

　　我们时常把**事实性**、**概念性**和**程序性知识**，分别与**记忆**、**理解**和**运用**搭配在一起，考虑到这种做法是有据可寻的，那么**反省认知知识**、**分析**、**创造**和**评价**又该作何处理呢？这个问题至少有两种可能的答案。

　　第一种可能是继续将之配对。就是说**反省认知知识**是与**分析**、**评价**和**创造**这些过程类型联系在一起的。支持此种可能的证据来自于我们那些包含**反省认知知识**的目标的例子。策略(例如，"火山？在这里？"教学案例和加法事实教学案例)几乎总是会要求学生去**分析**、**创造**和(或)**评价**。自我检查(例如，营养教学案例)，通过日志写作进行自我表达(例如，《麦克白斯》教学案例)，以及监控自己的写作(例如，国会法案教学案例)也同样需要一个或几个复杂的认知过程。

　　对于这个将较复杂的过程与知识配对的问题，还有另一种可能的答案，我们在本章早已讨论过。教师并不将这些过程在目标中作外显地陈述，而是将**反省认知知识**或三种最为复杂的认知过程纳入教学活动(或者使教学活动对其有所需求)，以期学生能达到"较低水平"的目标。例如，利用记忆策略帮助学生**记住事实性知识**。同样也可利用自我调节策略帮助学生正确地**运用程序性知识**。

　　尽管有许多目标遵循我们所描述的配对模式，但也有许多并不遵循，特别是那些直接指向掌握"高级"目标中技能的目标更是如此。在这些实例中，**分析**、**评价**和**创造**与所有类型的知识都有关联。

1. 识别知识类型和认知过程之间关系的重要性

　　正如我们所提出的，很多学校教育目标属于分类表中的 A1、B2 和 C3 这三个单元格，这对于教师来说有几点意义。在这一部分中我们讨论其中两点。第一点与我们先前提到的一点相似，如果教师知道一个具体的目标是这样一种形式：**记住事实性知识**、**理解概念性知识**或者**运用程序性知识**，那么他就可以做出一些关于如何去教以及怎样评价此目标的设想。因此，这位教师就能够以先前的知识为基础作出他的计划，而不会在计划之初毫无根据。

　　例如，如果一位教师知道一个目标是**理解概念性知识**的形式，此知识与一概念或类目有关，那么这位教师就可以通过在教学中将学生的注意集中于此种类或类目的定义性特征，并结合正例和反例来促进学生学习。至于评价，不应只是要求学生记住，教师可以要他们区分新给的例子和反例，或者举出**新的**例子(也就是那些没有在课文中出现过或在课堂上讨论过的例子)，事实上就是解释了这些例子之所以成为例子的原因。注意，这并没有指明在教学和评估中要用**哪些**具体的正例和反例，但是在此例中，教师的确知道了**有些**例子会有所帮助。

　　这个议题的第二点含义在于，教师会因此而希望将那些以**反省认知知识**为重点的明晰目标纳入课程中。虽然有些学生自己就能进行反省认知，但并不是所有的学生都可以做到这点。所以,将反省认知目标陈述出来往往会创造一个人人机会均等的局面。我们希望学生都能利用**反省认知知识**来加强自己的学习。

一般而言,**反省认知知识**属于社会学家所谓的"潜在课程"(Dreeben,1968)。现在该是让**反省认知知识**显现出来的时候了。这样变化后的一个重要结果是,实现从以老师为权威的教学转向学生自己掌控的学习。**反省认知知识**能使学生学会更有力地支配自己的学习;教师成为学习的促进者,而非知识的施予者。

2. 分类表的价值

分类表是一个有用的框架结构,可以对当前正在教的一个单元或教程进行分析,也可以对将来要教的一个单元或教程作出计划。在第一种情况下,此分析使得教师能够确定出哪种类型的目标(也就是分类表的单元格)被强调了,哪些仅仅是被提及以及哪些被省略了。这种分析可以使教师大致地了解"事态",或者使他们意识到对该单元或教程做出修改的需要(例如,在各目标类型之间达到一种更为适当的平衡的需要)。

分类表中的空单元格可以看作是"错失的机会"。教师是否希望利用这些错失的机会在很大程度上取决于空的单元格是哪些。如果教师的总体目标是保持对知识的记忆(见第五章),而**记忆**这一栏中有很多空单元格,那么就需要注意这些错失的机会了。同样地,如果教师的总体目标是将知识迁移到习得情境以外的场合(再次参见第五章),而**记忆**右边的几列有很多空单元格,那么该教师的教学就存在问题了。

在第二种情况下,分类表使得教师能够开发出最能反映其世界观的单元或教程,此教学观可以是某一名教师所独有的,也可以是某一教师群体(例如一个系或一个年级),或是某个更大的单位(例如社区、学校管理委员会)所共有的。在原《手册》中,作者曾提出,目标分类并"不拘于价值观"(布卢姆等,1956,p. 14)。在这点上,我们最好把目标分类看作一个概念性的框架结构,因为它几乎可以用于每一种哲学观的框架中。我们赞同这种看法,但同时我们又意识到,大量有关课程的讨论和工作要在价值观的范围内进行(Sosniak,1994)。在这点上,我们最好把分类表视为一个助手,它能协助完成由课程向教学的必要过渡。分类表并非明确界定了课程的内容;只有人才能做到这一点。用杜威的(1916)话说,"这样的教育并没有目的;只有人、家长、教师等才有目的。"(p. 107)。确切地讲,一旦确定要采用分类表,它就能帮助我们"理顺"课程中的复杂之处,这样教学就更有可能获得成功,评估也更有可能变得更为得当和有用。

(二) 把教学活动同目标区分开来

负责监管教师的督导者和管理者早就对那些不能把教学活动同目标区分开来

的教师表示恼火了。可以想象两名教师之间的这样一段对话。

教师1：我的学生正在学习如何用显性基因和隐性基因解释兄弟姐妹间遗传性状的差异。你今天在课上陈述的目标是什么呢？

教师2：我的学生要去动物园进行一次野外考察的旅行。

教师1：好主意，但去动物园是一项活动啊，那这次课有没有目标呢？

教师2：是啊，我们的目标就是参观动物园。

正如我们在第二章所强调的，目标是这样一些陈述，它们描述了在教学过程之后我们希望达到的结果或"目的"。在问"学生要参与什么活动？"时，我们关注的是手段。在问"学生应该从他们参与这些活动的过程中学到什么？"时，我们关注的是目的。就目标而言，我们假想的例子中的真正问题是："我们期望学生从参观动物园的活动中学到什么？"

教学案例中包括很多活动，以下是一些例子：

- 创建一个词库；看一盘录像带（火山教学案例）
- 复查评论文章的核对表；做一个小测验（国会法案教学案例）
- 写出展现戏剧中每一场的大纲；以小组的形式讨论动机（《麦克白斯》教学案例）
- 参与"事实朋友"和"事实家庭"活动；参加接力赛跑（加法事实教学案例）
- 讨论流行的广告；录制学生的原创广告（营养教学案例）
- 选择信息源（报告写作教学案例）

要注意的是，这些活动中的每一项都能为多种学习目的服务。学生"创建一个词库"，可以是为了记住这些单词，或是为了形成一个概念性的框架以理解此单元中的材料。学生复查评论的核对表，可以是为了理解用来评判评论文章质量的标准，或是为了学习怎样才能写出高质量的评论文章。

除了认知"目的"，活动的意图还可以属于情感和（或）行为领域。做出"放录像"的决定或许是基于对学生兴趣的关注。教师或许相信，对于同样的材料，录像比讲座更有趣。同样，在二年级的算术课上采用接力赛跑则反映出教师觉察到了这个年龄段的孩子的一种需求：他们在教室里总时不时地想动来动去。

尽管教学活动和教育目标之间有关联，但这种关联的强度却是因目标的具体性而异。例如，在加法事实教学案例中，为学生设置的一个目标是"在不用动手操作条件下回忆加法事实，总和至18"。对许多教师来说，**回忆**意味着教学活动很可能牵涉到重复、过度学习或许还有记忆策略。尽管如此，这里的关联也就到此为止了。接着，教师的聪明才智就要在教学活动中起主导作用了，就如我们在此案例中看到的："口袋事实"、"疯狂数学一分钟"、"加法朋友"、"加法家庭"、"带阁楼的房子"，还有接力赛跑。

　　如果教师不发挥聪明才智,那么非常具体的目标会导致目标、教学活动和评估任务之间的关联很紧密。事实上,这种关联或许太过紧密,以至于极难把目标同评估任务区分开来,或把评估任务同教学活动区分开来。因而教师既能够把每个学生在接力赛跑中的成功用作一种评估,也能将之作为一项教学活动。在教学案例中,有几项活动既可用作评估,又可当作教学活动。

　　与上述情况相反,让我们考虑一下这样一个目标:学生将学会分析诗作。预测此教学会牵涉什么活动要更难一些,并且目标和教学活动间的关联也相对松散。教师可能会采取许多手段以将此目标教授给学生。同样,教师对此目标评估的性质也会因人而异。因此,在确定恰当的活动以教授和评估此目标的过程中,教师拥有很大的自由权。

　　有人会思忖:为什么教师会将他们的目标拟定为活动呢?我们认为至少有三种可能的解释。第一种解释是,鉴于现在强调表现评估,教师可以将表现视为目标。所以教师将他们的目标写成:"给议会写一封信""实施一项实验""做一次演示""写一段介绍性的文字"和"做一次演讲"。尽管如此,这些都是活动。如果要教给学生**如何去**写一封有效用的信、**如何去**实施一项可靠的实验、**如何去**做一个引人入胜的演示、**如何去**写一段介绍性的文字以及**如何去**做一次演讲,那么这些都将成为合乎标准的目标,它们均强调**运用程序性知识**。于是,目标的陈述就会采用这种形式:"学生将学会写一封有效用的信。"

　　混淆目标和活动的第二种解释是,活动是可观察的,它使教师在教授某个单元时,能够对学生迈向此单元目标的进程作评估。玛格丽特女士在讨论《麦克白斯》教学案例时的一段评论是对这一点极好的说明。当玛格丽特女士被问及在她教学生的过程中是如何确定他们所达到的学习水平时,她这样回答:

　　　　当这个班的大部分学生都参与到一项活动中来时,他们的面部表情和肢体语言就是其思想的生动写照。比如说,在有关野心(ambition)的一次讨论中(一项活动),大部分同学在一开始都说野心是一种积极的品质。我问他们:"在一个人的性格中它会不会是一种坏的品性呢?"在他们加工处理这个信息时,我几乎都可以看到他们大脑里的齿轮在运转。然后,他们开始在脑子里修改野心这个概念。这时,一名同学说:"噢,我知道了!要是野心太大的话。"这个学生环顾了一下教室,看了看他的同学,想寻求几分确认。另一个学生又插嘴进来:"就像《达拉斯》的尤因一样(Ewing, J. R.)!"同学们纷纷点头赞许,紧接着"嗯"声从教室的各处传来。从这种场面中我会得到激励,就像它会让学生们干劲十足一样。因为在这时,学生已有的概念由于纳入了新信息而得以扩展和充实。

在与此类似的例子中,活动被视为目标的"代理"。把活动以目标的形式给出或许是一种简化符号。那位教师实际上是在说:"*为评估我的真实目标,我会要求学生做一次演示、给议会写一封信、实施一项实验,等等。通过观察和倾听,我就能确定学生实现目标的进展如何。*"(楷体部分非此教师所言。)用于判定活动是否成功的标准也是内隐的。例如,大多数教师不会让学生去写一封老式信件,而会让他们写一封**正式信函**或一封**有效用**的信件。正式信函或有效用的信件是有标准可循的(尽管后者的标准有些难以明确)。

对混淆活动和目标的最后一种可能的解释是,它们之间并无二致。有些教师深信有些教育活动(例如,经验)有其自身的价值。专家建议,教育是在我们忘记了所有在学校被教授的内容的细节之后还依然留存于脑中的东西。关于在校的经验,我们记住了什么呢?我们更有可能记住去动物园的短程旅行,或自己参加过的一场富有戏剧性的辩论赛,而不太可能记住我们在那些活动中获得的死知识(例如,动物的进食习性、辩题及论点)。最后这种可能往往与教人文学科的教师相联系。仅仅听听勃拉姆斯(Brahms)[②]的作品,看一幅毕加索(Picasso)的画作,抑或看一场《火鸟》的演出,就每个学生从经验中的所得而言,这些活动本身就自有其价值。

1. 把教学活动同目标区分开来的重要性

活动与目标间的区别很重要。我们往往不适当地去强调教—学活动(手段)的成功,而不是学生学习(目的)的成功。杰克逊(Jackson, P. W., 1968)在他的经典著作《教室里的生活》中早已明确指出了这一点。学生能回答这个问题:"今天你在学校**做**了什么?"尽管如此,若是问:"今天你在学校**学到**了什么?"他们往往就会苦思冥想,不知如何作答了。对于第二个问题,学生往往只是耸耸肩,或者嘴里咕哝"没什么"以示回答。

对这种差别的一种解释是:活动可观察并且能一项一项地细数;然而学习却不可观察,因而也就需要对其作出推论。换言之,尽管学生知道他们做了什么,但可能并不知道通过做此事学到了什么(不论是什么)。提醒学生活动与目标之间的关联,能使他们更有可能对学习作出适当的推论。另外,理解活动与目标之间的这种关联,可以帮助学生看到他们所做与所学之间的关系。

同样重要的是,要保证学生知道目标**是**什么和它**是**什么**意思**。我们相信可以这样来强化其意:首先,用尽可能具体的动词和名词陈述目标;其次,在向学生提出

---

②　译者注:勃拉姆斯(1833—1897),德国作曲家,深受其挚友舒曼夫妇的赏识。其作品多为非标题音乐,既继存古典传统,又有情思蕴藉,富于个人想象的风格,代表作有交响曲四部,合唱曲《德意志安魂曲》等。

目标的同时,展示给他们评估任务的样例。这样的话,目标就会变得更加精准正确。简言之,如果你知道了要去往何处,那么你就更有可能到达那里。

2. 分类表的价值

活动提供了线索,以便于将目标置于分类表中适当的位置。尽管如此,由于行动(动词)可用来达到多种目的,因而一次分类学上的分类也就不能仅仅基于某一单个的动词。例如,学生能回忆着写出一次讲座的记录(即**记忆**),能写出两个物体或两种观点的区别(即**理解**),或者就社区生活中精神性的价值写一篇原创的短论(即**创造**)。如果在用于描述活动的动词和与过程类目以及知识维度相关的动词之间建立起关联,那么活动的意图(也就是意欲达到的学习结果)就会变得更加清晰。

进一步说,正如教学案例所阐明的那样,分类表为教师们凭借活动推测目标提供了一条简便的途径。碰到一项活动,教师只需回答一个基本问题:"我期望学生在参加(或完成)这项活动之后学到什么呢?"对此问题的回答往往就是目标。

三、与评估有关的结论

(一) 采用总结性评估和形成性评估

教师对学生进行评估的基本原因有两点:(1)监测学生的学习并对教学做必要的调整,既针对学生个体也针对整个班级;(2)给接受了某个阶段教学的学生评分。前一种形式的评估称为形成性的,是因为它的主要功能是帮助学生"形成"学习,这个时候对学生来说还有时间和机会去改善自己的学习。后一种形式的评估称为总结性的,是因为它的主要功能是在某个阶段结束后,对学生的学习"作总结"(Scriven, 1967)。

尽管我们根据对评估的解释和用途,将评估分为了形成性的和总结性的,但在实践中,它们还另有差别。形成性评估通常不太正式,它所依据的信息来源有许多种(例如,课堂提问、对学生的观察、家庭作业以及小测验)。相反,总结性评价则通常较为正式,它所依据的是一些更为集中的信息来源(例如,测试、设计项目以及学期论文)。总结性评估要依靠正式的手段,这与一些教师觉察到的某些需求相一致,因为只有这样,他们才能够说明其评给学生的分数是合理的。此外,正式的评估还会使教师意识到,他们基于课堂互动的评估低估了有些学生的学习。从另一方面说,尽管由非正式评估得来的资料能达到,或者更有可能达不到技术上的标准,但由于它们更为及时,因而在引导调整教学方面要有用得多。

　　尽管形成性评估和总结性评估之间存在这些差异,但在课堂中它们经常被交错使用。想一下教学案例中的一些例子。在国会法案教学案例中,总结性评估是一篇评论文章,其中学生要从"一个爱国者或一个亲英分子的角度去诠释[国会]法案"。学生打好评论的草稿;从他们自己、同学以及艾雷莘女士那儿得到反馈;教师期望他们按照接到的反馈改写自己的草稿。分数(总结性)的40%要以他们对这个形成性过程的完成情况为根据。在这个例子中,形成性评估和总结性评估之间界线就模糊不清了。

　　"火山? 在这里?"教学案例中的形成性评估的例子是"评估性谈话",在此单元的学习中举行了两次。第一次谈话紧跟在一次家庭作业之后,这次作业中学生要回答与岩石种类、火成岩以及火山活动有关的四个问题。第二次谈话中,学生要对关于岩石和火山的资料进行分析并加以说明(课内作业)。总结性评估是写给国土专员的一封信,讨论了会对本地区产生影响的火山爆发的可能性。尽管如此,在同学互评之后,对于那些要求修改信件的学生,帕克先生给予了机会,以让他们在上交、评分之前修改信件。因此,形成性评估和总结性评估再一次交错在了一起。(这种力求成功的动机在总结性评估中得到强调,因为修改的机会是由学生主动争取的。)

1. 采用总结性评估和形成性评估的重要性

　　在教授一单元的过程中,形成性评估为教师和学生提供了他们所需的信息:对于学生,怎样达到目标? 对于教师,要做出什么教学决策? 我是否应该把这些材料再检查一遍? 学生是否需要更多的时间去完成他们的工作? 我是否该跳过这一段(因为它显得太过乏味或者令学生迷惑)? 我是否该在这个单元上多花几天时间? 我是否该为比尔、拉图雅、吉恩和卡尔安排一次小组会议,以讨论一下他们的理解错误? 这些都属于"低风险"的决策,错误的决策很快就会显而易见并得以纠正。在此情形下,去依靠学生的表达、坚持性、对口头提问以及对各种小书面作业的反应,教师还是能担负起后果的。在我们的教学案例中,几乎每一位教师都会牵涉到形成性评估,并凭借此信息以引导其作出教学决策。

　　总结性评估为教师提供了其给学生评分并证实此分数合理所需的数据。由于这些对于学生个体来说都是"高风险"的决策,所以这些数据在技术上应该是高质量的。进一步说,教师不仅要作出评分决策,还要确保评分合理。因而在总结性评估中,教师(更愿意)依靠相当传统的**事实性知识**测验,也许这样他们会觉得更舒服些。这种测验问题(考题)的答案很清晰——不是"对"就是"错",因而也就容易作出辩解。在《麦克白斯》教学案例中,玛格丽特女士组织的期末考试不失为一个生动的例子。

在一定程度上,形成性评估和总结性评估以某种方式关联在一起,因而学生就更可能在总结性评估做得更好。但有时总结性评估会用于形成性的目的,或者一次独立的总结性评估被一系列的形成性评估所取代。在这些情形下,形成性评估和总结性评估几乎是等同的,教学与评估间的区别也就变得模糊不清了。在本章的后面我们将详细讨论这一问题。

2. 分类表的价值

一般而言,比起与形成性评估的关系,分类表与总结性评估的关系更为紧密。此结论有个例外,有时类似总结性评估的评估会用于形成性评估的目的。上文中我们已经谈到了此种例外的例子,并且在几乎所有的教学案例中都可以清楚地看到这一点。

在总结性评估的设计中,教师可以为分类表的每个单元格开发出一个原型性的评估任务。例如,事实性知识的陈述往往采用句子的形式。将这些句子转换为问题已成为评估许多**事实性知识**目标的基础。在火山教学案例中,**事实性知识**中很重要的一条是"火成岩是火山现象的关键证据。"教师期望学生能**记住**这个**事实性知识**。适当的评估问题包括"哪类岩石是火山现象的关键证据?"以及"火成岩是什么自然现象的关键证据?"如要出选择题,教师则可以在这些问题上加上一组相似的反应选项。

若强调的是**记住事实性知识**,那么问题就是对原句逐字的转换。要是在转换中使用了同义词,目标就由**记忆**转向了**理解**(例如,"岩浆岩是什么自然现象的关键证据?"学生要回答此问题,就要知道岩浆岩是火成岩这个类目中的一个例子。

有些目标包含较复杂的认知过程和不同类型的知识,针对这些目标开发原型性的评估任务时,则往往需要更多的思考。第五章中,我们已经针对各个认知过程的样例目标给出了几个评估任务的实例。更多的项目样式参见原《手册》,它更侧重于强调评估。一旦设计出了一套原型性的任务,它们就可作为格式的蓝图,以备用作对分类表里特定单元格中的目标进行评估。在此情形下,分类表在准备可信评估的过程中充当了一个"省力装置"。

最后,教师要按照用于特定教学活动的时间在总时间中所占的比例,在分类表里适当的单元格中设置相应比例的评估任务(例如,在表现评估中的测验项目和分值)。假定这两个比例在每个单元格中都应该是大致相同的,那么教师就能判断此评估的教学效度了。这些比例还应和每个目标的预期相对重点保持一致。

(二)应对外部评估

越来越多的教师面临着州立课程标准以及相应的州立测验纲要,还有地区核心课程以及相应的针对表现评估制定的评分说明。我们把这些测验纲要和表现评估的评分说明称为外部评估,因为它们是由那些一般并不在教学一线的人强制执行的。近几年来,外部评估蓬勃发展,这在很大程度上是教育责任考核测量的结果。这些评估通常被认为是"高风险"的评估,因为与学生、教师以及越来越多的学校有关的关键性决策都是以它们的结果为基础作出的。实例可参见报告写作教学案例(第 177 页)。

就像人们可能会预想到的那样,大多数教师并没有对外部评估如此着迷。仔细考虑一下下面这封写给《新闻周刊》编辑的信:

> 我为能展示这些新的标准化测验有多么危险而感到荣耀万分。先前我是一名英语教师,后来我离职了,不再"为了考而教",我为那些拒绝此类考试的学生拍手称赞。离了 2B 铅笔和答题卡,我们的孩子就不知如何去思考。在他们这样长大成人之前,教育部门的官员要尽快另寻他法。(Ellis, 1999, p. 15)

写教学案例的许多教师都在因外部评估而苦苦挣扎。例如,霍夫曼女士(加法事实教学案例)为其教学单元的选择给出了两点理由。第一,"此单元是学区二年级的核心课程";第二,"加法事实包含于现行的标准化测验中"。同样地,艾雷莘女士(国会法案教学案例)曾指出"论说文写作和殖民历史都是学区的五年级核心课程所要求的主题"。此外,还期望她使用一套为此地区所采用,并应用于全体学生写作的四条标准(即语句完整、分段恰当、拼写正确和字迹清晰)。

1. 应对外部评估的重要性

外部评估的重要性在很大程度上源于这样一个事实:其结果对于学生、教师和管理者是严肃的(也即它们是"高风险"的)。学生或许会留级、重读一年甚至两年,或者拿不到中学毕业证书。学校或许被公开确认为"成绩差",在南佛罗里达,还会被冠以"缺陷边缘"。在一些州,"缺陷边缘"学校会由州教委"接管"并隶属于教委。

外部评估很重要的第二点原因是,它们往往在一段时间内是可用的。在过去几年里,已颁布某种形式责任法的州的数目翻了两番。在几乎所有的情况下,这些法律都要求发布学校情况报告卡,而它们在很大程度上要以外部评估的结果为基础。

第三,避免"高风险"测验的后果至少部分地依赖于在两种"解释"间找到一种平衡:一是对外部强制执行的标准及附随的评估这两者共同的要求所作的适当阐明,二是地方学校对适当的教育是什么的阐明。外部评估意在用于一个地区或州的所有学校中所选定年级的所有学生。但是,学校并不会提供同等的课程和教学

（尽管正努力保证他们能够做得到）。所以，这种评估对于特定学生所接受的特定教学更适合，并且在有些学校要比在其他的学校更适合。因此，评估结果很有可能反映的是对标准的理解，因而反映了评估效度的差异。找到一个平衡点，以同时满足外部强制执行的标准和地方的偏好，这将变得日益重要。

简言之，外部评估已经成为学生、教师以及管理者的一种生活方式。与其"因这破灭的希望愤愤不平"，不如采取第二名教师给《新闻周刊》写信的立场，这似乎更合理一些：

　　　　21世纪的教师面临的挑战是，在教给学生掌握必要的应试技巧的同时，又不忘记我们更为深远的使命。（Halley，1999，p. 15，着重号为作者所加）

2. 分类表的价值

正如教学案例中所示，教师可以使用分类表分析评估以及教学活动和目标。用分类表分析外部评估使得教育者能够透过评估的表面元素，推测出隐于其下的、被评估的学生更深层次的学习。这样教师就不再是"为考而教"，而是能够为要考查的学习而教。

面对外部评估时，教师应该备好两个分类表：一个是针对教程目标，另一个是针对外部评估。通过比较这两个表，教师就能够估计出教程目标和外部评估相匹配的程度。而且，他们还能注意到联系教程目标和外部评估的机会。艾雷莘女士（国会法案教学案例）向我们说明了如何用表现评估的评分规则做到这一点。在对学生的评论文章进行评价时，艾雷莘女士使用了两套标准。第一套标准由学校地区针对所有写作制定，第二套标准是专门针对论说文写作而制定。将这两套标准结合起来，她就既能够迎合地区的期望（即外部评估），而且同时又纳入了更多与本单元的主要目标相关的特殊标准。

四、与一致性问题有关的结论

（一）使评估与目标相一致

我们大多都见到过这样的数学老师，虽然说他"真正的"目标是问题解决，但却要考查学生对事实性知识的回忆。走向另一个极端的是这样的历史老师，他将目标陈述为记住"伟人和大事"，但却要求学生写作一篇小论文以解释宗教差异在各种冲突中所起的作用。我们怎么解释这种评估和目标间的不一致呢？对于这个问题,教学案例至少说明了四点答案。

第一点,单元教学实施过程中发生的紧急事件会带来一系列复杂的事件和经历,从而使教学变得曲折。在教师教授此单元的过程中遭遇困难时,他们的目标或他们对先前所陈述的目标的理解也许会改变。此单元末的评估反映出的或许是"新"目标或者演变了的理解,而非在此单元的开始所陈述的目标。

第二点,或许教师在此单元的开始就没有很好地抓住他们的目标。考虑一下写教学案例的教师在他们描述其主要单元目标时所用的语言:

- 设计此单元是为了促进学生在地球科学领域的概念重构和有意义的学习。(火山教学案例)
- 我想将学生的论说文写作与他们的有关历史人物和事件的知识整合起来。(国会法案教学案例)
- 学生将能看到文学作品与自己生活的关系。(《麦克白斯》教学案例)
- 它是一个教授记忆加法事实(总和 18 以内)策略的单元。(加法事实教学案例)
- [学生应该学会]审查广告对其自己的"感受"造成的影响,并理解这些影响如何在他们身上起作用。(营养教学案例)

随着一个单元的展开,教学活动会使目标愈加具体,在教师这一方面,这通常会加深他们对目标的理解(并且,希望学生也会如此)。正式评估到来的时候,更常反映在评估之中的是由活动导致的具体理解,而非包含于目标陈述中的抽象理解。抽象与具体间的不匹配很可能对应于目标与评估间的不一致。

第三点(与第二点多少有些相关),一些教师在确定目标时或许会采取一种长远的观点。他们或许会把焦点集中于那些通过多个单元才能得以处理的目标上,同时仅是期望学生能在一个教程结束时(或者是在几年教学之后)实际掌握这些目标。教师或许觉得,在仅完成一个单元之后就去评估这些长期目标,时机还不够成熟。不成熟的评估所产生的结果在技术上或许并不可靠,而且更为重要的是,从教师的观点看来,学生会因此而气馁。因而,教师就借助于可以叫做"局部评估"的手段,只评估那些到评估时为止已被"覆盖"的知识和认知过程。那么,这种评估就远比一般目标具体,并且在一般与具体的意义上,不一致就较常见了。

第四点,与前一部分中我们的讨论相一致,不一致的原因或许源于教师之外。有两个教学案例说明了这种情况。艾雷莘女士(国会法案教学案例)的操作是在地区性写作大纲的框架之内。正如早已提及的那样,既然这些写作规范适用于写作全体,因而它们与主要单元目标的一致性程度也就会逊于专为论说文写作制定的规范所能达到的一致性程度。同样地,看来玛格丽特女士(《麦克白斯》教学案例)主要基于其给学生评分的需要才选择这种形式的期末考试,而非基于对与其主要单元目标有关的学生的学习进行有效评估的需要。

1. 使评估与目标相一致的重要性

我们将**评估**和**目标**这些术语置于这一节的标题中,这很重要,也有其目的。在那些教师能够自行决定的领域(即那些并非完全致力于"高风险"测验的状态和那些由教师自己建构的评估),评估应与目标相一致,反之则不然。从我们的观点来看,评估提供了证据,以表明对于我们意欲让学生学到的东西和他们学到了何种程度。意图先于证据! 什么值得去学? 这个较难的问题不应由一个远简单于此的问题取代:我们能够或者必须评估什么?

说到这里,我们认识到教师经常发现自己会处于这样的情境:他们必须使其目标与外部评估相一致。这样就应该是一致性的问题,而非上述"鸡和蛋"的争论。使评估和目标相一致的原因主要有两点。第一,一致性使学生更加有可能获得学习的机会,以便于去学习他们将要遇到的各种评估中会包含的知识和认知过程。在现今这个"高风险"评估的世界,拒绝给予学生学习的机会对于他们及其教师和管理者来说都会有严重的后果。那么,一致性至少保证了教师提供给学生哪怕是最小的机会,以便于让他们学习其被要求学习的东西。

第二,对于许多学生来说,目标是由评估界定的,特别是在评估会决定学生得到的分数等第时。他们的"工作"就成了在评估中表现好从而获得"好等第"。在评估和目标相一致时,这些"好等第"更有可能转译为"好学习"。然而当评估和目标不相一致时,学生用功学习的很可能是被评估的内容而非目标所要求的内容。

2. 分类表的价值

分类表的最大价值或许就与这个关键的问题有关。我们介绍一种利用分类表估计目标和评估间一致性的方法:第一,确认出主要单元目标并确定与其相应的分类表的单元格。第二,确认出主要的评估项目并确定与其相应的单元格。还要注意每个目标意欲强调的重点是否在此评估中得到了反映。如果由前两步得到的单元格和重点不相匹配,那么不一致就显而易见了。如果单元格相同,那么还要进一步研究教学活动和评估任务之间的一致性。(在下一部分我们会对此"进一步研究"做更多的说明。)

注意,分类表为考查目标和评估提供了一个共同的基础。我们并非通过将目标与评估直接比较来决定一致性;相反,目标和评估要被独立地置于分类表中适当的单元格里。若达到一定程度,一个目标和一项评估就会被置于同一个单元格中,一致性就显而易见了。在这种方式中,比较是在一个"更深"的层次上进行的,也就更可能把焦点集中于学生的学习上。

（二）使教学活动与评估相一致

传统上我们这样假设，如果评估与单元或教程的目标相匹配，那么它们就是有效的。众所周知，这种效度叫作内容效度。此假设出现于 20 世纪 70 年代，然而它却遭到了质疑。有些人争论说，评估的效度取决于教师在课堂上教了什么，而非按照目标假定应该教什么。这种效度被称为教学效度或教学敏感性（Thorndike，Cunningham，Thorndike & Hagen，1991）。

教学活动与评估任务/评分点间的关系变化范围很大，从如此密切以至于相等同，到如此迥异直完全偏离了一致性。例如，想一想它们在国会法案教学案例中的紧密程度。第 2 天和第 3 天的活动意在提供主要评估（即评论文章）所需的一般性知识；第 4 天和第 5 天活动的设计目的是向学生提供他们在写评论文章时所需的论说文写作的知识和技巧。第 6 天和第 7 天的活动要让学生获得更多具体知识以备他们完成其具体的评论。最后，学生利用该单元最后三天的课堂时间，在教师的指导和监督下写他们的评论。那么，这最后一个教学活动所提供的信息最终将用于作评估。

另一种情况是，教学活动与评估任务间的关系可能会"松散"一些。教学活动或许与评估中的活动相似但不等同。例如，在营养教学案例中，有一项教学活动是让学生在熟悉的电视食品广告中确认出"吸引力"。第一项活动要求学生将每种吸引力放入六大"吸引力类型"中的一类。在第二项活动中，学生看广告录像，并以小组的形式对此广告的效果作出评价。此活动的最终结果是一套衡量"有说服力"的标准。接下来的评估任务要求学生以 2—4 人为一个工作组，设计一个包含一种或更多种"吸引力"且"具说服力"的广告。此评估任务要求对六大吸引力"类型"的概念性理解（第一项活动），以及对衡量"有说服力"的标准的理解（第二项活动）。

最后，教学活动也可能与评估任务完全没有关系，正如《麦克白斯》教学案例所示。没有一项教学活动完全或主要地将焦点集中于戏剧的细节。更准确地说，这些活动强调的是基本概念（例如，动机和讽刺），并要求学生作出推论（例如，预测将要发生的事件，解释原因）。然而，与之相迥异的是，单元末测验包含的问题却是专门针对戏剧的细节（例如，将品性和人物进行搭配的活动，匹配人物和熟悉的台词引文）。在这个案例中有两项评估：小组方案和单元末测验。尽管第一项与教学活动不一致，但第二项却与之保持了高度的一致。

1. 使教学活动与评估相一致的重要性

如我们先前所提到的，教学活动和评估任务从其实质（例如，知识和认知过程）和其形式（例如，选择题、表现评估）来看都能做到等同。它们的差别主要体现在功能上。教学活动意在帮助学生学习,而评估任务则是意在确定学生是否学到或学到了何种程度。保证学生所遇到的教学活动与评估任务在实质上相类似,就能提高评估的教学效度。保证学生所遇到的教学活动与评估任务在形式上相类似,并且让他们习惯于不同的题型和不同的测验条件(例如,限时测验),这样就能使他们在外部评估中更有可能表现得更好。

在使用表现评估时,确保评估与教学活动一致的另一种方式是,保证学生**记忆、理解**并能**运用**评估标准或评分规则。就如在营养教学案例中,学生能参与决定标准或评分规则。这进一步加强了教学活动和评估任务间的联系。

评估任务和教学活动严重偏离一致性时,教师就不能适当地估计教学活动有效性。例如,帕克先生(火山教学案例)或许在教授概念性理解(目标)方面工作出色。但假如正式评估包括了一系列有关国家各地和全世界的火山的事实,那么学生在此评估中或许做得并不好。于是,基于此评估信息,我们或许会得出这样的结论,帕克先生所提供的教学是无效的。更合逻辑的推测是,目标和评估不一致。

2. 分类表的价值

在这里,分类表的价值又一次源于它作为一个分析工具的用途。在传统评估(例如,一次测验)居多的背景下,将一个目标正确地置于分类表中,这为针对此目标设置恰当的评估任务提供了线索。例如,有一个目标的重点是**运用程序性知识**,一般它的评估任务会包括:(1)一个新的或以前未遇到过的问题情境;(2)一个要回答的问题或一些要遵循的方向;(3)一组反应选项或一个供学生展示其成果的空间以及给定的最终答案。知道了这个基本框架,教师就能够设计或挑选出一套相当可观的评估任务。一旦开发出这套任务,就可以将其中一些纳入教学活动(以促进学习),并将其余的留出来以备专门用作评估(以便于看学习学到了何种程度)。这样,就加强了教学和评估间的一致性,却不会损害用于评估的任务的整体性。

在这个例子中,如果我们期望学生展示他们的成果并写出他们的答案,那么就必须开发某些类型的评分指南(例如,等级量表、评分说明)。这种评分指南应该根据学生的行为表现阐明教师的期望,同时应与学生共享并以此充当教学活动和评估任务间的纽带。

(三)使教学活动与目标相一致

或许有人认为,如果评估与目标相一致,并且教学活动与评估也相一致,那么教学活动就会自动与目标一致了。这是通常的情况,但情况并不总是如此。教师有可能会从事与目标和评估都不直接相关的教学活动。在许多情况下,这些活动旨在向学生提供他们掌握一个目标所需的信息。

例如,在报告写作教学案例中,前两个目标关系到选择信息源并最终找到与一位美国历史名人有关的信息。就如所写的那样,这些目标假设学生脑中已经有人选了。然而情况并非如此。因此第 5 天到第 8 天的活动与选择一位名人的任务有关。这肯定是一项重要的任务,因为离了它,学生将无法朝着此单元的目标迈进。不过,此活动是为这些目标做准备,而非与它们相一致。

1. 使教学活动与目标相一致的重要性

我们的最后一个结论再一次表明了核查一致性的价值。我们相信,这最后的核查会确认出与单元目标无关或最多只是略微相关的教学活动。然而,我们相信也不该草率地抛弃那些略微相关的活动。在一个教学单元的背景下,活动扮演着各种各样的角色。

例如,一些活动旨在将此单元介绍给学生。营养教学案例中就包括这样一项活动,学生要从他们的"钩子"上确认出产品,其重点在于激起学生的兴趣。

另一些活动旨在使学生更能参与或参加到此单元中来。在《麦克白斯》教学案例中,让学生从放映的三个电影版本中做出选择。

有些活动预示了后面要接触到的内容,因而旨在做好铺垫。有一个例子出自加法事实教学案例,其中探讨了"加法逆运算"的概念(未曾用此名称)。

最后,有些活动具有预评估的功能。就是说,确定学生在知识和认知过程方面将什么"带入"了此单元。在"火山? 在这里?"教学案例中,有项活动是让学生将其有关火山的概念画出来,这就是有关此点的一个例子。

知道一个教学单元中教学活动的功能,对于确定出那些或许看似无关却有特殊功能(没在分类表中得以体现)的活动十分必要。除去这样的活动,会使一个单元更为"紧凑"、效率更高。再者,在当今世界,鉴于有很大一批目标在竞争有限的课堂时间,有效率着实是一个优点。

2. 分类表的价值

与此结论有关分类表的价值与我们已描述过的其余两个关于一致性的结论相同。总之,分类表是一个分析工具,它使教师能够对一致性进行考查,这种考查超越了活动和目标的表面特征,而是基于在学生学习方面共同的潜在意义。

五、总　　评

自从几近半个世纪之前原《手册》出版以来以及在此之前很长一段时间里,教师(以及广义上的教育者)就遇到了在本章开始提出的四个问题。尽管分类表不能提供这四个问题的答案,但我们相信这个框架提供了对它们进行有益讨论的基础。更具体地说,分类表使教师以及与其共事的人员能够从一个不同的角度考虑这些长期存在的问题——对其有新的洞见,并利用得自教学案例的结论,对其有新的理解。

例如,通过分类表这个透镜去看诸如"一致性"这样相对简单的概念时,它便具有了新的意义。使教学和评估仅在知识类型或认知过程类别的基础上达到一致还不够充分。而只有当一致性包含了知识与过程的交叉点(即目标)时,它才有可能使学生的学习有所增进。这种精确程度的提高帮助我们理解了先前在一致性上所作的努力可能并不成功的原因,以及今后还需要作出哪些努力。一旦获得了这些洞见和这种理解,它们就能帮助教师开发出以前从未想到过的解决策略。

六、未解决的问题

尽管我们希望我们的修订是对原《手册》的一次改进,但致力于启发式框架的人们发现,对于更好的追求永无止境。通过每一次尝试,每个人都尽其所能,以在其选择的途径上做到最好,同时时刻意识到这样一些方面:如果顾及了这些方面,那么将会使这个框架更加有用。下面的这些问题或许能为那些努力探寻以采取下一步措施的人们提出一些挑战。③

(一)分析对时间的要求

在教学案例各章提出的分析需要花费大量的劳动。尽管如此,我们相信这种投入是值得的,因为它会帮助我们学会分析的过程,知道一个单元或教程中哪里重复了,这可以是针对很大的班级或是远程教育所涉及的那些人员。但对于那些要求所教授的内容时时广泛更新的班级,那些每次处理方式都不同的班级,那些规模很小且(或)无规律提供的班级,这种投入或许就不能得到保证了。然而,即使是针对这些班级,脑海中有了我们框架中的分类也很可能会触发我们去努力,以扩展所含知识和认知过程的范围,并因此使所提供的内容得以加强。有时对计划和分析中大量投入的合理性难以进行论证,在这些情况下,其他的框架或许是更好的选择。

---

③ 对未解决的问题更为广泛的探讨见本书完整版的第十七章。

（二）目标和教学之间的关联

目标和教学之间的关联需要进一步研究。尽管我们已经提到过一些例子,其中教育目标的性质暗示了教学活动的特征,但明确一个学习目标并不会自动开出一个教学方法的处方。当然,这也正是 19 世纪 60 年代晚期及 70 年代早期"基于表现的"运动所期望的。研究者们想确定出在明确规定的环境中,什么样的教授方法、教学策略或教师行为将会产生特定的学习。那时他们没有做到,现在仍然没有。事实上,现在很多人相信,期望他们将来什么时候能做到这点并不现实。一个像我们这样的框架能在多大范围内对恰当的教学进行有效的提示,除非能显著地加强目标和教学活动间的关联,我们相信教学案例分析中的实例业已说明了这个范围。

能对教师有所帮助的是这样一个框架,它能促进抽象的目标过渡到一般的教学策略,再过渡到具体的教学活动,以便于能促进大量的学生达到目标。能够开发出一个比现有的那些框架促进作用更强的框架吗? 很显然,这是一个经验式的问题,但它不会是一项容易的任务。

（三）选择题格式的进展乏善可陈

原《手册》的一个重要的特点是对每一个分类学的类别所对应的选择题项目格式作了大量的示范。尽管第五章有助于确认评估格式,但这些例子的作用主要在于说明或澄清在一定的过程类别中所期望的认知过程的种类,而非说明在学生实现某个类目的学习的方式的多样性。

尽管自从原《手册》出版以来,测验技术已经取得了实质性的进展,但不幸的是项目书写领域却几乎没有进展。用斯骡伯格(Sternberg,1997)的话说:"有一个产业……显然仍旧与日新月异的技术进步不相称……"他以讽刺的口吻继续说道,"一个创新的例子……(一个测验公司最近刚刚宣布的)包括一些数学能力项目,它们不是选择题,它们是填空题"(p.1137)。《手册》出版后,四十四年过去了,在项目书写方面我们依然不能做一些增补以去体现任何进展。教育者们应该不会忘记档案袋的功用以及其他的表现评估,但那些为适合于特定分类学类别的测验项目寻找更多建议的人,还应该重新参考原《手册》,以及像史密斯和泰勒(Smith & Tyler,1942)的著作那样的书。保罗和诺西奇(Paul & Nosich,1992)为测更高水平的思维提供了模型;哈拉戴纳(Haladyna,1997)意在促进针对复杂行为的个体测验;还有汉纳和米凯利斯(Hannah & Michaelis,1977)的书中有针对他们类别的项目样例。

（四）学习与认知理论的关系

理想的情况是，我们框架的维度以及其类别的排序应该基于一个单一的、被广泛接受的、功能性的学习理论。认知理论的进展已经为我们的修订作出了贡献。尽管自原《手册》出版以来学习理论有了很多进展，但是能够为所有学习充分地提供基础的单一心理学理论仍有待于我们去建立。

（五）各领域间的关系

原《手册》的作者将目标分成了三个领域：认知领域、情感领域和心因动作技能领域。这个决策受到了公正的批评，因为它孤立了同一个目标的各个方面，并且几乎每一个认知目标都会有一个情感成分。例如，英语教师不仅想让一个学生学会评判好的文学作品，而且想让他对其进行评价、欣赏并寻找机会去阅读它。如果分类学能够跨领域地得以更好地整合，那么这将促使我们把情感方面有规律地计划为教学的一部分。

由于我们有意地把焦点集中在了认知领域，本修订版忽视了一个问题：除此事实之外（前面提到过），**反省认知知识**这个类别在某些方面将认知和情感领域联系了起来。尽管如此，其他的许多框架包括了情感成分。例如，豪恩斯特恩（Hauenstein，1998）除了提供认知分类学和心因动作技能分类学外，还提供了一个情感分类学。看上去还没有哪一个框架业已吸引了众多拥护者。然而，我们希望通过在这本书的完整版中对这些框架进行讨论（见完整版十五章），以使它们变得更为明晰可见。其中的有些框架或许会提供一些在将来得以证明颇具吸引力的观点。

七、结　束　语

就像原框架一样，我们的修订版的最大受益者是那些使它适应自己目的的人。布卢姆、黑斯廷斯和马达沃斯（Bloom，Hastings & Madaus，1971）向我们展示了如何改造原框架以更好地适合众多的领域：语言艺术学科（Moore & Kennedy，1971），数学（Wilson, J. W.，1971），艺术教育（Wilson, B. G.，1971），社会科学（Orlandi，1971）和自然科学（Klopfer，1971）。麦卡圭尔（McGuire，1963）还针对医学教育对框架做了修改。这些作者调整了各类别的间隙以适应其各自领域的教材内容，还创建了子类别以突出与学科相关的区别特征。对原框架的某些调整，对于这个修订版将同样适用；有些调整则要进一步修改以增其效用。尽管修订版必然是作为一个普遍适用的框架加以开发的,但是我们还是极力鼓励使用者对其进行创造性的修改以适合其特定的要求。

所有像分类学这样的框架都是对现实的抽象,这种简化是为了促进对潜在条理性的感知。这个框架也不例外。正如东西好吃的证据在于食用的过程,像分类学这样的一个概念性框架,其价值在于应用它的过程——其使用的广度和深度及其对特定领域的影响力。

原《手册》中有很多东西值得保留。长期以来,它一直被持续且广泛地引用,这便是对其可意识到的价值的证实。"在一个钟摆运动广泛且明显的领域,能发现一种在其被接受和应用方面皆有持久力的观念、概念或观点,此种可能性实在是微乎其微。无疑,分类学是这些珍品之一"(Anderson & Sosniak,1994,p. 8)。希望我们保留了原框架的精华,借鉴了其他框架最优秀的思想,也希望我们创造的这个修订版更能服务于使用者,并让他们觉得更加友好——但愿我们的修订版能像初版那样为教育者所熟悉。

附 录

附录 A

对原框架修改的总结

　　原框架由六个主要类目组成,这六个类目按以下顺序排列:知识、领会、运用、分析、综合、评价。我们把知识以上的类目统称为"能力和技能"。每一种能力和技能都运用知识是理所当然的,因为能力和技能的有效运用需要适当的知识。

　　每一个类目都有亚类:知识和理解有许多亚类,而其他类目的亚类则很少。类目和亚类被假定分布在一个连续统一体上,由简单到复杂、由具体到抽象。连续统一体中各类目之间的关系被认为组成一个累积的层次(见下面的第 11 点)。

　　熟悉原分类框架的读者会发现我们做了许多改变,总共有十二处:重点上有四处、术语上有四处、结构上有四处。最重要的是,我们已经改变了原框架的聚焦点。

一、重点上的四点改变

1. 修订版主要关注分类学的运用

　　修订版强调分类学运用在规划课程、教学、评估以及这三者之间的一致性。这个强调是对原分类学最初的强调评估的重大改变,为六个类目中的每一个类目提供大量测验项目。通过比较原版本和修订本在课堂计划和教学中运用分类学的例子的比例,可以看出两个版本形成极其鲜明的对比。在原版本中例子的比例很小。而修订版中,总共有十一章都在描述框架的运用。第一、二、三、六章介绍了框架在计划和分析课程、教学、评估及一致性上的运用。第七章描述了框架在准备和分析课堂案例中的运用。第八章到第十三章呈现了这些案例以及对它们的分析。第十四章发展了九个结论,这些结论涉及到由这些分析所产生的关键教育学问题。

开发原《手册》的小组大多是学院和大学考官,他们期望《手册》最初运用在公共机构之间对测验项目的交流。然而,正如布卢姆(1949)在他们的首次工作会议上对开创者的开场白所指出的,分类学遇到的问题是普遍的他希望分类学能得到广泛的运用。这个修订版不仅说明他的理解是现实的,而且在多种方式上修正了分类学,使之更为有效。

2. 修订版针对更广泛的对象,强调教师

修订版是为所有年级水平的教师的使用而设计的,我们的小组特别关注小学和初中的课堂教师。检验的标准是:这种改变怎样使分类学对所有教师更有用?这个问题的回答指导着我们的决议。原版本大多针对高等教育,很少从小学和初中教育中汲取例子。而在修订版中小学教育的例子占主导地位。事实上,所有的案例都在大学之前的水平上。

3. 包含评估任务样例主要是为了表达意义

修订版包含评估任务样例(如行为表现任务,测验项目等)主要是帮助说明和阐述多种类目的意义。令人惊奇的是,由于原版本和修订版之间在项目书写上缺少进步,所以在这方面似乎没有方法来改善原版本。由于第一版大约有40%的页数大量地强调标准测验项目(主要是多选题),因此它是测验形式的更好来源。史密斯和泰勒(1942)通过8年的研究发展起来的许多题型,仍是测量复杂认知过程的一些最巧妙的设计。

4. 修订版强调亚类

原框架强调六个主要的类目而不是它们的亚类,并对前者进行了详细的描述。而在修订版中,主要类目的定义和说明大多明显来源于对亚类的广泛描述和说明(如知识的亚类和具体的认知过程)以及它们在案例分析中的使用(见第四、第五章和第三部分的所有章节)。

二、术语上的四点改变

1. 主类目的名称与目标如何构成相一致

我们调整了原框架的术语以便与目标构成的方式相一致,这种情况在原框架

中是不存在的。教育目标应表明学生能够用什么(名词)做某事(动词)——动词—名词的关系。知识类目一般提供目标中的名词,这在原分类框架的第一类目——知识这个名词中得到体现。然而原分类框架其余类目也是名词(如运用,分析等),但它们在目标中使用时又是采取动词的形式(如运用,分析等)。因此,我们决定对动词形式的类目重新命名(如**运用**,**分析**等),来体现动词—名词关系。为了改变彻底,我们把"知识"重新命名为**记忆**。

2. 重新命名和组织知识的亚类

由于原《手册》强调六个类目,一些人就忘记了知识的亚类。在《手册》中,这些亚类在附录中有描述。我们对自从《手册》(见第十五章)出版以来的其他框架以及有关学习的研究进行了回顾,使得我们以知识的四种类型:**事实性知识**、**概念性知识**、**程序性知识**和一种新亚类——**反省认知知识**重组知识的亚类。正如第四章所指出的,人们可以在原框架的知识亚类中轻易找到相应的**事实性**、**概念性**和**程序性知识**。我们期望新类目可以带来人们对反省认知目标的必要关注。

3. 动词形式代替了认知过程类目的亚类

在原分类框架中,知识以上的其他五种类目的亚类要么是名词要么是名词短语(比如领会类目中的转换、解释、推断)。教师在目标陈述和教学中使用动词似乎对目标、教学活动、评估任务的组织和分类更为有用,所以我们用动词替代名词(如**解释**、**举例**、**推理**)。为了使它们与主要的类目动词名称区分开来,我们把它们称作"认知过程"。为什么我们要选择特定的动词来替代原分类学的亚类呢？ 选择的动词满足两条标准:(1)它们代表了认知理论和研究中的认知过程。(2)它们是在目标陈述和教师的单元计划中普遍遇到的过程类型。[①]

4. 重新命名领会和综合

我们重新命名了两种主要的类目:领会变为**理解**,综合变为**创造**。我们在第五章已经讨论了这些变化的原因,并且我们将会在本章的最后一节讨论**理解**这一类目的变化原因。

---

① Metfessel,Michael and Kirsner(1969)很早就认识了将分类学中的类目转换成目标中使用的动词的必要性。为了便于教师、管理人员和其他框架用户的工作,他们为主要分类学的每一类目提供了语词汇编式的表,并建议了每一个类目的替代动词。

三、结构上的四点改变

1. 目标的名词和动词成分成为独立的维度

学习研究上的进步和多种可选择的分类框架中产生的差别使我们重新考虑原分类结构中知识的作用。最后,我们分离了原知识类目中固有的名词和动词成分。名词方面保留了知识这一标记,但知识成为了一个具有四个类目的独立的维度,这四个类目在前面的第六点有提到(也可以见封面内页的知识维度)。

知识的动词方面变为**记忆**这个类目,它就取代了六种主要类目中原知识这个类目,这样 6 个类目全由动词组成。它的动词形式描述了隐含在原知识类目中的行为。人们在知识学习时首先要做的是记住它。考虑记忆在六种过程类目的复杂性最低,因此它占据知识原先占据的底端。连同六个主要类目,动词表达的是来描述人们用知识做某事或对知识做某事,这就形成了认知过程维度(见封底)。

2. 两个维度是分类表这个分析工具的基础

决定将知识作为一个新的维度,自然促使我们在所谓的分类学这个二维结构中,使知识和认知过程之间的关系更明确。分类表中的单元格包含教育目标。除了对目标进行分类,分类表还能对教学活动和评估任务进行分析(见第八章到第十三章中的案例分析)。当我们在分类学的背景中去考察教育目标、教学活动和评估任务时,就能够解决一致性问题。

3. 过程类目没有形成一个累积的层次

修订框架是一个层次,其认知过程维度的六种主要类目被假定按照复杂性递增的顺序排列。然而原框架的类目也被认为是一个累积的层次。这就意味着掌握一个较为复杂的类目,要求先掌握所有低于它的、复杂性稍弱的类目,这是一个严格的标准。后续的研究为三种中间类目——理解、运用、分析的累积层次提供了实验证据,但是这些实验支持不足以对最后两个类目进行排序(见第十六章[②])。

正如累积层次所要求的,原类目是假定各层次之间是不能重叠的。实际上,原六种类目通过人为的规定,被设计为各类目是彼此分开的。而修订框架一个重要的特点是,允许六种类目在复杂性评判的等级上存在重叠,这样做是为了符

---

② 第十六章只出现在该书的完整版中。

合教师使用的语言。因此,修订版更加强调教师的使用,而不是发展一个严格的层次。

在**理解**个个类目的例子中可以清楚的说明这种变化。看看理解被使用的方式,比先前的领会的定义明显更广。因此,定义**理解**类目界限的亚类允许与**运用**有重叠。例如,在六个类目层次中,**理解**的复杂性低于**运用**。因此,**理解**中列举的认知过程——**解释**同样被预期在其复杂性上低于**运用**中的最简单的过程。而在修订分类表中则不是这样,相反在此例中,这个过程(此例中的**解释**)在被评判的复杂性上等于或超过在它层次之上的下一类目(此例中的**运用**)。

如果我们要防止类目重叠,就必须把**解释**置于**运用**、**分析**、**评价**或**创造**中。但是解释不是一种运用,或分析、评价、创造,而是作为理解的例子,因此我们把它置于**理解**类目中,尽管它的确是一个比**运用**中的最简单的例子更复杂的过程。

那就意味着我们没有层次吗? 并不是这样,如果我们沿着从简单到复杂的连续体,在认知过程维度上对每一类目的范围从观念上加以划分,那么从**记忆**到**创造**每一类目的中心的复杂性是递增的。而且,虽然我们稍微地改变了它们的定义,但是我们并不认为对它们进行了足够的改变,这是因为原类目所发现的实验证据对修订版是无效的。这个证据支持了最低复杂类目的层级顺序(第十六章有描述)。

4. 交换了综合/创造和评价的顺序

我们交换了最高的两个认知过程类目的顺序,将**创造**代替**评价**作为最复杂的类目。这种重新排序的基本原理会在第十六章中提到。

图 A-1　总结了六种分类类目与修版版的结构关系。

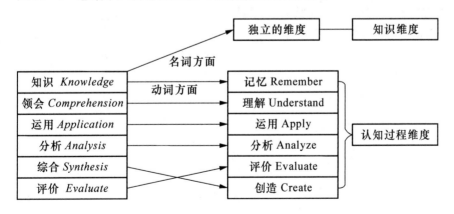

图 A-1　原框架到修订版的结构变化总结

四、包含了理解和省略了问题
解决和批判思维

对修订版可以提出的其中两个问题是：

- 为什么"领会"变为"理解"？
- 为什么不包含像问题解决和批判思维这样重要的过程？

这两个问题十分重要，并且我们还有其他人花了很长的时间讨论它们（事实上，克拉斯沃尔几次提醒我们，说原工作小组在这些问题上也花了很多时间，这是他告诉我们继续前行的道路）。

关于理解，《手册》的作者关心类目尽可能不重叠。但是当一个术语具有多种意义时，那就变得困难了。考虑当教师要求学生理解欧姆定律时的多种可能性含义，它们可能包括**运用**定律、**分析**问题，以便确定欧姆定律是否适用；**评价**欧姆定律在问题中的运用，或者甚至结合其他定律来解决问题（**创造**的过程）。

魏根和迈克逊哥赫（Wiggins & McTighe，1998，pp. 44—62）提出了"理解"中存在多种可能性含义的另一个例子。他们争论说，如果我们真正理解了，我们就能解释、说明、运用、有看法、强调并有自我知识——其意义范围很广泛，包了一般被认为是情感性的方面（例如，强调）而非认知性。对许多人说，这或许是在延展此术语通常的内涵，但是，由于这种可能产生的模糊，原创作小组并没有使用"理解"而是用"领会"。

自《手册》出版以来，我们对其多年来的讨论已经清晰表明，教师不知道术语**"理解"**的适合位置。结果在决定怎样最好地建构我们的框架，我们考虑了一个不同的标准——即框架应该涵盖教师在谈及教育时经常使用的一些术语。我们用**理解**代替了"领会"，仅仅是因为从事这本书的小组在选择类目名称时更多地看重术语的惯常用法。

另外两个术语——"问题解决"和"批判思维"似乎与"理解"具有类似的特征。它们都被广泛的使用，并且同样成为课程重点的试金石。它们一般都包括多种活动，这些活动可被归类到分类表的不同单元格中。也就是说，在任意给定例子中，涉及问题解决和批判思维的目标最有可能要求过程维度上多个类目的认知过程。比如，对一个问题进行批判思维，就涉及用一些**概念性知识**来**分析**该问题。因此，人们可以根据标准评价不同的观点，也有可能创造一个关于该问题的新的、站得住脚的观点。

因此与理解不同，批判思维和问题解决倾向于跨越分类表的横行、纵列和单元格。例如,关于问题解决,选择特定的行、列和单元格,以及期望运用的具体认知过程和知识亚类的顺序,将在很大程度上依赖于被解决的问题的类型。因此和理解不同,在框架中批判思维和问题解决似乎不是任何单一类目的基本替代品。因此,尽管我们的兴趣是选择一些教师使用的术语,但我们没有看到一种方法可以用来有效地包含问题解决或批判思维,使之作为修订版的主要标题。

附录 B

教育目标分类学提纲：认知领域[①]

知　　识

1.00　知识

这里所讲的知识是指：对具体事物和普遍原理的回忆，对方法和过程的回忆，或者对一种模式、结构或情境的回忆。根据测量的目的，回忆的情境很少超越材料原先学习的情境。虽然可能需要对这种材料作一些变动，但这种变动只是记忆任务中相对较小的部分。知识的目标十分强调记忆的心理过程。但它也涉及有关的过程，因为在知识测验情境中，需要对问题进行组织和改组，以便能为个体获得信息和知识提供适当的信号和提示。打个比方说，如果把头脑看作是一个档案库，那么在知识测验情境中的问题，就在于找到有关问题或任务的适当信号、提示和线索，从而能最有效地把已归档或已贮存起来的知识显示出来。

1.10　具体的知识

指对具体的、独立的信息的回忆。重点在于具体指称物的符号。这种材料处于非常低级的抽象水平上，可被看作是较复杂、较抽象的知识形态的构成要素。

---

① 《手册》，pp. 201—207。

1.11　术语的知识

指具体符号(言语和非言语的)指称物的知识。这类知识包括最为普遍接受的符号指称物的知识，也包括可用于单一指称物的各种符号的知识，或包括最适用于某种符号特定用法的指称物的知识。

＊通过指示各种专用术语的特征、属性或关系，来解说专业术语。

＊熟悉大量词汇的一般意义。

1.12　具体事实的知识

日期、事件、人物、地点等方面的知识。这类知识可以包括非常精确和具体的信息，例如某种现象发生的具体日期或确切数量。它也可以包括近似的或有关的信息，例如某种现象发生的大致时间或一般数量。

＊对有关某些特定文化中的主要事实的回忆。

＊掌握在实验室里对生物体进行研究的最起码的知识。

1.20　处理具体事物的方式方法的知识

有关组织、研究、判断和批评的方式方法的知识。这种知识包括在某一领域内的探究方法、时间序列和判断标准，也包括用来确定各个领域中的各个方面并把它们内在的组织起来的结构。这种知识介于具体的知识与普遍原理的知识之间的中等抽象水平上。这种知识不在于要求学生主动地运用材料，而在于被动地认识它们的性质。

1.21　惯例的知识

有关对待、表达各种现象和观念的独特方式的知识。为了便于交流并取得一致的看法，每一领域的工作者往往使用最符合他们意图和(或)看来最符合他们借以处理各种现象的那种习惯用法、风格、常规和形式。应该认识到，尽管这些形式和惯例很可能是建立在随意的、偶然的或权威的基础上，但它们之所以沿用下来，原因在于得到那些与该学科、现象或问题有关的人士的一致同意。

＊熟悉一些主要类型的作品如诗歌、剧本、科学论文等的形式和惯例。

＊使学生了解演讲和写作中的正确形式和习惯用法。

1.22　趋势和顺序的知识

有关时间方面各种现象所发生的过程、方向和运动的知识。

＊以美国生活为例，了解美国文化的继承和发展。

＊了解公共资助计划发展的基本趋势的知识。

1.23　分类和类别的知识

有关类别、组别、部类及排列的知识，它们被看作是某一特定的学科领域、目的论题或问题的基础。

* 识别囊括各种问题或材料的某一领域。

* 逐渐熟悉各类文献的范围。

1.24　准则的知识

有关检验或判断各种事实、原理、观点和行为所依据的准则的知识。

* 熟悉对某种产品及其阅读目的做出适当判断的准则。

* 对娱乐活动进行评价的准则的知识。

1.25　方法论的知识

有关在某一特定学科领域里使用的以及在调查特定的问题和现象时所用的探究方法、技巧和步骤的知识。这里的重点不在于个人使用方法的能力，而在于拥有关于方法的知识。

* 有关用科学方法评价健全概念的知识。

* 学生应该知道的解决有关社会科学的各种问题的方法。

1.30　学科领域中的普遍原理和抽象概念的知识

有关把各种现象和观念组合起来的主要体系和模式的知识。这些体系和模式是支配某一学科领域，或在研究各种现象或解决问题中使用非常普遍的那些主要结构、理论和概念。这些知识处在高度抽象和异常复杂的水平上。

1.31　原理和概括的知识

有关对各种现象的观察结果进行概括的特定抽象概念方面的知识。这些抽象概念在解释、阐述、遇见或确定采用最适宜、最恰当的行动或行动方向方面是具有极大价值的。

* 用以概括我们接触到的生物现象的重要原理的知识。

* 对各种特定文化的主要概括的回忆。

1.32　理论和结构的知识

有关为某种复杂的现象、问题或领域提供一种清晰的、完整地、系统的观点的重要原理和概括及其相互关系方面的知识。它们是最为抽象的表达形式，可用来表明大量具体事物的相互关系和组织结构。

* 对各种特定文化的主要理论的回忆。

* 对进化论进行比较完整阐述的知识。

智 慧 能 力 与 技 能

能力与技能是指处理各种材料和问题的条理化的操作方式和概括化的技术。

这些材料和问题可能具有这样一种性质：它们几乎不需要或根本不需要专门的和技术性的信息。所需要的这类信息，可以被看作是个人知识总储备中的一部分。其他问题则可能需要相当高层次的专门化的、技术性的知识，譬如在处理问题和材料时需要专门的知识和技能。能力和技能的目标注重组织和重新改组材料以达到特殊目的的心智过程。这些材料可以是外部提供的，也可以是记忆中的。

2.00　领会

领会是最低层次的理解。它指这样一种理解或领悟：个人不必把某种材料与其他材料联系起来，也不必弄清它最充分的含义，便知道正在交流的是什么，并能够运用正在交流的这种材料或观念。

2.10　转化

领会是以一种语言或一种交流形式被译述或转化成另一种语言或另一种交流形式时的严谨性和准确性为依据的。判断转化是以忠实性与准确性为依据的，这就是说，尽管交流的形式变了，但原来交流中的内容在一定程度上仍然保留着。

　＊理解非逐字逐句的表述（如隐喻、象征、反语、夸张）的能力。

　＊把数学语言材料转化为符号表达式，以及再把符号表达转化为数学语言材料的技能。

2.20　解释

对交流内容的说明或总结。转化是对交流的一种客观的、一部分一部分的解释，而解释则是对材料的重新整理、重新排列，或提出新的观点。

　＊在理想的概括性水平上，从整体上把握某一作品思路的能力。

　＊解释各种社会资料的能力。

2.30　推断

根据最初交流中所描述的条件，在超出用以确定各种内涵、后果、必然结果和效果等既定资料之外的情况下延伸各种趋向或趋势。

　＊根据明确论述中得出的直接推理，探讨某一作品的结论的能力。

　＊预测趋势发展的能力。

3.00　运用

指在某些特定的和具体的情境里使用抽象概念。这些抽象概念可能是以一般的观念、程序的规则或概括化的方法等形式表现出来的,也可能是那些必须记住的和能够运用的专门化的原理、观念和理论。

　＊把在其他论文中使用的科学术语或概念运用到一篇论文所讨论的各种现象中去。

　＊预测某种因素发生变化后可能会对原先保持平衡的生物情境产生什么影响的能力。

4.00　分析

指将交流分解成各种组成要素或组成部分,以便弄清各种观念的有关层次,或者弄清所表达的各种观念之间的关系。这些分析旨在澄清交流内容,表明交流内容是怎样组织的,指出没法传递交流内容的效果、根据和排列的方法。

4.10　要素分析
识别某种交流所包括的各种要素。
　＊识别未加说明的假设的能力。
　＊区别事实与假设的技能。

4.20　关系分析
交流内容中各种要素与组成部分的联结和相互作用的分析。
　＊用特定的信息和假定检验各种假设的一致性的能力。
　＊领会一个段落中各种观念之间相互关系的技能。

4.30　组织原理的分析
对将交流内容组合起来的组织、系统排列和结构的分析。组织原理不仅包括"外显"的结构,而且也包括"内隐"的结构。它包括把交流内容组织成一个整体的依据、必需的排列方式和构成法。
　＊识别在诸如广告、宣传工具等各种诱导性材料中所用的一般技巧的能力。

5.00　综合

指把各种要素和组成部分组合成一个整体。它是对各种片断、要素和组成部分等进行加工的过程;也是一个用种种方式对它们进行排列组合以构成一种原先不那么清楚的模式或结构的过程。

5.10　进行独特的交流

提供一种交流条件，以便作者或演说者把观念、感情和(或)经验传递给别人。

＊在写作时把各种观念和论述严谨地组织起来的技能。

＊有效地表述个人经验的能力。

5.20　制订计划或操作步骤

指制订一项工作计划或提出一项操作计划。计划应满足任务的需要。任务可以由别人交给学生，也可以由学生自己提出。

＊提出检验各种假设的途径的能力。

＊为某种特定的教学情境设计一个教学单元的能力。

5.30　推导出一套抽象的关系

确定一套抽象关系，用以对特定的资料或现象进行分类或解释，或者从一套基本命题或符号表达中演绎出各种命题和关系。

＊根据对所包含的各种因素的分析，阐述适当假设的能力；根据各种新的因素和值得考虑的事修改这些假设的能力。

＊做出精确的发展和概括的能力。

6.00　评价

为了特定目的对材料和方法的价值做出判断。对这些材料和方法符合准则的程度作出定量的和定性的判断。使用评估的标准。这些准则可以是学生自己制定的，也可以是别人为他制定的。

6.10　依据内在证据来判断

依据诸如逻辑上的准确性、一致性和其他内在证据来判断交流内容的准确性。

＊根据内在的标准来判断；根据陈述、文献和证据等的确切性来估计报告事实的一般准确率的能力。

＊指出观点中逻辑错误的能力。

6.20　依据外部准则来判断

根据挑选出来的或回忆出来的准则来评价材料。

＊对某些特定文化中的主要理论、概括、事实进行比较。

＊根据外部的标准来判断；将一件作品与该领域中已知的最高标准，特别是与其他公认为最优秀的作品进行比较的能力。

参 考 文 献

Airasian, P. W. (1994). Impact on testing and evaluation. In L. W. Anderson & L. A. Sosniak (Eds.), *Bloom's taxonomy: A forty-year retrospective*, Ninety-third Yearbook of the National Society for the Study of Education (pp. 82 – 102). Chicago: University of Chicago Press.

Alexander, P., Schallert, D., & Hare, V. (1991). Coming to terms: How researchers in learning and literacy talk about knowledge. *Review of Educational Research*, 61, 315 – 343.

American Association for the Advancement of Science. (1993). *Benchmarks for science literacy*. New York: Oxford University Press.

American Heritage Dictionary of the English Language (3rd ed.). (1992). Boston: Houghton Mifflin.

Anderson, J. R. (1983). *The architecture of cognition*. Cambridge, MA: Harvard University Press.

Anderson, L. W. (1995). *International encyclopedia of teaching and teacher education*, 2nd ed. Oxford, UK: Pergamon Press.

Anderson, L. W. (Ed.), & Sosniak, L. A. (Eds.). (1994). *Bloom's taxonomy: A forty-year retrospective*. Ninety-third Yearbook of the National Society for the Study of Education. Chicago: University of Chicago Press.

Armstrong, D. G. (1989). *Developing and documenting the curriculum*. Boston: Allyn & Bacon.

Baker, E. L., O'Neil, H.F., & Linn, R. L. (1993). Policy validity prospects for performancebased assessment. *American Psychologist*, 48, 1210 – 1218.

Baron, J. (1994). *Thinking and deciding*. Cambridge, UK: Cambridge University Press.

Baxter, G. P., Elder, A. D., & Glaser, R. (1996). Knowledge-based cognition and performance assessment in the science classroom. *Educational Psychologist*, 31, 133 – 140.

Bereiter, C., & Scardamalia, M. (1998). Beyond Bloom's Taxonomy: Rethinking knowledge for the knowledge age. In A. Hargreaves, A. Lieberman, M. Fullan & D. Hopkins (Eds.), *International handbook of educational change* (pp. 675 – 692). London: Kluwer Academic Publishers.

Bloom, B. S. (1949). *A taxonomy of educational objectives*. Opening remarks of B. S. Bloom for the meeting of examiners at Monticello, Illinois, November 27, 1949. Unpublished manuscript.

Bloom, B. S. (circa 1971). *Some suggestions for chapters III, IV, V*. Unpublished and undated manuscript.

Bloom, B. S. (Ed.), Engelhart, M. D., Furst, E. J., Hill, W. H., & Krathwohl, D. R. (1956). *Taxonomy of educational objectives: Handbook I: Cognitive domain*. New York: David McKay.

Bloom, B. S., Hastings, J. T., & Madaus, G. F. (1971). *Handbook on formative and summative evaluation of student learning*. New York: McGraw-Hill.

Bobbitt, F. (1918). *The curriculum*. Boston: Houghton Mifflin.

Boekaerts, M., Pintrich, P. R., & Zeidner, M. (2000). *Handbook of self-regulation*. San Diego: Academic Press.

Bransford, J. D., Brown, A. L., & Cocking, R. R. (1999). *How people learn: Brain, mind, experience and school*. Washington, DC: National Academy Press.

Broudy, H.S.(1970). Can research escape the dogma of educational objectives? *School Review*, 79, 43 – 56.

Brown, A., Bransford, J., Ferrara, R., & Campione, J. (1983). Learning, remembering, and understanding. In P. H. Mussen (Series Ed.), J. Flavell & E. Markman (Vol. Eds.), *Handbook of child psychology: Vol. 3. Cognitive development*, 4th ed. (pp. 77 – 166). New York: Wiley.

Bruer, J. T. (1993). *Schools for thought: A science of learning in the classroom*. Cambridge, MA:

MIT Press.

Case, R. (1998). The development of conceptual structures. In W. Damon (Series Ed.), D. Kuhn & R. Siegler (Vol. Eds.), *Handbook of child psychology: Vol. 2. Cognition, perception, and language* 5th ed. (pp. 745 – 800). New York: Wiley.

Chi, M. (1992). Conceptual change within and across ontological categories: Implications for learning and discovery in sciences. In R. Giere(Ed.), *Cognitive models of science*. Minnesota Studies in the Philosophy of Science, Vol. 15 (pp. 129 – 186). Minneapolis, MN: University of Minnesota Press.

Chi, M., Feltovich, P., & Glaser, R. (1981). Categorization and representation of physics problems by experts and novices. *Cognitive Science*, 5, 121 – 152.

Chi, M., Slotta, J., & deLeeuw, N. (1994). From things to processes: A theory of conceptual change for learning science concepts. *Learning and Instruction*, 4, 27 – 43.

Chung, B. M. (1994). The taxonomy in the Republic of Korea. In L. W. Anderson & L. A. Sosniak (Eds.), *Bloom's taxonomy: A forty-year retrospective*, Ninety-third Yearbook of the National Society for the Study of Education (pp. 164 – 173). Chicago: University of Chicago Press.

Clandinin, D. J., & Connelly, F.M.(1992). Teacher as curriculum maker. In P.W. Jackson (Ed.), *Handbook of research on curriculum* (pp. 363 – 401). New York: Macmillan.

deJong, T., & Ferguson-Hessler, M.(1996). Types and qualities of knowledge. *Educational Psychologist*, 31, 105 – 113.

DeLandsheere, V. (1977). On defining educational objectives. *Evaluation in Education: International Review Series*, 1, 73 – 190.

Detterman, D. K., & Sternberg, R. J. (1993). *Transfer on trial: Intelligence, cognition, and instruction*. Norwood, NJ: ABLEX.

Dewey, J. (1916). *Democracy and education*. New York: Free Press.

Dochy, F., & Alexander, P. (1995). Mapping prior knowledge: A framework of discussion among researchers. *European Journal of Psychology in Education*, 10, 224 – 242.

Doyle, W. (1992). Curriculum and pedagogy. In P. W. Jackson (Ed.), *Handbook of research on curriculum* (pp. 486 – 516). New York: Macmillan.

Dreeben, R. (1968). *On what is learned in schools*. Chicago: University of Chicago Press.

Duncker, K. (1945). On problem solving. *Psychological Monographs*, 58(5), Whole No. 270.

Dunne, J. (1988). Teaching and the limits of technique: An analysis of the behavioural-objectives model. *The Irish Journal of Education*, 22, 2, 66 –90.

Eisner, E. W. (1979). *The educational imagination*. New York: Macmillan.

Ellis, J. A. (1999). Letter to the Editor. *Newsweek*, September 27, p. 15.

Flavell, J. (1979). Metacognition and cognitive monitoring: A new area of cognitive-developmental inquiry. *American Psychologist*, 34, 906 – 911.

Frymier, J. (1996). *Accountability in education: Still an evolving concept*. Bloomington, IN: Phi Delta Kappa Educational Foundation.

Furst, E. J. (1981). Bloom's taxonomy of educational objectives for the cognitive domain: Philosophical and educational issues. *Review of Educational Research*, 51, 441 – 453.

Gandal, M. (1996). *Making standards matter*. Washington, DC: American Federation of Teachers.

Gick, M. L., & Holyoak, K. J. (1980). Analogical problem solving. *Cognitive Psychology*, 12, 306 – 355.

Gick, M. L., & Holyoak, K. J. (1983). Schema induction and analogical transfer. *Cognitive Psychology*, 15, 1 – 38.

Ginther, J. R. (1972). *A radical look at behavioral objectives*. Paper presented at the annual meeting of the American Educational Research Association, Chicago, April, 1972.

Glatthorn, A. A. (1998). *Performance assessment and standards-based curricula: The achievement cycle*. Larchmont, NY: Eye on Education.

Haladyna, T.M.(1997) *Writing test items to evaluate higher order thinking*. Boston: Allyn & Bacon.

Halley, J. M. (1999). Letter to the Editor. *Newsweek*, September 27, p. 15.

Hambleton, R. K. (1996). Advances in assessment models, methods, and practices. In D. C. Berliner & R. C. Calfee

(Eds.), *Handbook of educational psychology* (pp. 899 – 925). New York: Macmillan.

Hannah, L. S. , & Michaelis, J. U. (1977). *A comprehensive framework for instructional objectives: A guide to systematic planning and evaluation.* Reading, MA: Addison-Wesley.

Harrow, A. (1972). *A taxonomy of the psychomotor domain: A guide for developing behavioral objectives.* New York: David McKay.

Hauenstein, A. D. (1998). *A conceptual framework for educational objectives: A holistic approach to traditional taxonomies.* Lanham, MD: University Press of America.

Hirst, P.H.(1974). *Knowledge and the curriculum: A collection of philosophical papers.* London: Routledge & Kegan Paul.

Jackson, P. W. (1968). *Life in classrooms.* New York: Holt, Rinehart and Winston.

Joyce, B. , and Weil, M. (1996). *Models of teaching* (5th ed.). Englewood Cliffs, NJ: Prentice-Hall.

Kappel, F. R. (1960). *Vitality in a business enterprise.* New York: McGraw-Hill.

Keil, F. (1998). Cognitive science and the origins of thought and knowledge. In W. Damon (Series Ed.) & R. Lerner (Vol. Ed.), *Handbook of child psychology: Vol. 1. Theoretical models of human development* 5th ed. (pp. 341 – 413). New York: Wiley.

Kelly, A. V. (1989). *The curriculum: Theory and practice* (3rd ed.). London: Paul Chapman Publishers.

Kendall, J. S. , & Marzano, R. J. (1996). *Content knowledge.* Aurora, CO: Mid-Continent Regional Educational Laboratory.

Klopfer, L. E. (1971). Evaluation of learning in science. In B. S. Bloom, J. T. Hastings & G. F. Madaus (Eds.), *Handbook on formative and summative evaluation of student learning* (pp. 561 –641). New York: McGraw-Hill.

Krathwohl, D. R. (1964). The taxonomy of educational objectives: Its use in curriculum building. In C. M. Lindvall (Ed.), *Defining educational objectives* (pp. 19 – 36). Pittsburgh: University of Pittsburgh Press.

Krathwohl, D. R. (1994). Reflections on the taxonomy: Its past, present, and future. In L. W.

Anderson & L. A. Sosniak (Eds.), *Bloom's taxonomy: A forty-year retrospective*, Ninety-third Yearbook of the National Society for the Study of Education (pp. 181 – 202). Chicago: University of Chicago Press.

Krathwohl, D. R. , Bloom, B. S. , & Masia, B. B. (1964). *Taxonomy of educational objectives, the Classification of Educational Goals; Handbook II: The affective domain.* New York: David McKay.

Krathwohl, D. R. , & Payne, D. A. (1971). Defining and assessing educational objectives. In R. L. Thorndike (Ed.), *Educational measurement* (pp. 17 – 45). Washington, DC: American Council on Education.

Lambert, N. M. , & McCombs, B. L. (Eds.). (1998). *How students learn: Reforming schools through learner-based education.* Washington, DC: American Psychological Association.

Levy, C. M. , & Ransdell, S. (Eds.). (1996). *The science of writing.* Mahwah, NJ: Erlbaum.

Lewy, A. , & Bathory, Z. (1994). The taxonomy of educational objectives in continental Europe, the Mediterranean, and the Middle East. In L. W. Anderson & L. A. Sosniak (Eds.), *Bloom's taxonomy: A forty-year retrospective*, Ninety-third Yearbook of the National Society for the Study of Education (pp. 146 – 163). Chicago: University of Chicago Press.

Mager, R. F. (1962). *Preparing instructional objectives.* Palo Alto, CA: Fearon Press.

Mandler, J. (1998). Representation. In W. Damon (Series Ed.), D. Kuhn & R. Siegler (Vol. Eds.), *Handbook of child psychology: Vol. 2. Cognition, perception, and language* 5th ed. (pp. 255 – 308). New York: Wiley.

Manzo, K. K. (1999). The state of curriculum. *Education Week*, May 19,21 – 26,28.

Marsh, C. (1992). *Key concepts in understanding curriculum.* London: The Falmer Press.

Marshall, H.H.(Ed.). (1996). Recent and emerging theoretical frameworks for research on classroom learning: Contributions and limitations. *Educational Psychologist*, 31(3&4),147 – 240.

Mayer, R. E. (1992). *Thinking, problem solving, and cognition* (2nd ed.). New York: Freeman.

Mayer, R. E. (1995). Teaching and testing for

problem solving. In L. W. Anderson (Ed.), *International encyclopedia of teaching and teacher education*, 2nd ed. (pp. 4728 - 4731). Oxford, UK: Pergamon.

Mayer, R. E. (1999). *The promise of educational psychology: Learning in the content areas*. Upper Saddle River, NJ: Prentice-Hall.

Mayer, R. E. , & Wittrock, M. C. (1996). Problem-solving transfer. In D. C. Berliner & R. C. Calfee (Eds.), *Handbook of educational psychology* (pp. 47 - 62). New York: Macmillan.

McGuire, C. (1963). A process approach to the construction and analysis of medical examinations. *Journal of Medical Education*, 38, 556 - 563.

McKeough, A. , Lupart, J. , & Marini, A. (Eds.). (1995). *Teaching for transfer*. Mahwah, NJ: Erlbaum.

Metfessel, N. S. , Michael, W. G. , & Kirsner, D. A. (1969). Instrumentation of Bloom's and Krathwohl's taxonomies for the writing of educational objectives. *Psychology in the Schools*, 6, 227 - 231.

Moore, W. R. , & Kennedy, L. D. (1971). Evaluation of learning in the language arts. In B. S. Bloom, J. T. Hastings & G. F. Madaus (Eds.), *Handbook on formative and summative evaluation of student learning* (pp. 399 - 446). New York: McGraw-Hill.

Mosenthal, P. B. (1998). Defining prose task characteristics for use in computer-adaptive testing and instruction. *American Educational Research Journal*, 35, 269 - 307.

National Council for the Social Studies. (1994). *Curriculum standards for social studies: Expectations of excellence*. Washington, DC: Author.

National Council of Teachers of English and International Reading Association. (1996). *Standards for the English language arts*. Urbana, IL: Author.

National Council of Teachers of Mathematics. (1989). *Curriculum and evaluation standards for teaching mathematics*. Reston, VA: Author.

National Research Council. (1996). *National science education standards*. Washington, DC: National Academy Press.

Nickerson, R. , Perkins, D. , & Smith, E. (1985). *The teaching of thinking*. Hillsdale, NJ: Erlbaum.

Orlandi, L. R. (1971). Evaluation of learning in secondary school social studies. In B. S. Bloom, J. T. Hastings & G. F. Madaus (Eds.), *Handbook on formative and summative evaluation of student learning* (pp. 449 - 498). New York: McGraw-Hill.

Paris, S. , Lipson, M. , & Wixson, K. (1983). Becoming a strategic reader. *Contemporary Educational Psychology*, 8, 293 - 316.

Paris, S. , & Winograd, P. (1990). How metacognition can promote academic learning and instruction. In B. F. Jones & L. Idol (Eds.), *Dimensions of thinking and cognitive instruction* (pp. 15 - 51). Hillsdale, NJ: Erlbaum.

Paul, R. , & Nosich, G. M. (1992). *A model for the national assessment of higher order thinking*. Santa Rosa, CA: Foundation for Critical Thinking. (ERIC Document Reproduction Service No. ED 353 296)

Phye, G. D. (Ed.). (1997). *Handbook of classroom assessment*. San Diego, CA: Academic Press.

Pintrich, P. R. , & Schrauben, B. (1992). Students' motivational beliefs and their cognitive engagement in classroom tasks. In D. Schunk & J. Meece (Eds.), *Student perceptions in the classroom: Causes and consequences* (pp. 149 - 183). Hillsdale, NJ: Erlbaum.

Pintrich, P. R. , & Schunk, D. H. (1996). *Motivation in education: Theory, research, and applications*. Englewood Cliffs, NJ: Merrill Prentice-Hall.

Pintrich, P. R. , Wolters, C. , & Baxter, G. (in press). Assessing metacognition and selfregulated learning. In G. Schraw (Ed.), *Metacognitive assessment*. Lincoln, NE: University of Nebraska Press.

Popham, W. J. (1969). Objectives and instruction. In W. J. Popham, E. W. Eisner, H. J. Sullivan & L. L. Tyler, *Instructional objectives* (pp. 32 - 52). American Educational Research Association Monograph Series on Curriculum Evaluation, No. 3. Chicago: Rand McNally.

Postlethwaite, T. N. (1994). Validity vs. utility: Personal experiences with the taxonomy. In L. W. Anderson & L. A. Sosniak (Eds.), *Bloom's taxonomy*: *A forty-year retrospective*, Ninety-third Yearbook of the National Society for the Study of Education (pp. 174 - 180). Chicago: University of Chicago Press.

Pressley, M. , & Van Meter, P. (1995). Memory: Teaching and assessing. In L. W. Anderson (Ed.), *International encyclopedia of teaching and teacher education* (pp. 439 - 444). Oxford, UK: Pergamon Press.

Pressley, M. , & Woloshyn, V. (1995). *Cognitive strategy instruction that really improves children's academic performance*. Cambridge, MA: Brookline Books.

Rebarber, T. (1991). *Accountability in education*. Paper presented at the National Conference of State Legislatures, Washington, DC.

Rohwer, W. D. Jr. , & Sloane, K. (1994). Psychological perspectives. In L. W. Anderson & L. A. Sosniak (Eds.), *Bloom's taxonomy: 'A forty-year retrospective*, Ninety-third Yearbook of the National Society for the Study of Education (pp. 41 - 63). Chicago: University of Chicago Press.

Royer, J. M. , Ciscero, C. A. , & Carlo, M. S. (1993). Techniques and procedures for assessing cognitive skills. *Review of Educational Research*, *63*, 201 - 243.

Rugg, H. (1926a). Curriculum-making and the scientific study of education since 1910. In H. Rugg (Ed.), *Twenty-sixth yearbook of the National Society for the Study of Education*, *Part I*. Bloomington, IL: Public Schools Publishing Company.

Rugg, H. , et al. (1926b). The foundations of curriculum-making. In H. Rugg (Ed.), *Twenty-sixth yearbook of the National Society for the Study of Education*, *Part II*. Bloomington, IL: Public Schools Publishing Company.

Ryle, G. (1949). *The concept of mind*. London: Hutchinson.

Schneider, W. , & Pressley, M. (1997). *Memory development between two and twenty*. Mahwah, NJ: Erlbaum.

Scriven, M. (1967). The methodology of evaluation. In R. E. Stake et al. (Eds.) *Perspectives on curriculum evaluation*. *AERA Monograph Series*

on Curriculum Evaluation, *No. 1*. Chicago: Rand McNally.

Seddon, G. M. (1978). The properties of Bloom's taxonomy of educational objectives for the cognitive domain. *Review of Educational Research*, *48*, 303 - 323.

Shane, H. G. (1981). Significant writings that have influenced the curriculum: 1906 - 81. *Phi Delta Kappan*, *63*, 311 - 314.

Shulman, L. (1987). Knowledge and teaching: Foundations of the new reform. *Harvard Educational Review*, *57*, 1 - 22.

Simpson, B. J. (1966). The classification of educational objectives: Psychomotor domain. *Illinois Journal of Home Economics*, *10*(4), 110 - 144.

Slotta, J. , Chi, M. , & Joram, E. (1995). Assessing students' misclassifications of physics concepts: An ontological basis for conceptual change. *Cognition and Instruction*, *13*, 373 - 400.

Smith, E. R. , & Tyler, R. W. (1942). *Appraising and recording student progress*. New York: Harper.

Smith, M. U. (Ed.). (1991). *Toward a unified theory of problem solving : Views from the content domains*. Hillsdale, NJ: Erlbaum.

Snow, R. , Corno, L. , & Jackson, D. (1996). Individual differences in affective and cognitive functions. In D. Berliner & R. Calfee (Eds.), *Handbook of educational psychology* (pp. 243 - 310). New York: Macmillan.

Sosniak, L. A. (1994). The Taxonomy, curriculum and their relations. In L. W. Anderson & L. A. Sosniak (Eds.), *Bloom's taxonomy: A forty-year retrospective*, Ninety-third Yearbook of the National Society for the Study of Education (pp. 103 - 125). Chicago: University of Chicago Press.

Steffe, L. P. , & Gale, J. (Eds.). (1995). *Constructivism in education*. Mahwah, NJ: Erlbaum.

Stenhouse, L. A. (1970 - 1971). Some limitations of the use of objectives in curriculum research and planning. *Pedagogia Europaea*.

Sternberg, R. (1985). *Beyond IQ: A triarchic theory of human intelligence*. New York: Cambridge University Press.

Sternberg, R. J. (1997). Intelligence and lifelong learning: What's new and how can we use it? *American Psychologist*, 52, 1134 - 1139.

Sternberg, R. J. (1998). Principles of teaching for successful intelligence. *Educational Psychologist*, 33, 65 - 72.

Tennyson, R. D. (1995). Concept learning: Teaching and assessing. In L. W. Anderson (Ed.), *International encyclopedia of teaching and teacher education* 2d ed. (pp. 457 - 463). Oxford, UK: Pergamon Press.

Thorndike, R. M., Cunningham, G. K., Thorndike, R. L., & Hagen, E. P. (1991). *Measurement and evaluation in psychology and education* (5th ed.). New York: Macmillan.

Tyler, R. W. (1949). *Basic principles of curriculum and instruction*. Chicago: University of Chicago Press.

U. S. Department of Education. (1994). *Goals 2000: A world class education for every child*. Washington, DC: Author.

Vosniadou, S., & Ortony, A. (Eds.). (1989). *Similarity and analogical reasoning*. Cambridge, UK: Cambridge University Press.

Weinstein, C. E., & Mayer, R. (1986). The teaching of learning strategies. In M. Wittrock (Ed.), *Handbook of research on teaching* 3rd ed. (pp. 315 - 327). New York: Macmillan.

Wellman, H., & Gelman, S. (1998). Knowledge acquisition in foundational domains. In W. Damon (Series Ed.), D. Kuhn & R. Siegler (Vol. Eds.), *Handbook of child psychology: Vol. 2. Cognition, perception & language* 5th ed. (pp. 523 -573). New York: Wiley.

Wiggins, G., & McTighe, J. (1998). *Understanding by design*. Alexandria, VA: Association for Supervision and Curriculum Development.

Wilson, B. G. (1971). Evaluation of learning in art education. In B. S. Bloom, J. T. Hastings & G. F. Madaus (Eds.), *Handbook of formative and summative evaluation of student learning* (pp. 499 -598). New York: McGraw-Hill.

Wilson, J. W. (1971). Evaluation of learning in secondary school mathematics. In B. S. Bloom, J. T. Hastings & G. F. Madaus (Eds.), *Handbook of formative and summative evaluation of student learning* (pp. 643 - 696). New York: McGraw-Hill.

Zimmerman, B. J., & Schunk, D.H.(Eds.) (1997). *Self-regulated learning: From teaching to self-reflective practice*. New York: Guilford Press.

图书在版编目(CIP)数据

学习、教学和评估的分类学/安德森等编著,皮连生主译.
—上海:华东师范大学出版社,2007.11
(学习心理学与教学设计名著译丛)
ISBN 978-7-5617-5560-0

Ⅰ.学…　Ⅱ.安…皮…　Ⅲ.①布卢姆,B.S.—教学理论—
研究②教育目的—分类—研究　Ⅳ.G40-097.12　G42

中国版本图书馆 CIP 数据核字(2007)第 173942 号

学习心理学与教学设计名著译丛

学习、教学和评估的分类学——布卢姆教育目标分类学修订版

编　　著　安德森等
主　　译　皮连生
项目编辑　彭呈军
文字编辑　倪佳佳
责任校对　邱红穗
封面设计　高　山
版式设计　蒋　克

出版发行　华东师范大学出版社
社　　址　上海市中山北路 3663 号　邮编 200062
电　　话　021-62450163 转各部　行政传真 021-62572105
网　　址　www.ecnupress.com.cn　www.hdsdbook.com.cn
市 场 部　传真 021-62860410　021-62602316
邮购零售　电话 021-62869887　021-54340188

印 刷 者　常熟高专印刷有限公司
开　　本　787毫米×1092毫米　1/16
印　　张　16.75
字　　数　303 千字
版　　次　2008 年 1 月第 1 版
印　　次　2025 年 7 月第 26 次
书　　号　ISBN 978-7-5617-5560-0
定　　价　58.00 元

出 版 人　王　焰

(如发现本版图书有印订质量问题,请寄回本社市场部调换或电话 021-62865537 联系)